西安邮电大学学术专著出版基金资助

国家社会科学基金项目"'三权分置'背景下农民分化与城镇化耦合发展机制研究"（18XJL005）资助

陕西省社会科学基金项目"陕西工商企业大农场促进农民农村共同富裕的内在逻辑与实施路径研究"（2024D019）资助

西安市科技计划软科学项目"西安农业经济韧性对农业生产效率的影响效应研究"（24RKYJ0020）资助

U0717396

城镇化高质量发展推进机制研究

段禄峰◎著

RESEARCH ON THE PROMOTION
MECHANISM FOR HIGH-QUALITY DEVELOPMENT OF
URBANIZATION

经济管理出版社
ECONOMY & MANAGEMENT PUBLISHING HOUSE

图书在版编目（CIP）数据

城镇化高质量发展推进机制研究 ／ 段禄峰著．
北京：经济管理出版社，2025. -- ISBN 978-7-5243
-0197-4

Ⅰ．F299.21

中国国家版本馆 CIP 数据核字第 20257J3R61 号

组稿编辑：王玉林
责任编辑：吴　倩
责任印制：张莉琼
责任校对：陈　颖

出版发行：经济管理出版社
　　　　　（北京市海淀区北蜂窝 8 号中雅大厦 A 座 11 层　100038）
网　　址：www.E-mp.com.cn
电　　话：（010）51915602
印　　刷：北京市海淀区唐家岭福利印刷厂
经　　销：新华书店
开　　本：720mm×1000mm/16
印　　张：14.75
字　　数：273 千字
版　　次：2025 年 4 月第 1 版　　2025 年 4 月第 1 次印刷
书　　号：ISBN 978-7-5243-0197-4
定　　价：98.00 元

前　言

　　基于中国城乡发展现状和特征，本书在系统总结评价城乡发展理论和实践探索的基础上，融合管理学、地理学、社会学、统计学、城市空间与规划等多学科新理论，建立城镇化高质量发展研究框架。研究成果可以更好地促进城乡人口、资源与环境的可持续发展，实现价值创造及增值方式的转变、公平与效率的统一，符合产权激励和制度变迁的内在要求，有助于丰富城乡发展理论。

　　本书在以下方面进行了理论创新：

　　第一，学术思想创新。①没有最佳的城市人口规模。城市对经济增长的贡献来自城乡劳动生产率的差异及城市劳动生产率更快的增长。城市人口规模与经济增长之间存在明显的"倒U形"关系。由净工资曲线、劳动力供给曲线决定的城市人口规模均衡点，并不一定是最优的城市人口规模。而最优的城市人口规模也不是静止不变的，它随技术条件、基础设施、政府治理的改善而变化。②大城市化才是城镇化道路的最佳选择。本书构建城市劳动力规模均衡模型，探讨城市的规模经济和集聚效应；提出促进人口向城镇集聚，大城市率先发展、小城镇适度培育的城镇化发展对策。研究结果表明：只有多数农民进入城市，尤其是大城市，致力于终止仅够糊口的小农经济，乡村才能休养生息，生态文明才能传承。

　　第二，研究内容创新。①本书建立产业结构偏离度、城乡比较劳动生产率、二元对比系数、二元反差系数等数学模型，对我国城乡二元结构进行系统解析。通过建立产业结构偏离度、城乡比较劳动生产率、二元对比系数、二元反差系数等数学模型，对我国城乡二元结构进行系统解析，掌握城乡二元结构发展现状及未来趋势，为政府解决"三农"问题、构建和谐社会提供有力数据支撑。②本书从城镇化、工业化协调发展角度，探索城乡空间一体化建设。用 *IU* 比和 *NU* 比国际指标，对改革开放后中国城镇化与工业化发展关系进行定量分析，得出了中国城镇化超前于工业化的结论。从城镇化与工业化协调角度，探索人口分布、经济布局、国土利用和城镇化格局，破解经济社会发展与资源环境承载能力之间的矛盾。③土地增值收益公平分配机制。本书以促进城镇化可持续发展为目的，采用质性研究方法，探讨城镇化进程中土地增值收益分配存在的矛盾和问题，构建土地增值收益公平分配机制。研究结果表明：城镇化推动土地产权变更、用途转变、投资开发等，土地价值不断增值，但土地增值空间并非均匀分布。只有将因人口集聚而产生的土地增值收益回馈给进城择业的广大农民，才能全面降低城镇化的成本和门槛。

第三，研究方法创新。①构建 Logistic 模型，探索人口城镇化与土地城镇化同步发展。以实现"一方水土"与"一方人口"相协调为目的，采用构建 Logistic 模型演绎方法，推导人口城镇化与土地城镇化的发展特征，测度二者发展同步性，提出促进人口城镇化与土地城镇化同步发展的对策建议。研究结果表明：现阶段土地城镇化超前发展，既有对人口城镇化的阶段性追赶，又与国家的产业政策、财政政策息息相关，有其合理性的一面。各地区要根据地域实际，矫正因人口城镇化与土地城镇化不同步发展而引起的"空间失衡"现象。②运用倾向值匹配法，科学抉择"共同富裕"背景下县域城镇化推进路径。以缩小城乡差距、实现共同富裕为目的，利用县域农业转移人口的调查数据，运用倾向值匹配法进行县域城镇化路径与个体富裕水平的因果效应推断研究。研究发现，县域城镇化路径能够独立影响个体富裕水平，且不同路径导致不同效应；不合意的县域城镇化路径会对共同富裕目标的实现产生阻滞作用。

目　录

1 导论

1.1 研究背景和意义

1.1.1 研究背景

中国特色城镇化道路源于发展环境独特性和农村土地制度创新。[①] 我国人多地少、土地公有的国情及农民对土地的浓厚情结，使得"均田地"的家庭联产承包责任制成为改革开放之初的制度安排。尽管"插花条田"往往费时费力，但在非农就业机会稀少、劳动力边际成本较低甚至为零的年代，农民可通过增加劳动来弥补经营上的不便。随着社会生产力的提高，人们抵御风险的能力不断增强；非农就业机会的增加使农业劳作报酬与社会工资差距越拉越大，粗放经营农地也就成为常态。农村集体成员的土地承包经营权，即承包权与经营权合二为一的状态，导致土地规模经营和土地融资难以展开，阻碍了农业生产效益的提升和城镇化的可持续发展。随着农业机械化、数字化水平不断提升，人均经营土地面积会不断增大。在乡镇企业、农村工业式微的背景下，只有多数人口进入城市，并在城市安居乐业，中国乡村才有望迎来美丽、富饶且生态和谐的崭新面貌。

城镇化是城乡空间结构变迁的必然趋势，是农村人口和各种生产要素不断向

---

① 张红宇. 中国特色城镇化道路的路径探索——由土地制度创新引发的宏观效应 ［J］. 求索, 2022 (03): 124-133.

・ 1 ・

城镇集聚而形成的经济结构、生产生活方式，以及社会观念等向城镇性质演变的过程。城镇化是现代化的重要标志之一，是现阶段推动社会变革的根本动力。城镇化通常用城镇人口占区域总人口的比重来度量，是一个区域城镇人口比重上升、城镇数量增加、城镇规模扩大、城镇文明扩散等方面的综合体现。城镇化的快速发展过程是一个国家逐步实现现代化的过程，同时也是城乡空间逐步融合的过程。落后的乡村和现代城镇之间的巨大差异，吸引乡村人口不断地涌向城镇，城镇化得以快速发展。① 城镇化是削减贫穷、促进经济增长、实现人与自然和谐共生的最佳方式。农业机械化、市场经济、国家城镇化战略引领农业过剩人口向城市迁徙。城市的繁荣吸引越来越多的农民进入城市，也带来了较为沉重的社会伦理问题。

在传统农业社会，马尔萨斯均衡扮演着支配作用，即食物增加诱致更多人口出生，从而把人均食物拉回到生存水平。历代王朝兴衰更迭及周期性经济恢复、繁荣，以及人口增长造成的饥荒、起义和战争，使经济和社会发展陷入周而复始的低水平或长期停滞状态。城镇化即从乡村社会转向城市社会，是一个国家或地区多数人改变职业、居住地和生活环境的社会结构变革，其拉开了人类社会跨越贫困陷阱的大幕。

1.1.2 研究意义

家庭联产承包责任制下土地经营的细碎化和劳动生产力的隐性失业，与规模化、机械化、专业化的现代农业发展难以适应，显著影响了生产要素之间的配置效率。城市的繁荣吸引越来越多的农民进入城市，城镇化造成土地承包权、经营权事实上的分离，土地经营模式正在发生根本性变革。通过市场经济"用脚投票"的方式，促进农民进城和土地集中、产业结构转型和新增就业岗位一致，使乡村人口有序向城镇转移；通过土地制度创新，化解土地所承载的经济职能和保障职能之间的冲突；促进以"要素"和"空间"为核心的城镇化向以"人"为核心的城镇化转变，关注城镇化质量而非城镇化速度，走"以人为本、四化同步、优化布局、生态文明、文化传承"的新型城镇化道路。

促进经济增长、实现人与自然和谐相处的有效方式之一就是鼓励乡村人口向城市迁徙。农民是乡村振兴和新型城镇化的主体，城镇化进程中农民逐渐脱离农

---

① 仇保兴. 中国城镇化——机遇与挑战 [M]. 北京：中国建筑工业出版社，2004：56-58.

业和农村社会。现阶段，我国粗放的农地经营模式和城镇化发展进程使部分地区的民族、农牧、文化和生态资源正在丧失；较大的城乡发展差距成为构建和谐社会的最大阻滞因素。农民向城镇转移的路径如何选择？哪些因素影响农民融入城市？如何通过推进新型城镇化达到乡村振兴目的？研究结论均是紧密结合中国实际得出的科学结论，能够有效促进乡村振兴和城市繁荣发展。

1.2　国内外研究现状

1.2.1　城乡研究视角

（1）国外城乡关系研究

18 世纪的工业革命使传统的以家庭作坊经济为主体的分散式的城乡空间格局迅速瓦解，规模效益、集聚效益使人口、资金和技术不断向城镇集聚，城镇化成为推动经济社会发展的主要动力，也导致了城镇的繁荣和乡村的衰败。1900 年以前，虽然没有出现专门的城镇化理论著作，但是关于城市的起源、城市的发展、城市问题以及乡村人口向城市的流动所引起的后果等，已有不少论述，如马克思的《资本论》及《政治经济学批判》、恩格斯的《英国工人阶级状况》、亚当·斯密的《国富论》等，从历史和逻辑发展角度阐明了城乡阶段发展理论。在此背景下，空想社会主义者开始思考社会改良的药方和城乡空间结构的理想模式，欧文的"新协和村"和傅立叶的"法朗吉"，以及由奥斯曼主持的巴黎改建计划和由本汉姆主持的旧金山、芝加哥等城市的空间发展和治理规划，均是在工业化初期对城镇经济发展的理论探索。[①]

19 世纪末 20 世纪初，欧美大部分国家已初步实现了城镇化（城市人口占总人口的 50%以上），城镇化过程中的问题开始暴露出来，如城市规模膨胀、交通拥挤、公共卫生恶劣、住房紧缺，等等。这不仅提出了对城镇化研究的理论需求，而且也为深入城镇化研究奠定了现实基础，对城镇化的研究由传统的形态偏好开始转向功能空间。1898 年，英国城市规划学家埃比尼泽·霍华德出版了

---

① 何伟. 区域城镇空间结构与优化研究［M］. 北京：人民出版社，2007：2-3.

《明日：一条通往真正改革的和平道路》（1902 年修订版更名为《明日的田园城市》），提出以田园城市的概念和方案把城市与乡村作为一个整体促进城乡结合，以解决各种城市问题，城市规划史上第一次将城市问题的解决视角置于城市之外的区域。① 美国著名城市理论家、社会哲学家刘易斯·芒福德于 1963 年在《城市发展史：起源、演变与前景》一书中提出"城乡发展观"，认为城市和区域是完整的有机生态系统，主张城市与乡村的结合，人工环境与自然环境的结合。② 美国建筑学家弗兰克·劳埃德·赖特把发散主义思想发挥至极点，于 1932 年在《宽阔的田地》一书中正式提出"广亩城市"设想，主张取消大城市，建立一种新的、半农田式社团——广亩城市。③ 美国学者伊利尔·沙里宁针对城市过于集中而产生的弊病，在 1942 年出版的《城市：它的发展、衰败和未来》一书中提出有机疏散理论，认为可以通过规划和产业的再布局实现城乡分工协作与耦合发展，并从土地产权、土地价格、城市立法等方面论述有机疏散理论的可能性，体现了城乡一体化发展的基本思想。④ 加拿大学者麦基于 1987 年提出亚洲城乡融合的 Desakota 模式（Desa 指乡村，Kota 指城镇），借助城乡强烈的相互作用，带动劳动密集产业迅速增长，实现居民职业活动和生活方式的转变，促进了城乡融合发展。⑤ 阿瑟·刘易斯（1984）提出城乡二元经济结构理论⑥，先后经费景汉和拉尼斯、乔根森、托达罗等加以发展完善。

（2）国内城乡关系研究

曹萍（2004）⑦、阎星等（2011）⑧ 认为，传统工业化与城镇化发展模式导致二元经济结构，在生产要素投入与地域空间配置方面割裂了城乡联系。改革开放后，我国乡镇企业不断兴起、小城镇大量涌现、乡村城镇化迅速发展，发达地区开始探索城市与周边乡村通盘考虑的城乡统筹、城乡一体化发展战略。顾朝林等

① ［英］埃比尼泽·霍华德. 明日的田园城市［M］. 金经元，译. 北京：商务印书馆，2000：76-78.

② ［美］刘易斯·芒福德. 城市发展史：起源、演变与前景［M］. 宋俊岭，宋一然，译. 上海：上海三联书店，2018：88-90.

③ 毛其智. 未来城市规划研究［J］. 城市问题，2023（01）：9-11.

④ ［美］伊利尔·沙里宁. 城市：它的发展 衰败和未来［M］. 顾启源，译. 北京：中国建筑工业出版社，1986：46.

⑤ 段禄峰. 城乡空间结构演进理论研究述评［J］. 广东农业科学，2011，38（24）：177-181+184.

⑥ ［英］阿瑟·刘易斯. 劳动无限供给条件下的经济发展［M］. 北京：商务印书馆，1984：89-97.

⑦ 曹萍. 新型工业化、新型城市化与城乡统筹发展［J］. 当代经济研究，2004（06）：58-60.

⑧ 阎星，田昆，高洁. 破除二元体制，开拓中国新型城市化道路——以成都城乡统筹的改革创新为例［J］. 经济体制改革，2011（01）：112-115.

（1993）指出，城乡一体化系统由社会、经济、自然、城镇系统构成，并提出城乡协调的区域观、可持续发展观等规划理念。① 陈晓红与李城固（2004）剖析了城镇化与城乡一体化的辩证关系，研究了不同地域类型城镇化对城乡一体化的作用方式。② 蒋志勇（2015）基于新兴古典经济学的基本理论，对城市化、城镇化和城乡一体化的演化和促进关系进行分析。③ 段禄峰（2011）④、张旺锋等（2012）⑤、洪银兴与陈雯（2003）认为，城乡一体化并不是城乡均质化，城镇与乡村作为区域经济系统的两大组成部分，通过体制一体化充分发挥两者各自优势，促进城乡生产要素合理交流与组合，使之产生良好的互动机制，才能实现总体经济最优化和社会福利最大化。⑥ 陈晖涛与郑传芳（2013）⑦、陈伯庚与陈承明（2013）⑧、李栋与何英磊（2014）⑨ 认为，城乡发展失衡是困扰我国经济社会发展的最大障碍，城乡一体化发展是解决"三农"问题、破解城乡二元结构的根本途径，农村城镇化是城乡一体化的根本动力和重要载体。

徐琴（2010）⑩、倪建伟与胡彩娟（2010）⑪、孙全胜（2018）⑫ 研究发现，中国城镇化的基本特征是"政府主导型城镇化"，城乡一体化建设要消除计划经济思维，立足于社会公平理念，平衡公共服务资源，统筹城乡社区建设，有效释放和激发农村消费潜力。陈锡文（2017）提出，推动加强脱贫攻坚与农业供给侧结构性改革是实现城乡全面建成小康社会的重要举措，要以新型城镇化和新农村建设双轮推进我国"三农"发展。⑬ 陈学云与史贤华（2011）提出，通过城市郊

① 顾朝林，陈田，丁金宏，等．中国大城市边缘区特性研究［J］．地理学报，1993（04）：317-328.

② 陈晓红，李城固．我国城市化与城乡一体化研究［J］．城市发展研究，2004（02）：41-44+64.

③ 蒋志勇．城市化、城镇化和城乡一体化的演进与发展关系研究——基于新兴古典经济学分工和城市化理论的分析［J］．城市发展研究，2015，22（01）：1-3+8.

④ 段禄峰．我国城乡空间一体化协调发展探讨［J］．商业时代，2011（04）：135-136.

⑤ 张旺锋，耿莎莎，闫星羽，等．城乡统筹背景下土地流转与城市化的互动［J］．城市发展研究，2012，19（03）：48-52.

⑥ 洪银兴，陈雯．城市化和城乡一体化［J］．经济理论与经济管理，2003（04）：5-11.

⑦ 陈晖涛，郑传芳．农村城镇化与城乡一体化的相关性分析［J］．中共福建省委党校学报，2013（07）：86-90.

⑧ 陈伯庚，陈承明．新型城镇化与城乡一体化疑难问题探析［J］．社会科学，2013（09）：34-43.

⑨ 李栋，何英磊．城镇化与城乡一体化［J］．技术经济与管理研究，2014（06）：123-128.

⑩ 徐琴．城乡一体化与城市化政策转向［J］．现代经济探讨，2010（10）：10-14.

⑪ 倪建伟，胡彩娟．基于扩大内需背景的城市化发展战略研究——城乡一体化的视角［J］．农业经济问题，2010，31（11）：11-15.

⑫ 孙全胜．城市化的二元结构和城乡一体化的实现路径［J］．经济问题探索，2018（04）：54-65.

⑬ 陈锡文．以新型城镇化与新农村建设双轮推进城乡一体化［J］．求索，2017（11）：4-10.

区化——建设"农村特色的新城镇"和农村城镇化——建设"城镇特色的新农村",逐步实现城乡人口、经济、社会、文化和生态一体化。[①] 王立等(2011)以城乡空间互动—整合演进理念为依托,探讨新型农村社区规划内容,指出经济空间互动、生活空间延展、社会文化空间更新、城乡交通空间链接及田园生态景观空间表征是城乡空间互动—整合演进不同阶段新型农村社区规划的基本原理。[②] 雷诚与范凌云(2011)认为,大都市区地区实现城乡统筹的核心在于土地,应当构建土地开发利益共享机制,实现土地配置方式的转型。[③] 李小云与叶红(2012)从城乡空间融合视角探索区域绿地景观格局,提出通过"多样复合""渗透""环绕",塑造"山、水、田、城融合"的连续统一、网络状、可渗透的城市区域绿地景观形象。[④] 李军与吕庆海(2018)通过回溯和比较异地城镇化与就地城镇化的实践及理论研究,提出适合中部地区的新型城镇化发展路径:实施就地城镇化。[⑤]

孙昌盛等(2011)通过分析县域城乡空间发展存在的一般性问题和制约因素,提出通过空间规划与行动集成,将城乡统筹概念落实到县域空间层面。[⑥] 而殷广卫与薄文广(2011)认为,小城镇缺乏集聚经济与规模经济,县级城市作为联系城乡的关键节点成为兼顾城镇化与城乡一体化、兼顾效率与公平的重要切入点。[⑦] 郝世绵等(2017)通过统计数据分析,认为人口向小城镇转移已成为多数农民的现实选择,实现生产要素城乡有序流动的关键是做好城—镇—村一元协同规划,大力发展乡镇企业集聚经济,提升小城镇生活质量和小城镇文化品位

---

① 陈学云,史贤华.我国城镇化进程中的城乡一体化路径研究——基于新农村建设平台 [J].经济学家,2011(03):59-66.

② 王立,刘明华,王义民.城乡空间互动——整合演进中的新型农村社区规划体系设计 [J].人文地理,2011,26(04):73-78.

③ 雷诚,范凌云.破解城乡"二元"土地困境的重要议题——关注大都市区"土地配置"问题 [J].城市规划,2011,35(03):14-16.

④ 李小云,叶红.城乡空间融合视野下的城市区域绿地景观形象塑造——以广州花都区为例 [J].西北林学院学报,2012,27(02):217-220.

⑤ 李军,吕庆海.中部地区城乡一体化路径探析:就地城镇化 [J].贵州社会科学,2018(08):121-127.

⑥ 孙昌盛,赵艳林,刘宝臣.东南部欠发达地区县域城乡空间统筹发展的规划思考 [J].浙江大学学报(理学版),2011,38(01):96-100.

⑦ 殷广卫,薄文广.基于县级城市的城乡一体化是我国城市化道路的一种政策选择 [J].中国软科学,2011(08):111-121.

等。[1] 苏红键（2023）指出，城乡两栖是中国特色的县域城镇化现象，其本质是一部分农村人口在城乡间自由流动，有利于促进城乡融合和共同富裕。[2]

杨振宁（2008）借助格兰杰因果关系检验、协整检验等计量方法，证实安徽省城乡统筹发展与城镇化之间存在长期均衡关系；城镇化是城乡统筹发展的格兰杰原因，但城乡统筹发展不是城镇化的格兰杰原因。[3] 与之相似，李宾与马九杰（2013）[4]、张子宸与李宾（2014）[5] 采用主成分分析法，对城镇化与城乡统筹关系进行实证分析，认为城镇化与城乡统筹之间并不存在正向的格兰杰因果关系，城镇化推动城乡统筹发展的命题未能得到数据支持。夏建红与崔占峰（2019）运用向量自回归模型与脉冲响应函数分析，发现镇域城镇化对城乡一体化具有稳定的正向效应，但城乡一体化对镇域城镇化短期具有负向效应，长期具有正向效应。[6] 苏发金（2011）运用协整分析、误差修正模型分析和格兰杰因果关系检验，证明城镇化发展和农业经济增长之间存在长期稳定关系和短期均衡关系，且两者分别在不同滞后期具有单向因果关系。[7] 刘心怡与梁祎玲（2018）采用倾向值匹配倍差法，分析新型城镇化对城乡一体化的作用机理，认为新型城镇化政策对城乡一体化具有显著促进作用。[8] 刘国斌与韩世博（2016）基于耦合协调模型，对新型城镇化与城乡一体化协调发展进行评价研究，结果表明中国新型城镇化、城乡一体化，以及二者的耦合协调度均呈现逐年上升趋势，发达地区的带动

① 郝世绵，胡月英，钟德仁. 城乡一体化战略驱动的逆城市化流动及政策支持——基于1978~2015农村政策分析 [J]. 当代经济研究，2017（06）：70-77.

② 苏红键. 中国特色的县域城镇化：以城乡两栖促城乡融合 [J]. 甘肃社会科学，2023（04）：200-208.

③ 杨振宁. 城乡统筹发展与城镇化关系的实证研究——基于安徽的数据 [J]. 农业经济问题，2008（05）：49-54.

④ 李宾，马九杰. 城镇化能够推动城乡统筹发展吗？——基于1991~2010年数据的分析 [J]. 中国农村观察，2013（02）：65-74.

⑤ 张子宸，李宾. 城镇化、金融发展与城乡统筹关系研究 [J]. 经济问题探索，2014（06）：60-66.

⑥ 夏建红，崔占峰. 镇域城镇化发展与城乡一体化的演变逻辑 [J]. 东岳论丛，2019，40（10）：33-43.

⑦ 苏发金. 城乡统筹：城镇化与农业经济增长关系的实证分析 [J]. 经济经纬，2011（04）：111-115.

⑧ 刘心怡，梁祎玲. 城乡一体化视角下新型城镇化的政策效果——基于倾向值匹配倍差法的检验 [J]. 企业经济，2018（01）：185-192.

作用明显，沿海地区发展优于内陆，东部优于西部。[①] 王永军与张东辉（2020）研究表明，新型城镇化对于城乡统筹发展具有"倒 U 形"的影响，城乡统筹水平的提高并不利于经济增长速度的提升，城乡统筹发展对于新型城镇化和经济增长之间的关系具有门限效应。[②]

1.2.2 空间研究视角

（1）理论演进

20 世纪初，杜能、韦伯、克里斯塔勒、廖什等以社会生产的物质要素在空间上的集聚为特征，提出城市发展的区位理论。佩鲁于 20 世纪 50 年代提出"增长极"概念，成为城镇化动力理论中"大城市动力论"的首创者，后续研究以布代维尔、赫希曼、弗里德曼、缪尔达尔的理论成果最为经典。而后，城市发展的区域演化理论、空间开发模式、城市规划理论相继提出。张京祥（1998）指出，城镇群体空间演化机理是空间自组织和被构组织相互作用的过程，城镇化既要遵循经济规律，又要发挥政府适当调控，才能有序持续发展。[③] 1995 年，中国科学院地理科学与资源研究所研究员陆大道出版《区域发展及其空间结构》一书，指出区域城镇空间结构演变的一般特征，并提出我国未来几十年区域经济发展与国土开发以沿海和长江沿岸为一级轴线，二者组成"T"字型的宏观构架[④]，使生产力布局与水土资源、交通运输、城市发展充分契合，成为 21 世纪我国经济持续发展的一级轴线。[⑤] 王圣学等（2009）认为，条件较好的区位首先发展起来作为增长极核（单中心城市），通过规模效益和集聚效益吸引经济要素集中；当单中心城市规模过大时又造成集聚不经济，城市空间结构开始向多中心演进，如在原有单中心城市周边发展卫星城等。[⑥] 孔令刚与蒋晓岚（2013）基于"精明增长"和紧凑型城市发展理念，探索有效的空间重构和整合策略与机制，引导城

① 刘国斌，韩世博. 新型城镇化与城乡一体化协调发展实证研究 [J]. 黑龙江社会科学，2016（03）：57-63.
② 王永军，张东辉. 城乡统筹发展视角的新型城镇化对经济增长的影响 [J]. 甘肃社会科学，2020（03）：177-184.
③ 张京祥. 对我国城市化研究的再考察 [J]. 地理科学，1998（06）：555-560.
④ 陆大道. 区域发展及其空间结构 [M]. 北京：科学出版社，1995：56-59.
⑤ 陆大道. 国土开发与经济布局的"T"字型构架与长江经济带可持续发展 [J]. 宏观经济管理，2018（11）：43-47+55.
⑥ 王圣学，李宏志，王蔚然. 西安城市空间与卫星城规划布局研究 [J]. 城市，2009（01）：25-33.

市空间发展的良性重构与转型。① 杨充霖（2014）论证了城镇化作为资源空间配置过程的理论依据与实证支持，从公众资源空间配置行为出发分析城镇化的约束条件、目标函数、运行机制与规划原理。② 董光龙等（2023）采用空间杜宾模型系统，分析城镇化对农村居民点利用的直接效应和空间溢出效应，定量刻画城镇化和农村居民点用地变化的时空特征。③

（2）实践探索

李宏志与王圣学（2006）以西安大都市圈为例，分析"点—轴"理论在空间结构的演进机制。④ 张玉鑫（2011）论证了长三角各地"接轨"上海的空间现象，表明上海及周边地区的空间发展正由极核集聚阶段向极核扩散阶段转变。⑤ 中国宏观经济研究院国土开发与地区经济研究所课题组等（2020）认为，都市圈和"两横三纵"城市发展轴带集聚人口能力日益增强，交通、产业、开放、生态、城乡融合等成为影响城镇化空间形态的新变量，城乡融合发展和乡村振兴将为城镇化空间形态变化注入新动力，新时代城镇化空间形态将更加多元、开放、均衡、高效。⑥ 杨青山等（2020）以吉林省为研究区域，运用重心分析模型和地理统计法，在综合分析城镇化空间格局时空演变特征及问题的基础上，将情景分析法运用到城镇化空间格局优化中，从理论和实践两个维度研究了区域城镇化空间格局优化问题。⑦ 朱奕衡等（2022）运用极化指数和变异系数等，探究长三角人口城镇化空间极化演变过程、空间特征及其正负效应，得出长三角城市群已形成"上海—南京—杭州—合肥"的"多中心"空间极化格局的结论。⑧ 胡

① 孔令刚，蒋晓岚.基于新型城镇化视角的城市空间"精明增长"［J］.中州学刊，2013（07）：27-31.
② 杨充霖.资源空间配置与中国新型城镇化的基础理论构架［J］.经济学动态，2014（09）：98-105.
③ 董光龙，王珏，程伟亚，等.山东省城镇化对农村居民点利用的直接效应与空间溢出效应研究［J］.地理研究，2023，42（06）：1629-1646.
④ 李宏志，王圣学.基于"点-轴"理论的西安大都市圈空间结构演变研究［J］.现代城市研究，2006（10）：16-21.
⑤ 张玉鑫.从"接轨"上海的空间现象解读上海大都市区空间发展战略［J］.规划师，2011，27（04）：57-62.
⑥ 中国宏观经济研究院国土开发与地区经济研究所课题组，高国力，刘保奎，等.我国城镇化空间形态的演变特征与趋势研判［J］.改革，2020（09）：128-138.
⑦ 杨青山，江孝君，刘鉴.区域城镇化空间格局优化路径与实践——以吉林省为实证［J］.经济地理，2020，40（05）：10-18.
⑧ 朱奕衡，杨山，尹上岗，等.长三角地区人口城镇化的空间极化过程及其演变格局研究［J］.地理科学进展，2022，41（12）：2218-2230.

安俊（2023）从首位城市人口规模等五个方面构建研究框架，依托路径依赖理论预测 2035 年中国城市群主体空间形态将由京津冀、长三角、粤港澳大湾区、成渝、长江中游五大城市群构成。①

（3）思考反思

曹现强与朱明艺（2014）认为，城镇化进程中的空间变革需要通过城乡空间布局、资源配置和代际发展的三个平衡来体现空间正义，践行城乡融合理念才能使城镇化共同增益于城乡空间权益。② 宋国恺与李歌诗（2015）对"空间不平衡发展"理论进行批判和反思，认为重点发展小城镇，推动城镇体系协调发展，是化解"空间不平衡发展"实践的有效途径。③ 陈然（2016）④、王佃利与于棋（2017）⑤ 根据空间生产理论，认为权力、资本和社会三种力量重组与再造着城市空间，失衡的力量对比与非均衡的参与模式导致乡村秩序解构、城乡空间分异和身份认同迷失。陈良斌（2018）论证了城镇化发展的二律背反复杂样态，即差异逻辑为城市带来要素集聚，推动城市繁荣；极化逻辑引发"城市病"，将城市引向衰败歧途。⑥ 徐晓军与张楠楠（2019）认为，基于西方城市、郊区、农村依次推进的城镇化"单线推进"政策，并未解决我国中心城市人口过密、版图过度扩张等问题，只有推动城市有度、郊区有界、农村有质的协同发展，才能真正体现城镇化的"新型"之义。⑦ 杨喜与卢新海（2021）基于城市面板数据，构建空间权重矩阵，借助空间面板杜宾模型及其偏分分解方法分析中国城市土地城镇化驱动因素，得出中国城市土地城镇化城际差异呈持续扩大特征，并伴随着极化现象的结论。⑧ 姚尚建与王倩（2023）从空间互动和制度嵌套视角，认为城镇化

---

① 胡安俊. 2035 年中国的城镇化率与城市群主体空间形态［J］. 技术经济, 2023, 42（05）: 174-188.

② 曹现强, 朱明艺. 城市化进程中的城乡空间正义思考［J］. 理论探讨, 2014（01）: 139-144.

③ 宋国恺, 李歌诗. 发展重点小城镇与城市化道路选择——对"空间不平衡发展"理论的批判反思［J］. 兰州大学学报（社会科学版）, 2015, 43（05）: 22-30.

④ 陈然. 新马克思主义空间理论与中国城镇化反思［J］. 理论与现代化, 2016（06）: 118-125.

⑤ 王佃利, 于棋. 空间生产与新型城镇化差异空间的塑造［J］. 福建论坛（人文社会科学版）, 2017（09）: 148-154.

⑥ 陈良斌. 城市化不平衡发展的双重逻辑——基于新马克思主义空间理论视角［J］. 山东社会科学, 2018（11）: 12-16.

⑦ 徐晓军, 张楠楠. 从"单线推进"到"空间协同"：改革开放以来中国城镇化的实践历程与发展进路［J］. 河南社会科学, 2019, 27（12）: 108-114.

⑧ 杨喜, 卢新海. 空间效应视角下中国城市土地城镇化的驱动因素［J］. 中国人口·资源与环境, 2021, 31（01）: 156-164.

先后经历地理空间、社会空间和数字空间三次转型，带来了城市治理工具的迭代。[1]

1.2.3 经济研究视角

（1）城镇化与经济增长

钱纳里与塞奎于 1975 年建立了城镇化与工业化耦合发展的比较模型。[2] 美国城市学者诺瑟姆在 1979 年提出城市化过程一般分初期、中期、后期三个阶段，城镇化发展水平与经济增长之间满足 S 型曲线的著名论断[3]；陈明与王凯（2013）通过面板非线性模型城镇化趋势进行研判，发现中国城镇化水平与经济增长之间也呈 S 型曲线变化，但曲线更为平滑。[4] Henderson（2000）指出，城镇化率与人均 GDP 存在正相关关系。[5] 周一星（1982）[6]、朱孔来等（2011）[7]、蒋冠与霍强（2014）[8] 构建数据自回归模型，通过协整检验、格兰杰因果关系检验，证明城镇化与经济发展水平存在稳定的均衡关系。郑鑫（2014）使用城乡就业数据和产业数据进行计量分析，结果表明改革开放初期城镇经济对经济增长的贡献率不及乡村经济，从 1999 年开始城镇经济逐渐成为国民经济的主体。[9] 谭凤连与彭宇文（2018）构建 VAR 模型，运用协整理论、因果关系检验、脉冲响应函数、方差分解等方法，验证了城镇化、农民收入、经济增长三者之间存在长期稳定的均衡关系。[10] 何兴邦（2019）基于省级面板数据，验证了城镇化有助于显

---

① 姚尚建，王倩. 空间转型与治理迭代——兼论中国式城市化的理念、政策和行动 [J]. 江苏行政学院学报，2023（02）：107-114.

② 冯邦彦，马星. 中国城市化发展水平及省际差异 [J]. 经济经纬，2005（01）：62-65.

③ 焦秀琦. 世界城市化发展的 S 型曲线 [J]. 城市规划，1987（02）：34-38.

④ 陈明，王凯. 我国城镇化速度和趋势分析——基于面版数据的跨国比较研究 [J]. 城市规划，2013，37（05）：16-21+60.

⑤ Henderson J V. How Urban Concentration Affects Economic Growth [M]. Washington, D. C.：World Bank Publications, 2000：59.

⑥ 周一星. 城市化与国民生产总值关系的规律性探讨 [J]. 人口与经济，1982（01）：28-33.

⑦ 朱孔来，李静静，乐菲菲. 中国城镇化进程与经济增长关系的实证研究 [J]. 统计研究，2011，28（09）：80-87.

⑧ 蒋冠，霍强. 中国城镇化与经济增长关系的理论与实证研究 [J]. 工业技术经济，2014，33（03）：33-41.

⑨ 郑鑫. 城镇化对中国经济增长的贡献及其实现途径 [J] 中国农村经济，2014（06）：4-15.

⑩ 谭凤连，彭宇文. 城镇化、经济增长、农民收入相关性分析 [J]. 湖南农业大学学报（社会科学版），2018，19（05）：94-100.

著增加经济增长效率、优化产业结构、提升绿色发展水平、改善社会福利。① 丁成日等（2022）利用省级面板数据，通过引进交叉项、运用两步回归分析城镇化对经济增长的影响，研究结果表明城镇化对经济既有直接影响也有间接影响。② 龙春涛与宋香荣（2022）运用省份面板数据，建立空间滞后模型分析城镇化对经济增长的影响和空间溢出效应，认为城镇化促进经济增长效果显著并会通过辐射效应带动周边省份经济增长③。

宋元梁与肖卫东（2005）建立向量自回归模型，运用预测方差分解和脉冲响应函数分析城镇化与农民收入相关性，证明城镇化发展与农民收入增长之间存在较强的正向交互响应作用④。张莅黎等（2019）通过普通最小二乘（OLS）回归模型检验城镇化区域增长和收敛的双重效应，并用加权地理回归（GWR）模型测算城镇化对县域人均 GDP 增长及收敛速度的影响，发现城镇化水平及城镇化进程对县域人均 GDP 增长及收敛性同时具有积极的稳健性作用⑤。程开明与王桂梅（2023）构建包含环境因素的城乡二元一般均衡模型解析城镇化影响经济高质量发展的理论机制，依据中国地级以上城市面板数据实证检验城镇化通过产业结构升级影响经济高质量发展的实际效应。⑥ 何春与崔万田（2017）将城镇化引入贫困理论模型，发现城镇化与贫困呈现"U 形"关系，当城镇化超过最优水平时会产生过度城镇化问题，不利于缓解贫困。⑦ 黄耿志等（2019）基于人口普查数据和面板数据回归模型，揭示了中国城镇非正规经济与城镇化之间存在"倒 U形"关系。⑧ 王永军与张东辉（2020）发现，新型城镇化对城乡统筹发展具有

① 何兴邦. 城镇化对中国经济增长质量的影响——基于省级面板数据的分析［J］. 城市问题, 2019（01）: 4-13.
② 丁成日, 朱佳星, 陈灿. 城镇化和城镇化模式对经济增长的影响分析［J］. 城市发展研究, 2022, 29（12）: 12-20.
③ 龙春涛, 宋香荣. 城镇化、劳动力供给对经济增长的影响［J］. 统计与决策, 2022, 38（22）: 113-118.
④ 宋元梁, 肖卫东. 中国城镇化发展与农民收入增长关系的动态计量经济分析［J］. 数量经济技术经济研究, 2005（09）: 31-40.
⑤ 张莅黎, 赵果庆, 吴雪萍. 中国城镇化的经济增长与收敛双重效应——基于 2000 与 2010 年中国1968 个县份空间数据检验［J］. 中国软科学, 2019（01）: 98-116.
⑥ 程开明, 王桂梅. 城镇化、产业结构升级与经济高质量发展——基于空间杜宾模型的中介效应检验［J］. 系统工程理论与实践, 2023, 43（03）: 648-666.
⑦ 何春, 崔万田. 城镇化的减贫机制与效应——基于发展中经济体视角的经验研究［J］. 财经科学, 2017（04）: 52-64.
⑧ 黄耿志, 张虹鸥, 薛德升, 等. 中国城镇非正规经济与城镇化发展的倒 U 型关系［J］. 经济地理, 2019, 39（11）: 76-83.

"倒 U 形"影响，城乡统筹水平提高并不利于经济增长速度提升，城乡统筹发展对于新型城镇化和经济增长之间的关系具有门限效应。[①] 杨华磊等（2020）构建纳入城镇化生育效应的两部门动态优化模型，发现城镇化会造成生育水平下降，通过提升城镇化水平推动我国长期经济增长的目标可能难以实现。[②]

（2）城市规模与经济增长

Segal（1976）[③]、Rosenthal 等（2004）[④] 对城市人口聚集效应进行验证，得出通过倍增城市人口规模可使生产率提高 3%～8%。蒋涛与沈正平（2007）[⑤]、高健与吴佩林（2016）[⑥]、孔祥栋等（2015）[⑦] 采用广义矩估计方法及异方差稳健性估计的固定效应模型，分析规模收益递增和拥挤效应对城市规模的影响，计算城市门槛值及最优城市人口规模数值，证明城市人口规模与经济增长之间存在明显的"倒 U 形"关系，城市人口规模并不是越大越好。陆旸（2021）基于 Thomas Brinkhoff 的城市人口数据库，发现国家首位城市规模与经济发展之间存在"倒 U 形"关系，得出大城市人口因为"发展"会自动疏散人口，城市规模并不会无限膨胀的结论。[⑧] 王小鲁与夏小林（1999）通过建立城市规模收益函数和外部成本函数，计算出城市人口在 100 万～400 万净规模收益最高。[⑨] 段瑞君（2014）基于中国 285 个地级及以上城市的面板数据，运用动态面板数据模型的估计方法进行实证研究，发现中国城市规模主要受到聚集经济影响，而市场拥挤效应不显著，城市规模具有自我膨胀趋势。[⑩] 李静与李逸飞（2020）采用 CHIP 数据集对

① 王永军，张东辉. 城乡统筹发展视角的新型城镇化对经济增长的影响 [J]. 甘肃社会科学，2020（03）：177-184.

② 杨华磊，沈盈希，谢琳. 城镇化、生育水平下降与经济增长 [J]. 经济评论，2020（03）：87-100.

③ Segal D. Are There Returns to Scale in City Size? [J]. Review of Economics and Statistics, 1976, 58（9）：339-350.

④ Rosenthal, Stuart, William C. Evidence on the Nature and Sources of Agglomeration Economies [A] //J. Vernon Henderson, Jean-Francois Thisse. In Handbook of Regional and Urban Economics [C]. Amsterdam: Elsevier, 2004：86-88.

⑤ 蒋涛，沈正平. 聚集经济与最优城市规模探讨 [J]. 人文地理，2007（06）：68-71+104.

⑥ 高健，吴佩林. 城市人口规模对城市经济增长的影响 [J]. 城市问题，2016，35（6）：4-13.

⑦ 孙祥栋，郑艳婷，张亮亮. 基于集聚经济规律的城市规模问题研究 [J]. 中国人口·资源与环境，2015，26（3）：74-81.

⑧ 陆旸. 城市规模分布和经济发展：存在一种特定模式吗？[J]. 人口研究，2021，45（04）：114-128

⑨ 王小鲁，夏小林. 优化城市规模推动经济增长 [J]. 经济研究，1999，45（9）：22-29.

⑩ 段瑞君. 聚集经济、市场拥挤效应与城市规模 [J]. 财经科学，2014（08）：120-128.

我国城市规模与城市经济发展水平机制进行实证检验,发现两者之间存在"倒U形"关系,但当前多数城市仍处于拐点左侧,并未达到均衡或者最优处的人口规模水平。①

1.2.4 速度研究视角

(1)城镇化发展速度过快

城镇化发展速度主要表现在城镇人口占总人口比例提高、城镇数量增加和城镇规模扩大等方面。城镇化发展水平一般用城镇化率,即城镇人口占城乡总人口的比例来描述;而城镇化发展速度则用城镇化率的年增长率来表示。以陆大道、周干峙、周一星、崔功豪、姚士谋等为代表的学者认为,我国城镇化发展速度过快,部分地区脱离循序渐进的发展轨道,出现"冒进城镇化""虚假城镇化"态势,并建议采取严格、多方面综合措施,遏制空间失控的严峻态势。

(2)城镇化发展速度并未过快

以简新华、诸大建、牛凤瑞、潘家华、罗志刚等为代表的学者却认为我国城镇化发展速度并未过快,当前不是简单地放缓发展速度,而是改变土地高消耗、人口低吸纳的城镇化发展模式。主要依据有:①非农意义上的城镇化并未达到相应的速度与规模。一方面,中国在土地城镇化方面确实态势迅猛,全国人均建设用地面积超过130多平方米,远高于发达国家的82.4平方米②;另一方面,考虑到中国2亿多在城乡之间流动的农民工,他们在为城市做出贡献的同时,却由于户籍等原因而没有享受市民待遇。我国产业非农化率、就业非农化率远高于城镇化率,导致城乡之间巨大的收入差距。城镇化本质上是一个自然而然的历史过程,调控政策只能起到暂时的加速或延缓作用。近年来我国城镇化水平快速提升,既是经济社会发展的必然结果,也是经济社会发展的重要动力。②适当的城镇化速度有利于经济的可持续发展。城镇化是工业化的空间载体,人口、物质等生产要素在地理空间上的积聚有利于分工和专业化生产,从而降低交易成本;城市是产生新的科技知识的"天然实验室",不同知识、观念的人群面对面地交流,不仅易于激发创新灵感,且能实现新观念、新技术的低成本传播;城市能够提供更多非农就业岗位,增加收入,刺激消费。发展中国家从印度到中国都曾由

---

① 李静,李逸飞. 城市规模、经济发展水平与居民收入差距 [J]. 江淮论坛, 2020 (04):42-53+68.

② 段禄峰,魏明. 人口城镇化与土地城镇化同步发展研究 [J]. 当代经济管理, 2019, 41 (11):45-51.

于反资本主义的意识形态而抑制城镇化的发展，造成经济社会的全面落后。拉美国家早期的快速城镇化极大地促进了农产品等初级产品的出口，带动了就业和经济的发展；但后来其经济发展重点迅速转移到高级产品生产，劳动力需求下降，并对"非正规就业"进行排斥，人民生活困苦造成所谓的"拉美陷阱""人口恐惧"，城镇化成了"中等收入陷阱"的替罪羊。① 我国实行的农村土地承包制度发挥社会"稳定器"作用，避免失地农民大量涌入城市的不利局面，也使得与相同经济发展水平国家相比，中国城镇化水平明显偏低。② 程开明（2009）根据钱纳里标准③，张妍与黄志龙（2010）依据钱纳里标准和 IU 比、NU 比④，简新华与黄锟（2010）对城镇化进行实证分析⑤，并与同类国家进行比较分析，得出中国城镇化滞后于工业化与经济发展水平，中国城镇化速度并未盲目冒进，未来我国城镇化仍将以较快速度推进的结论。城镇化发展的主要问题是城镇化滞后于工业化和经济发展，城镇化不是超前，更没有冒进，需要抓住有利时机提高城镇化水平。因此，当下大力推进城镇化进程，是应对外部需求严重萎缩的唯一出路，是国家去库存战略的正确选择。③城镇化有利于生态环境的保护。城市交通拥挤、环境污染、就业困难、空间无序蔓延、公共安全风险等成为发展之痛，但这是城市发展必须支付的成本。城镇是将资源环境转化为物质文明与精神文明的有效空间形态，当边际收益大于边际成本，城市规模扩张成为必然，过度夸大"城市病"的负面效应无异于因噎废食⑥。产业与人口在城市的高度集中，必然造成资源的大量消耗和"三废"的过度排放，但这也为集中处理污染提供了条件，使依托城市的治污工程更有效率；城市发展循环经济，集约利用资源更具经济性和可行性；公共基础设施的集中使用降低了边际使用费用。因而，改变消耗大量资源的粗放式城镇化发展模式，走精明增长的城镇化发展道路才是理性选择。⑦

① 罗志刚. 对城市化速度及相关研究的讨论 [J]. 城市规划学刊, 2007 (06): 60-66.

② 陈明, 王凯. 我国城镇化速度和趋势分析——基于面版数据的跨国比较研究 [J]. 城市规划, 2013, 37 (05): 16-21+60.

③ 程开明. 当前我国城市化速度的论争与审视 [J]. 城市发展研究, 2009, 16 (10): 1-6.

④ 张妍, 黄志龙. 中国城市化水平和速度的再考察 [J]. 城市发展研究, 2010, 17 (11): 1-6.

⑤ 简新华, 黄锟. 中国城镇化水平和速度的实证分析与前景预测 [J]. 经济研究, 2010, 45 (03): 28-39.

⑥ 牛凤瑞. 我国城市化十五大热点之问与理性解析 [J]. 上海城市管理, 2013, 22 (02): 4-9.

⑦ 刘冬华, 诸大建. 面向土地低消耗的城市精明增长研究 [J]. 同济大学学报（社会科学版）, 2009, 20 (04): 38-43.

1.2.5 高质量发展视角

20 世纪 90 年代以后，信息化、可持续发展、智慧城市、数字城市等理论与思想融入城镇化的研究之中。美国建筑大师赖特提出了自然生态空间融合的区域城市。[1] 欧盟从 1993 年起开始了"欧洲空间展望"跨国空间规划工作，以实现区域与城市空间的集约发展。加拿大与美国也采取"生长控制"之类的措施，来调控区域城镇空间的演化。伴随着工业和人口向大城市的盲目集中，城市环境问题日益严重，许多国家越来越意识到将城市与周边乡村地区联系起来的重要性，中心地理论、增长极理论得到进一步应用。例如，日本制定了多次全国综合开发规划纲要，韩国实施了全国国土规划，等等。

张梦瑶（2021）从马克思主义城镇化思想出发，指出城镇化高质量发展是最大发展动能和内需潜力，为统筹城乡融合、区域协调发展、生态文明建设提供强大动能。[2] 蒋正云等（2023）基于 STIRPAT 分析框架，采用空间计量和面板门槛模型对新型城镇化高质量发展生态溢出效应的空间关联和非线性特征进行实证检验，发现新型城镇化高质量发展对生态环境具有积极且显著的直接效应与空间溢出特征。[3] 熊毅与粟勤（2022）以我国 149 个城市为样本，采用多维指标测度新型城镇化高质量发展水平。[4] 韩冬（2022）从创新、协调、绿色、开放、共享和城市流六个方面选取 32 个评价指标，构建城市群高质量发展评价指标体系。[5] 欧进锋等（2023）构建"经济发展、基础设施、城乡统筹、绿色低碳、创新发展"五维度的新型城镇化高质量发展评价指标体系，运用组合赋权法、时序加权平均算子法及空间统计分析法，对广东省新型城镇化高质量发展水平展开分析。[6] 徐维祥等（2021）基于引力模型、模体分析方法以及空间计量模型分析数字经济空

---

① 毛其智. 未来城市规划研究 [J]. 城市问题，2023（01）：9-11.

② 张梦瑶. 中国特色新型城镇化高质量发展的实践路径探析——基于新发展理念视角 [J]. 当代经济管理，2021，43（09）：75-80.

③ 蒋正云，宋金平，赵晓迪. 新型城镇化高质量发展生态效应的空间溢出及门槛特征 [J]. 经济问题探索，2023（05）：97-112.

④ 熊毅，粟勤. 地方政府债务、金融发展水平与新型城镇化高质量发展 [J]. 统计与决策，2022，38（23）：112-116.

⑤ 韩冬. 城镇化高质量发展水平测度——基于京津冀城市群的实证 [J]. 统计与决策，2022，38（04）：93-97.

⑥ 欧进锋，许抄军，陈东. 广东省新型城镇化高质量发展水平演变及其影响因素 [J]. 经济地理，2023，43（03）：78-87.

间联系演化格局特征及对城镇化高质量发展的影响效应。① 杨飞虎等（2021）指出，在双循环新发展格局下，城镇化高质量发展要创新质量变革、完善效率变革和加强动力变革等方面的制度设计。② 任碧云与郭猛（2021）以城镇化发展问题为导向，认为应建立包含治理策略等"三位一体"策略集合及实施产业精准扶持等"四维联动"创新发展实践策略，推动城镇化高质量发展。③ 王滨（2022）利用省份面板数据，构建空间杜宾模型实证研究金融科技对城镇化高质量发展的影响及作用机制，得出金融科技对本地区城镇化高质量发展的影响呈现显著的"U形"非线性特征，但空间溢出效应尚不明显的结论。④ 刘伟（2022）认为，应加快绿色产业推进城镇化高质量发展步伐，通过落实碳达峰、碳中和目标来推进绿色产业分工合作，全面实施乡村振兴战略、深化绿色产业新模式。⑤

1.2.6 研究现状评述

虽然由于不同国家和地区资源禀赋、地理环境、经济发展和政治体制等因素相异，推进城镇化的发展模式也千差万别，但国内外关于城镇化的发展在研究思想和基本观点上基本一致，都强调城市与乡村不可分割，城镇化建设必须从城乡整体、系统的观点进行探求。研究范畴从单一城市到区域城市、城镇群、都市区、大都市带，并总结出城镇化发展的一般规律、动力机制和发展模式。研究学科从单一学科到以社会、地理和管理科学为核心的多学科交叉融合，研究的重点已经转移到社会领域。研究方法从描述到解析、从定性到定量相结合，从理想状态下的规范研究到全球化、数字化、市场化下的城镇空间社会的不确定性；除统计分析方法外，大量引入 GIS 技术；有人尝试用动力学模型研究城市空间的相互作用，也有学者用几何方法研究城镇空间分布。研究重心从城镇空间的物质属性到城镇空间的社会属性，从个体行动与社会结构的关系到社会结构的制度变迁，注重强调个人的行为层面，重点解决城镇集聚问题。为推进城镇化健康发展，国家相继推出"三化"协调、"四化"同步，乃至"五化"协同发展战略。总之，

---

① 徐维祥，周建平，周梦瑶，等. 数字经济空间联系演化与赋能城镇化高质量发展 [J]. 经济问题探索，2021（10）：141-151.

② 杨飞虎，张玉雯，龚子浩. 双循环格局下城镇化高质量发展实现路径 [J]. 江西社会科学，2021，41（06）：89-95.

③ 任碧云，郭猛. 我国新型城镇化高质量发展的策略研究 [J]. 经济纵横，2021（05）：110-116.

④ 王滨. 金融科技对城镇化高质量发展的影响及其机制分析 [J]. 经济经纬，2022，39（02）：12-23.

⑤ 刘伟. 以绿色产业推动城镇化高质量发展的路径研究 [J]. 经济纵横，2022（04）：116-121.

对于城镇化的研究，学者大都相信城镇化能促进经济增长，并最终实现城乡空间均衡发展，但如何通过推进新型城镇化、城镇化高质量发展来达到乡村振兴和城乡人民共同富裕目的，仍处于探索之中。

1.3 研究方法和创新点

1.3.1 研究方法

（1）理论分析法

通过借鉴城镇化发展相关学科（发展经济学、城乡规划学、管理学、社会学等）理论，并对理论与方法加以梳理、融合，对研究问题进行理论阐释。

（2）实证研究法

选择典型地区，通过问卷调查、深度访问、现场踏查等方式，运用多种数据分析模型和软件对各项经济、社会指标进行量化分析，探寻城镇化发展的影响因素、农民改革意愿等，把握城镇化高质量发展的作用机制和规律。

（3）系统分析法

城镇化发展涉及国家（宏观）、地方（中观）、农民（微观）生态系统，城市与乡村生态系统，因此用系统分析法处理各种利益纠葛及政治诉求，分析各种结构性因素、政策性因素以及各类能动者对社会、经济结构和制度变迁的影响。

1.3.2 研究创新点

（1）学术思想创新

①没有最佳的城市人口规模。城市对经济增长的贡献来自城乡劳动生产率的差异及城市劳动生产率更快的增长。城市人口规模与经济增长之间存在明显的"倒U形"关系。由净工资曲线、劳动力供给曲线决定的城市人口规模均衡点，并不一定是最优的城市人口规模。而最优的城市人口规模也不是静止不变的，它随技术条件、基础设施、政府治理的改善而变化。②大城市化才是城镇化道路的最佳选择。构建城市劳动力规模均衡模型，探讨城市的规模经济和集聚效应；提出促进人口向城镇集聚，大城市率先发展、小城镇适度培育的城镇化发展对策。

研究结果表明：只有多数农民进入城市，尤其是大城市，致力于终止仅够糊口的小农经济，才能有效防止贫困的继承，乡村才能休养生息、生态文明才能传承。

（2）研究内容创新

①建立产业结构偏离度、城乡比较劳动生产率、二元对比系数、二元反差系数等数学模型，对我国城乡二元结构进行系统解析。通过建立产业结构偏离度、城乡比较劳动生产率、二元对比系数、二元反差系数等数学模型，对我国城乡二元结构进行系统解析，掌握城乡二元结构发展现状及未来趋势，为政府解决"三农"问题、构建和谐社会提供有力数据支撑。②从城镇化、工业化协调发展角度，探索城乡空间一体化建设。用 IU 比和 NU 比国际指标对改革开放后中国城镇化与工业化发展关系进行定量分析，得出了中国城镇化超前于工业化的结论。从城镇化与工业化协调角度，探索人口分布、经济布局、国土利用和城镇化格局，破解经济社会发展与资源环境承载能力之间的矛盾。③土地增值收益公平分配机制。以促进城镇化可持续发展为目的，采用质性研究方法，探讨城镇化进程中土地增值收益分配存在的矛盾和问题，构建土地增值收益公平分配机制。研究结果表明：城镇化推动土地产权变更、用途转变、投资开发等，土地价值不断增值，但土地增值空间并非均匀分布。只有将因人口集聚而产生的土地增值收益，回馈给进城择业的广大农民，才能全面降低城镇化的成本和门槛，消除因承载过多人口而带来的乡村贫困。

（3）研究方法创新

①构建 Logistic 模型，探索人口城镇化与土地城镇化同步发展。以实现"一方水土"与"一方人口"相协调为目的，采用构建 Logistic 模型演绎方法推导人口城镇化与土地城镇化的发展特征，测度二者发展同步性，提出促进人口城镇化与土地城镇化同步发展的对策建议。研究结果表明：现阶段土地城镇化超前发展，既是对人口城镇化的阶段性追赶，又与国家的产业政策、财政政策息息相关，有其合理性的一面。各地区要根据地域实际，矫正因人口城镇化与土地城镇化不同步发展而引起的"空间失衡"现象。②运用倾向值匹配法，科学抉择"共同富裕"背景下县域城镇化推进路径。以缩小城乡差距、实现共同富裕为目的，利用县域农业转移人口的调查数据，运用倾向值匹配法进行县域城镇化路径与个体富裕水平的因果效应推断研究。研究发现，县域城镇化路径能够独立影响个体富裕水平，且不同路径导致不同效应；不合意的县域城镇化路径会对共同富裕目标的实现产生阻滞作用。

2 城镇化高质量发展的理论基础

2.1 城镇化的内涵和特征

2.1.1 城镇化的内涵

城镇化（Urbanization）是城乡空间结构变迁的必然趋势，是农村人口和各种生产要素不断向城镇集聚而形成的经济结构、生产生活方式以及社会观念等向城镇性质演变的过程。城镇化通常用城镇人口占区域总人口的比重来度量，是一个区域城镇人口比重上升、城镇数量增加、城镇规模扩大、城镇文明扩散等方面的综合体现。"Urbanization"一词一般译为"城市化"，但由于"Urbanization"一词中"Urban"包含城市（City）和镇（Town），加之我国是人口大国，镇的地域和人口规模一般都很大，不少与国外的小城市相当。同时，我国的城市化不仅人口向城市（City）集中，而且还向大量城镇（City and Town）转移和聚集。所以，用"城市化"不能概括我国城市和镇的"转移、集中与聚集"过程，"城镇化"更能妥当地反映我国的实际状况。世界城镇化的历史表明，城镇化发展的宏观动力来源于社会经济的发展。一般说来，经济发展水平越高，城镇化水平越高；经济发展水平越低，城镇化水平越低。城镇化与经济关系紧密，表现在城镇化发展水平与地区人均国内生产总值、人均财政收入、人均消费水平、人均固定资产投资等均具有很强的相关性。①

关于城镇化的内涵，不同学科有不同说法。人口学家认为城镇化是人口向城镇集中的过程，一是人口集中场所即城镇数量的增加，二是单一城镇人口数量的增加。经济学家把城镇化看成经济专业化和技术进步，人们离开农业向非农业转移并在城镇集聚的过程。地理学家认为第二、第三产业向城镇集中就是非农业部门经济区位向城镇集中，人口向城镇集中是劳动力和消费区位向城镇集中，包括农业区甚至未开发区形成新的城镇及已有城镇向外围扩展，也包括城镇内部已有经济区位向更集约空间配置和更高效率结构形态发展。社会学家认为城镇化是城市性生活方式的发展过程，意味着人们不断被吸引到城镇并被纳入城镇生活组织中去，随着城镇发展而出现的城镇生活方式不断强化。陈春（2008）将城镇化概括为人口城镇化、经济城镇化、土地城镇化和社会城镇化，人口城镇化是城镇化的核心，经济城镇化是城镇化的动力，土地城镇化是城镇化的载体，社会城镇化是城市价值观念向乡村地域扩散的过程。②

城镇化发展过程既是国家逐步实现现代化的过程，也是城乡空间逐步融合的过程。落后乡村和现代城镇之间的巨大差异，吸引着乡村人口不断地涌向城镇。城镇化通过城乡相互作用使城镇功能不断增强、城市空间份额不断提高。城市行为者对规模经济的追求，使城市空间范围不断扩大，对外围地区影响得以加深，当这种影响发展到足以使外围地区强烈地表现出与中心城市的一体化倾向，即经济结构实现与中心城市高度关联的非农化的时候，就产生了中心城市与其外围地区共同组成的都市区。与西方发达国家不同，我国城镇化发展是城镇发展方针及其政策的直接反映，即"政府推动"因素大于"自然演变"因素，具有明显的政府主导特征。中华人民共和国成立后，由于受到国内外种种因素影响，对城镇化发展没有给予足够重视，城镇化发展道路经历多次调整和变化。

2.1.2 城镇化的特征

（1）城镇化的本质特征

1）农村人口在空间上的转换。表现为人口大规模迁移和集中过程，即人口从平面无限分散向有限空间集聚过程。具体地说，就是农村人口转变为市镇人口

---

① 郑继承. 新型城镇化推进与区域经济发展的关系研究——基于云南省际数据的实证分析 [J]. 经济问题探索, 2015（09）: 65-71.

② 陈春. 健康城镇化发展研究 [J]. 国土与自然资源研究, 2008（04）: 7-9.

的过程，是随着经济发展和社会进步自发形成的、不以人的意志为转移的客观过程，是农村强大"推力"和城市强大"拉力"共同作用的结果。

2）非农产业向城镇聚集。即经济活动和资源要素向市镇聚集过程，包含人力资本、物质资本等要素向市镇集聚，工业、商业、金融、贸易等生产活动向市镇集聚，以及由此导致的交换活动及消费活动向市镇的集聚。

3）农业劳动力向非农业劳动力转换。表现为从事农业生产劳动力逐渐减少，从事第二、第三产业劳动力不断增加的过程。

4）社会结构的转变。主要表现为农民的价值观念、生活方式由农村文明向城市文明的转变。城镇化通过追求集聚效应而改变社会经济结构和人们的生产方式、生活方式。城镇化推动农业发展，带动工业发展，促进第三产业兴起，带动科学、文化、娱乐、教育等设施建设，丰富了城市居民精神生活，不断改变农民的价值观念。

（2）城镇化的一般特征

从一般城镇化过程来看，城镇化具有五个方面的特征：一是方向性；二是时效性；三是空间地域性；四是广泛性；五是分化与变化性。从农村城镇化角度而言，城镇化具有四个方面的特征：一是时间特征，表现为过程和阶段的统一，以渐进为主；二是空间特征，表现为城镇结合，以镇为主；三是就业特征，表现为亦工亦农，以非农为主；四是生活方式特征，表现为亦土亦"洋"，以"洋"为主，亦新亦旧，以新为主。

从城镇化发展程度来看，可以分为培育型城镇化、发展型城镇化和发达型城镇化。①培育型城镇化是指城镇还未发展或城镇发展处于起步阶段，城镇功能还不完善，不具备城镇应有的政治、经济、文化功能。②发展型城镇化主要有五个特点：一是城镇化原始积累主要来自农业；二是发展型城镇化偏重于发展第三产业，而非发展第二产业即工业化；三是具有明显的二元结构；四是动力机制主要是推力而非拉力；五是城市贫民占有很大比重。③发达型城镇化主要有四个特点：一是城镇化起步早，城镇化和工业化所需初始资金有相当比重来自国外；二是城镇工业化是以乡村工业的高度发展为前提；三是城镇化的原动力一般都是以轻工业化为先导的工业化；四是城镇化都经历了"集中—分散"的过程。①

---

① 张沛，董欣，侯远志. 中国城镇化的理论与实践——西部地区发展研究与探索［M］. 南京：东南大学出版社，2009：4-5.

2.2 城镇化基础理论

2.2.1 古典区位理论

古典区位理论以农业区位论、工业区位论、中心地理论（城市区位论）和市场区位论为代表，萌芽于资本主义商业、运输业大发展的 18 世纪，由经济学家杜能（J. H. Thunen）奠基，经过韦伯（A. Weber）较为系统的研究，克里斯塔勒（W. Christaller）和廖什（A. Losch）等进一步发展，到 20 世纪上半期初步形成完整体系。该理论认为，规模经济、运输成本和集聚效益是促进经济要素集聚的决定因素，产业、企业区位的选择过程和结果促进了空间结构演变。①

（1）杜能的农业区位论

1826 年，德国农业地理学家杜能出版《孤立国对于农业及国民经济之关系》一书，提出了著名的农业区位论。杜能对距离城市远近与农业耕作方式的关系以及影响产品运输的诸因素（如产品的体积、重量、易损坏和易腐性等）做了深入分析后发现，农业土地利用类型和农业土地经营集约化程度，不仅取决于土地的天然特征，更重要的是依赖其经济状况。他以城市为中心，按距离远近划成6 个同心环带，从内向外的土地利用方式依次为精细城郊农业、林业、集约的种植业、栅栏农业、粗放的三年轮作、牧业与粗放种植业，被称为"杜能环"，如图 2-1 所示。杜能的理论指出并论证了农业生产空间差异的形成和模式。

农业区位论实质上是指以城市为中心，由内向外呈同心圆状分布的农业地带，因其与中心城市的距离不同而引起生产方式和利润收入的地区差异。在商品经济条件下，全部或绝大部分农产品都要以商品形式投入市场，因而利润的大小成了农业布局的决定性因素。农业区位论较为明确地阐明了市场距离对于农业生产集约程度和土地利用方式的影响，首次确立了土地利用方式（或农业类型）存在客观规律性和优势区位的相对性。

---

① 张沛. 区域规划概论 [M]. 北京：化学工业出版社，2006：56-57.

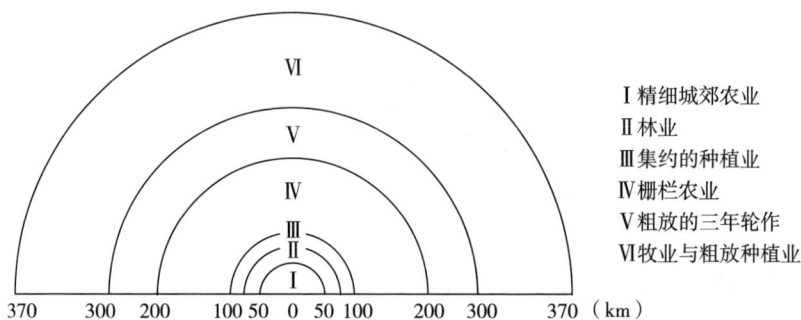

I 精细城郊农业
II 林业
III 集约的种植业
IV 栅栏农业
V 粗放的三年轮作
VI 牧业与粗放种植业

370 300 200 100 50 0 50 100 200 300 370（km）

图 2-1 杜能的农业同心圆经营圈

（2）韦伯的工业区位论

1909 年，阿尔弗莱德·韦伯（A. Weber）的《论工业的区位》发表，标志着工业区位论的正式诞生。在假定条件下，韦伯认为理想的工业区位和企业厂址应当选在生产费用最低的地点。影响生产费用的区位因素有原料和燃料、工资、运费、集聚、地租，以及固定资产的维修、折旧和利息等，其中起主导作用的是工资、运费和集聚。运费起着决定性作用，决定着工业区位的基本方向，理想的工业区位是生产和分配过程中所需要运输的里程和货物重量最低的地方；工资影响可引起运费定向区位产生第一次"偏离"；集聚作用又可使运费、工资定向区位产生第二次"偏离"，即在运费、工资和集聚三者关系 CVG 中寻求最佳区位，并以此为基础，联系其他因素对区位的影响，如图 2-2 所示。韦伯的理论至今仍为区域科学和工业布局的基本理论，但在实际应用中有很大的局限性。

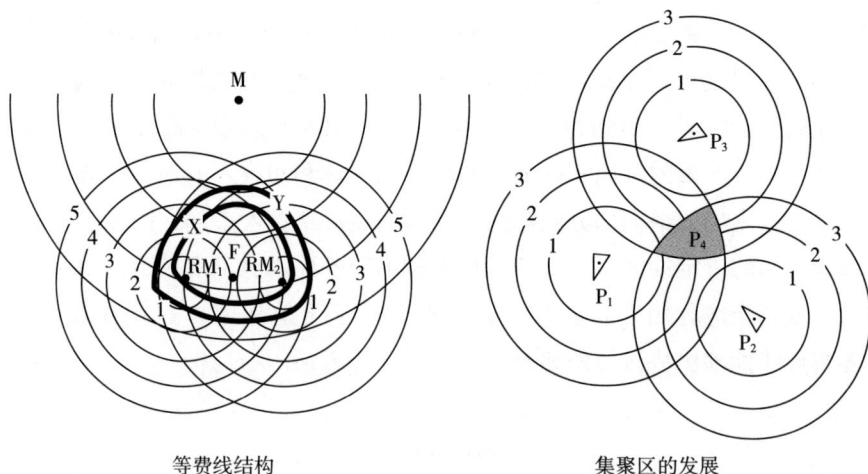

等费线结构   集聚区的发展

图 2-2 韦伯的工业区位模型

（3）克里斯塔勒的中心地理论

中心地理论产生于 20 世纪 30 年代，由德国地理学家克里斯塔勒（W. Christaller）通过对德国南部城市和中心聚落的大量调查研究后提出，是研究城市群和城市化的基础理论之一，也是西方马克思主义地理学建立基础之一。1932年，克里斯塔勒出版《德国南部的中心地》一书，首次运用"中心地"的概念，从市场、交通和行政三个原则分析中心地的空间分布形态，探讨一定区域内城镇等级、规模、数量、职能关系及其空间结构的规律性，论证了城市居民点及其地域体系，揭示了城市、中心居民点发展的区域基础及等级—规模的空间关系，将区域内城市等级与规模关系形象地概括为正六边形模型，如图 2-3 所示。

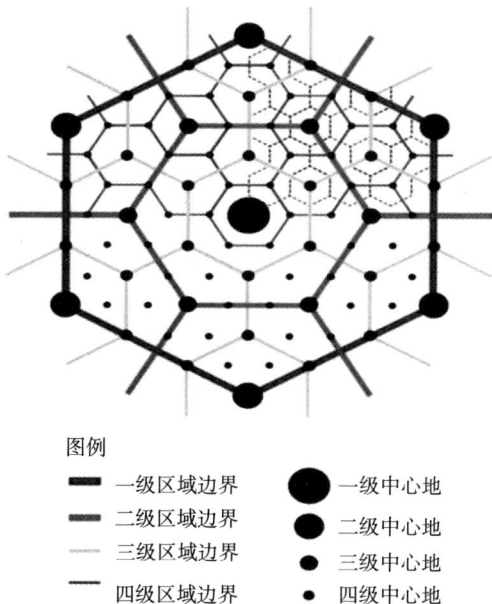

图例

▬▬ 一级区域边界	⬤ 一级中心地
━━ 二级区域边界	● 二级中心地
— 三级区域边界	• 三级中心地
── 四级区域边界	· 四级中心地

图 2-3　克里斯塔勒的中心地理论模型

（4）廖什的市场区位论

廖什（A. Losch）在 1940 年发表《经济空间秩序》一书，把生产区和市场范围结合起来，提出了市场区及市场网的理论模型，实质仍是工业区位论。廖什用企业配置的总体区位方程来求解各生产者的最佳配置点，通过产品的价格、运费等推导出需求曲线和销售量。当空间中一家生产或在开始阶段几家同时生产某种产品时，会形成圆形的市场区。随着竞争者不断出现，圆形市场区演变成正六角形的市场区。企业势力的消长取决于其六边形的市场圈的扩大和发展，但每种商品都有一个最大的销售半径，由于排出和吸入两种力量的不断作用，市场圈产生扩张和收缩的变化。随着销售半径的扩大，运费增加，价格上升，销售量也逐渐减少，从而影响利润的大小。其特点是把生产区位和市场范围结合起来，特别重视市场区对工业布局的关系，开辟了从消费地研究工业布局理论的新途径。

（5）米尔斯—汉密尔顿的城市形成模型

区位理论认为城市是一种社会生产方式，以社会生产的各种物质要素和物质过程在空间上的集聚为特征。社会经济系统由不同的城镇个体及子系统组成，城镇及系统之间存在相互作用，城市的集聚性创造出大于分散系统的社会经济效益，形成城镇化的动力源泉。区位理论虽然不是专门论述城镇集聚的理论，但是产业、企业区位选择过程和结果与城镇集聚过程并无本质差别。埃地温·米尔斯和布鲁斯·汉密尔顿的城市形成模型表明了它们之间的关系，如图2-4所示。[①] 规模经济、运输成本和集聚经济的作用成为促进要素集聚于特定区位的经济力量。

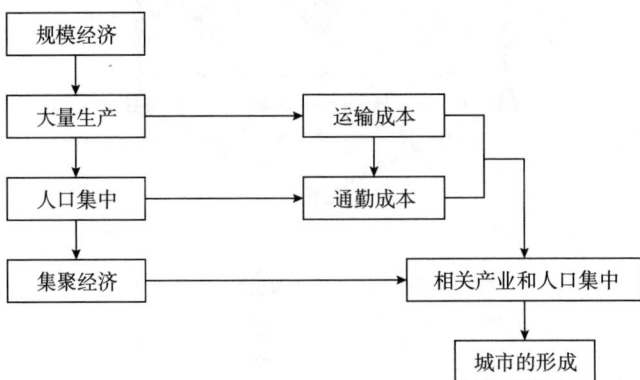

图2-4　城市形成的米尔斯—汉密尔顿模型

2.2.2　空间开发模式

（1）增长极理论

"增长极"的概念，被认为是区域经济学中经济区域观念的基石。针对古典经济学家的均衡发展观点，法国经济学家弗朗索瓦·佩鲁（F. Perrox）于20世

---

① Edwin Mills, Bruce Hamilton. Urban Economics［M］. New York：Harper & Row Publisher, 1983：122-127.

纪50年代正式提出增长极的概念，并从技术创新与扩散、资本的聚集与输出、规模经济效益、集聚经济效果四个方面论证了现实世界中经济要素的作用完全是在一种非均衡的条件下发生的。[①] 经济增长并非同时出现在所有地方，它以不同强度首先出现于一些增长点（增长极）上，然后通过不同渠道向外扩散，并对整个经济产生不同积极影响。在非均衡发展条件下，增长极具有潜在或现实较高经济增长率，是整个区域经济增长举足轻重的经济支撑点。增长极通过两个过程作用于周围地区：一是"极化过程"，即增长极以较强经济技术实力和优越地理区位将周边区域的自然资源、劳动力和资本等经济发展要素潜力吸引过来；二是"扩散过程"，即增长极对周围地区投资或进行经济技术援助，为周围地区初级产品提供市场，吸收农村剩余劳动力。如图2-5所示，增长极形成初期以"极化"为主，区域经济发展不平衡程度增加；增长极发展的中后期以"扩散"为主，区域发展水平趋于均衡。[②]

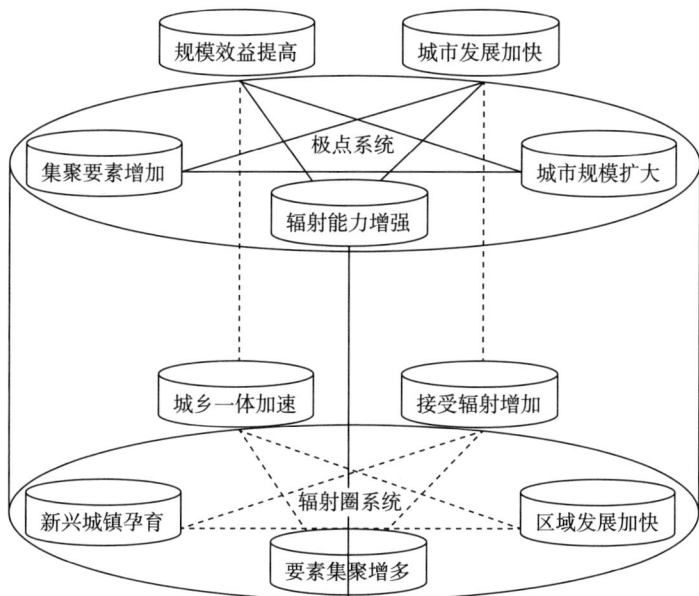

图2-5　增长极与辐射圈谐动关系

---

① Perrox F. Les Espaces Espaces Économiques Régionaux ［M］. Paris：Armand Colin，1955：341.

② 胡际权. 中国新型城镇化发展研究 ［D］. 重庆：西南农业大学，2005：22-23.

佩鲁的"增长极"概念最初只涉及工业部门间的关联和乘数效应，用以论述推进型产业或关键产业在经济发展中的作用，而不是指工业和经济发展的空间据点开发，因而只具有经济含义，与地域空间系统无关。后来学者在此基础上从不同角度提出各种形式的增长极概念，将增长极的经济含义延伸到地理区位，该理论得以发展和完善。其中以法国经济学家布代维尔（J. B. Boudevile）、美国经济学家赫希曼（A. O. Hirschman）和弗里德曼（J. Friedman）、瑞典经济学家缪尔达尔（G. Myrdal）的研究最为经典。

法国地理学家布代维尔将"极"的概念引入地理空间，提出"增长中心"空间概念，使增长极同极化空间、同城镇联系起来。这样，增长极就包含了两个方面的含义：一是作为经济空间上的某种推动型产业；二是作为地理空间上产生集聚效应的城镇，即增长中心。他提出投资应该集中于增长中心，以此来带动周边地区发展的观点。① 从 20 世纪 60 年代起，人们对增长极的研究自然就沿着产业增长极和空间增长极这两条主线展开。

赫希曼、弗里德曼和缪尔达尔借用增长极理论分别提出了内容大致相当的"扩散效应"与"回波效应"、"极化效应"与"涓滴效应"、"中心—外围理论"，用以解释区域之间尤其是城乡之间的发展不平衡现象，也被称为"地理二元结构论"。缪尔达尔强调了引导性投资和重点发展某些区域的重要性，以实现整体经济的增长和发展。② 赫希曼论证了尽管"极化效应"和"涓滴效应"会同时起作用，但在市场机制自发作用下，极化效应占支配地位，进而提出了"边际不平衡增长理论"和"核心与边缘区理论"。他们认为，经济发展初期阶段，极化效应将起主导作用，地区差距趋于扩大；经济发展到成熟阶段，在政府采取积极干预的政策下，扩散作用将发挥主导作用，使地区差距转向缩小，整体变化轨迹呈一条"倒 U 形"曲线。③

一个国家或地区（特别是发展中国家）因受人力、物力和财力的限制，单纯强调国民经济各部门均衡发展和各种产品的广大市场的全面形成，会造成生产效率低下。④ 因此，只能优先选择特定的、能够快速实现高效增长的地理空间作

① Boudevile J B. Géographie Économique：Espace, Situation, Région ［M］. Paris：Armand, Colin, 1957：61.

② Myrdal G. Economic Theory and Under-developed Regions ［M］. New York：Harper & Row Publisher, 1957：9.

③ Hirschman A O. Theory of Economic Growth ［M］. Paris：Gallimard, 1955：133.

④ Friedman J. Capitalism and Freedom ［M］. Chicago：University of Chicago Press, 1962：3-4.

为中心，通过对有限的生产要素集约利用，使中心地成为区域中处于支配地位的增长极，通过区域经济增长的乘数效应以及发展成熟再增长的受遏，将其资本、技术、劳动力逐渐向其他地区和部门扩散，从而带动整个地区的发展。但我们应清醒地认识到，增长极理论建立在非均衡发展基础之上，其实质是一种区域内部发展理论，强调区域内部增长中心本身的形成与发展带动区域经济发展。但增长极理论的形成主要是针对经济发展步入成长阶段或成熟阶段的区域而言，其前提是发达的市场经济和市场的有效需求。如果增长极的扩散效应大于集聚效应，就会带动周边经济发展，但由于累积循环因果关系，集聚效应往往大于扩散效应，形成地理上的二元经济，区际经济差距日益增大，甚至形成独立于周边地区的"飞地"。在我国改革开放初期，国家政策向东部倾斜，资金、劳动力等要素大量流向东部地区，东部经济快速发展起来，而西部地区就成为资金、劳动力等要素的流出地。东部对西部的回波效应大于扩散效应，东西部经济差距日益扩大。①

城镇和乡村作为构成区域的基本地域单元，其经济的发展是相互促进、相互影响、相互制约的。城镇在区域经济发展初期具有比较优势而先于乡村发展，成为经济相对发达的地区，而乡村则成为经济欠发达地区。城镇不断地从其腹地——乡村地区获得一切有利于其发展的各种要素和资源，从而使城镇的经济发展水平不断提高，乡村的发展则受到压制。不少国家都曾把经过转换或包装后的增长极理论作为一种战略思想、政策工具和发展模式，用于指导城乡区域经济的部署，其主旨是解决诸如大城市过分拥挤、萧条地区经济停滞不前和边远农村地区贫困落后等区域问题。我国正处于体制转型时期，如何正确审视并指导城乡经济的协调发展，改变城乡差距不断扩大的局面，是目前乃至今后一段时期城乡经济发展必须面对和解答的问题，正确运用这一学说对于解决城乡经济发展失衡这一问题具有现实的指导意义。② 未来应结合不同政区类型实际情况，通过增强政府间合作，充分利用中心城市辐射带动效应，转变政府职能和审慎稳妥推行行政区划调整工作等方式，促进区域一体化和城市群经济高质量发展。③

---

① 张沛，董欣，侯远志. 中国城镇化的理论与实践——西部地区发展研究与探索［M］. 南京：东南大学出版社，2009：6-7.

② 黄坤明. 城乡一体化路径演进研究［M］. 北京：科学出版社，2009：6-38.

③ 冯润东，王甫园，王开泳，等. 成德绵地区政区位势与行政区经济耦合的时空演化与优化路径［J］. 地理研究，2022，41（02）：441-455.

（2）点—轴渐进扩散理论

点—轴开发和网络开发理论从空间组织形式角度来研究区域开发战略，是在吸收增长极理论、梯度理论、区域技术传播理论与空间一体化理论的基础上形成的。陆大道在增长极理论的基础上于 1985 年首次提出点—轴渐进扩散理论。点—轴开发理论中的"点"是指区域中的各级中心城镇，"轴"是联结点的线状基础设施束，其实质是依托沿轴各级城镇形成产业开发带，通过城镇点和轴带的等级确定发展时序，进而带动整个区域发展。点—轴开发模式顺应经济发展在空间上集聚成点并沿轴线渐进扩展的客观要求，有利于发挥聚集经济效果，使工业、农业、城镇的发展和布局与区域线状基础设施的发展相融合，统一规划、同步建设、协调发展、互相配套，避免实践中出现时空上的相互脱节；有利于区域生产力要素的流通，使区域经济开放式发展。20 世纪 90 年代以来，学者提出的网络开发理论是高度发展的点—轴系统向广度和深度的延伸与完善，是城乡、区域空间一体化过程的必然趋势。

点—轴渐进扩散理论顺应生产力发展必须在空间上集聚成点、发挥集聚效果的客观要求，既重视发挥中心城镇作用，又注意经济布局与基础设施之间的最佳组合，有利于区域之间交通通信便捷，有利于发挥各级中心城镇作用，有利于把经济开发活动结合为一个有机整体，有利于发挥集聚经济效果。1985 年，陆大道提出将海岸线和长江沿岸作为全国一级发展轴线，组成国土开发和区域发展的 T 字形结构，将有发展潜力的铁路干线附近作为二级发展轴，并确定若干中心城市，组成不同层次重点建设的"点—轴"系统。这样的发展系统有助于加强三大经济地带的横向联系，实现由点到线、由线到面的协调发展，并逐步实现经济由东向西的梯度转移。这样的宏观格局，准确反映我国国土资源、经济实力和发展潜力空间分布的基础框架。"点—轴"开发模式和 T 字开发战略提出后，在国家和地方计划部门及学术界引起积极反响。陕西省将陇海铁路沿线作为全省生产力布局的主轴线，将渭北、汉江沿岸和神府榆（神木、府谷、榆林）三个地带作为生产力布局的二级轴线[①]；丝绸之路经济带建设通过"以点带面，从线到片，逐步形成区域大合作格局"的发展路径[②]，就是点—轴渐进扩散理论在空间组织上的具体应用。

① 陆大道．区域发展及其空间结构［M］．北京：科学出版社，1995：23-26.

② 苏华，冯亮．丝绸之路经济带"点—轴带动"发展模式构想［J］．学术探索，2016（09）：86-92.

（3）区域空间演进理论

区域空间演进理论是在古典区位理论基础上发展起来的、总体的、动态的区位理论，是一定区域范围内社会经济各组成部分及其组合类型的空间相互作用和空间位置关系，以及反映这种关系的空间集聚规模和集聚程度的理论。经济发展推动区域空间结构的演进与成长。区域空间以"核心—外围—网络"为基本结构单元，在集聚与扩散的相互作用下，呈阶段性的空间结构演变规律。在传统农业阶段、工业化初期阶段、工业化中期阶段、工业化后期及后工业化阶段四个阶段演进过程中，空间结构类型依次为均质化空间、极核化空间、点轴化空间和一体化空间。其空间的组织形态由分散的点状、无发展轴、无规模等级结构逐渐向点轴系统，进而向空间网络一体化系统演进，空间关系由共生、分离、对立逐步走向空间融合。其空间结构变迁特征如表2-1所示。

表2-1 区域空间结构演进的一般特征

发展阶段	产业结构		空间结构	消费收入结构	
	三次产业	主导产业		消费结构	收入水平
传统农业阶段	Ⅰ>Ⅱ>Ⅲ	农业	低水平均衡状态	恩格尔系数高	低
工业化初期阶段	Ⅱ>Ⅰ>Ⅲ	轻工业、采矿业	极化发展	工业品需求增加	相对较高
工业化中期阶段	Ⅱ>Ⅲ>Ⅰ	重化工业	点—轴发展、城镇体系初步形成	耐用消费品、劳务服务消费增多	较高
工业化后期及后工业化阶段	Ⅲ>Ⅱ>Ⅰ	高新技术产业、第三产业	空间分布均衡化、城镇体系序列化	文化娱乐享受	高

1）传统农业阶段。在农业社会或前工业化社会的漫长历史时期，绝大多数人口从事广义的农业，生产力水平低下，只能满足基本的生活需求。在均质的农业区域上，散布着一些农村居民点。随着商品经济的发展，以商品交换为主要职能的小城镇慢慢出现。但小城镇对乡村的影响较小，构不成等级关系，城镇与乡村之间缺乏有机的联系，基本上处于相互分割的隔离状态。城乡之间人员、物资、信息交流很少，道路等区域性基础设施水平低，社会发展缓慢，呈现低水平空间均衡发展状态。

2）工业化初期阶段。产业革命后，西方社会开始工业化和城镇化过程。社会内部变革和外部条件变化促进经济较快发展，农业产品有了一定剩余，社会分工明显加快，一部分人从事手工业、矿业、小规模的原材料加工业和制造业。随着水上交通、铁路和公路运输的出现，商品生产和交换的规模进一步扩大，在工矿业和港口附近逐渐形成新的城镇。优越的地理条件和相对完善的基础设施，使城镇不断吸取周围地区的资源，并向周边地区输出商品，发挥政治、经济领导和组织职能，成为经济发展的增长极，低效空间均衡状态被打破。空间结构特征表现为人口高度集中在比较狭小的地域空间，城镇高度密集地经营各种经济活动特别是制造业活动。远离城镇的边缘地带仍以落后的农业生产为主，空间经济梯度和城镇等级规模逐渐凸显。

3）工业化中期阶段。经济发展使国民收入大幅增长，社会和私人投资能力扩大；科学技术发展进一步解放生产力，钢铁、机械、化工、动力、纺织等部门逐渐成为主导产业，第三产业开始大量出现，工业化和城镇化速度逐步加快。大城市、集聚区继续发展的同时，由于资源开发和经济增长，区域的第二级、第三级中心得到加强，稠密的交通网深入区域的各部分，单纯的"中心—边缘"结构逐渐变为多核心结构。城镇之间的交换、交流关系极为频繁，落后地区的资源更多被吸引到经济循环中来，并分配给原有的中心和形成新的中心，城镇职能分工和等级体系初步形成。由于经济实力还不是很强大，并不是所有边缘地带都得到充分开发，相反由于集聚经济在社会经济区位决策中的统治地位，社会及产业主要集聚于高等级的城市和轴线上，"点—轴"系统逐步形成，区域间经济发展不平衡愈演愈烈，空间结构仍处在变化之中。

4）工业化后期及后工业化阶段。科学技术高度发展，并在国民经济以及城乡建设、国土开发与保护等方面得到广泛的应用。经济增长率大大超过人口增长率，社会成员收入达到很高的水平。现代化的交通和通信系统深入人们生产和生活的各个领域，经济发展的区位因素大大下降，过疏过密问题逐步解决，地区间的就业、收入、消费水平和机会选择的差异逐渐消失。生态文明理念受到高度重视，各地区的空间和资源得到更加合理的利用，整个区域范围内形成一个有机联系的城镇等级体系和城乡复合体，"点—轴"空间系统逐步完善，等级差别越来越小，区域的空间和资源得到更充分合理的利用，空间差异逐渐缩小，空间结构的各组成部分完全融合为有机的整体，整个空间结构系统重新恢复到"均衡"状态。

上述分析揭示了区域经济发展从"低水平有序"走向"高水平有序"的非

均衡过程，经济增长与区域不平衡发展之间存在明显的"倒 U 形"关系。在漫长的农业社会，社会经济的空间结构在理论上是"平衡"的；随着社会经济的发展，"集聚经济"效应开始出现，空间不平衡加剧；随着科学技术的发展和交通通信技术的提高，"集聚经济"发展超过了所能允许的边界，形成了所谓的"集聚不经济"，到了工业化的后期或后工业化时期，空间结构重新回到"平衡"状态。

2.2.3　经济结构转换理论

（1）二元经济结构理论

城镇与乡村，是人类赖以生存、活动和发展的地域实体。二元经济结构理论是由诺贝尔经济学奖获得者威廉·阿瑟·刘易斯（W. Arthur. Lewsi）于 20 世纪 50 年代提出的，先后经过费景汉（John C. H. Fei）和拉尼斯（G. Ranis）、乔根森（D. W. Jorgenson）、托达罗（J. R. Todaro）等加以发展完善。[①] 二元经济结构是存在于发展中国家初级发展阶段的一种典型的国民经济结构，任何发展中国家的工业化过程都不同程度地导致了国民经济的二元结构。城乡二元经济结构是从传统农业社会走向工业化和现代化必经的过渡形态，是社会内部生产方式矛盾运动和外部政策、制度相互作用的必然结果。[②]

1954 年，刘易斯在其经典作品《劳动无限供给条件下的经济发展》一文中系统地提出发展中国家经济二元结构的理论模型。刘易斯认为，在发展中国家存在性质不同的两种部门：一个是工业部门，又称为现代部门；另一个是农业部门，又称为传统部门。这两个部门在劳动生产率、工资水平、资本运用、生产规模、生产方式、生产效率、收入水平等方面存在明显不同。传统部门劳动力供给构成了二元经济的内在特征，经济发展的过程也就是经济结构转变的过程，即农业比重逐渐下降而工业比重逐步上升的过程。刘易斯认为，二元经济发展的核心问题是传统部门的剩余劳动力向现代部门转移的问题。一方面，在传统农业部门，农业生产的边际报酬递减，劳动边际生产率为零或负数，人多地少的矛盾产生大量剩余劳动力，而剩余劳动力的生存压力构成了劳动力向其他部门转移的动

---

① 张应禄，陈志钢. 城乡二元经济结构：测定、变动趋势及政策选择 [J]. 农业经济问题，2011，32（11）：84-93.

② 段禄峰，张鸿. 城乡一体化视域下的西安市城乡二元经济结构解析 [J]. 生态经济，2011，27（08）：73-76.

力。另一方面，由于工业劳动力的边际生产率明显高于农业，代表着一种复杂劳动，因此其劳动收益远远高于农村，促使农业劳动力源源不断地从农村流向城市。这一过程将一直延续到农村剩余劳动力被城市完全吸收，农村工资和城市工资趋向一致，城乡差别逐步消失，国民经济达到现代化，二元经济结构即转化为一元经济。①

费景汉和拉尼斯对刘易斯的二元结构模型作了批评和修正，从而形成了"刘易斯—拉尼斯—费景汉"模型。与刘易斯二元结构理论相比较，拉尼斯—费景汉的二元结构理论比较清楚地说明了工业部门发展与农业部门发展之间的关系，强调了传统经济向现代经济转化中，农业剩余对工业部门扩张和对农业剩余劳动力转移的重大意义。拉尼斯和费景汉指出，不重视农业在促进工业增长方面的重要性，就会造成农业的停滞。② 农业剩余劳动力转移的同时伴随着农业剩余的转移，而农业剩余的增长和农业劳动生产率的提高是农业劳动力向非农产业转移的前提条件，因此农业部门的作用并不是被动消极的。一个几乎没有新的技术进步和投资的农业是停滞萎缩的农业，它将引起非农产业成本的急速高升，从而侵蚀用于非农产业发展的利润和资金，使非农产业吸收农业剩余劳动力的过程处于停滞状态。所以，拉尼斯和费景汉认为，必须大力发展农业，提高农业生产率，使得农业生产率与工业生产率同步增长，工业部门的扩张才不会受阻，农业部门的发展才不会停滞，经济发展才能顺利进入到商业化和现代化阶段。费景汉和拉尼斯详细地论述了在经济结构转换中就业结构转换的条件和阶段，提出城乡协调发展的思想，注重产业结构转移中的制约因素，使二元结构理论取得了进一步发展，形成了二元结构的经典理论。

乔根森于1961年提出具有古典经济学色彩的二元经济模型，以新的假定和角度考察了城乡人口迁移，对刘易斯二元结构模型中产生劳动力无限供给现象的各种假设做了深刻反思，他拒绝承认农业有边际生产率等于零的剩余劳动存在，也不承认农业与工业的工资水平是固定不变的。③ 乔根森认为，为了使经济持续发展和避免陷入低水平均衡陷阱，工业部门积累资本是必要的，但其先决条件是农业的剩余，即农业产出达到人口最快增长时所需要的农产品数量，农业部门就

① ［美］刘易斯.二元经济论［M］.施炜，译.北京：北京经济学院出版社，1989：112-115.
② ［美］费景汉，拉尼斯.增长和发展：演进观点［M］.洪银兴，译.北京：商务印书馆，2004.
③ Jorgenson D W. The Development of a Dual Economy［J］. Economic Journal, 1961, 71（12）：309-334.

会出现剩余劳动力。而农业劳动力向工业部门转移的速度取决于农业剩余的增长速度和工业部门的技术进步状况。工业部门的技术进步越快，其储蓄率就越高，劳动力增长越快，经济增长也就越快，最终完成二元经济结构的转化。

1975年，托达罗从发展中国家城乡普遍存在失业的前提出发，提出了农村—城市人口流动模型，得出了与刘易斯模型相反的政策举措。托达罗认为，一个农业劳动者是否迁入城市不仅取决于城乡实际收入差距，还取决于城市的失业状况，是较高收入概率和失业风险之间的利弊权衡。发展中国家较为严重的城乡收入差距，促使农村人口源源不断地涌入城市，造成城市劳动力市场严重失衡，失业问题日益严重。因而发展中国家要从城乡协调发展的角度出发，重视农业和农村自身的经济发展，增加农村就业机会，缓解城市人口就业压力。①

大多数发展中国家的二元经济结构，是在工业化的发展过程中自然形成的。我国的二元经济结构则是社会内部生产方式矛盾运动和外部政策、制度相互作用的结果。20世纪50年代推进的重工业化、户籍制度和统购统销政策，又大大强化了这一结构，使得原本属于工业化发展进程中的一个阶段性特征深化为制度性安排而长期存在。以户籍制度为基础，形成了二元就业制度、二元福利制度、二元教育制度和二元公共事业制度等一系列不平等的社会制度体系，不仅严重损害了农民的利益，而且影响了社会的稳定，严重制约着国民经济的可持续发展。改革开放后，二元社会经济结构问题并没有随着经济的发展而消除，反而成为制约我国社会经济发展的体制性障碍。

发展中国家走向现代化的进程，也是实现城乡二元经济结构向一元现代经济结构转变的过程，因而二元经济结构理论对解决发展中国家城乡经济社会失衡具有十分重要的启示意义。首先，工业部门较高的收益吸引了大量的农村人口进入城市，从而推进城镇化的发展和城乡空间结构的演进；其次，二元结构是发展中国家在实现工业化过程中的必然现象，城乡之间的差距将出现先升后降的"U形"变动趋势，二元结构也逐渐向一体化结构转变。因此，经济建设应顺应城乡发展的客观规律，根据实际情况有计划、有步骤地进行。②

改革开放后，尽管中国产业结构不断优化，但由于相关政策的滞后，城乡关系依然处于失衡状态，二元经济结构仍具有明显的"刚性"，呈现高强度和超稳

---

① Todaro. Unemployment and Development：A Two-sector Analysis［J］. American Economic，Review，1970，60（01）：126-142.

② 黄坤明. 城乡一体化路径演进研究［M］. 北京：科学出版社，2009：29-31.

态的特征，严重阻碍了中国产业结构的优化调整，导致资源配置效率低下，城乡收入、消费差距拉大，广大农村市场难以拉动而使整个经济陷入内需不足的境地。① 中国已进入工业化快速发展阶段。在一个完全竞争、自由迁徙的社会，人们以"用脚投票"的方法，进行职业选择，从效益较差的产业流入效益较好的产业，因而工业化是农村剩余劳动力向城市工业部门不断转移的进程。二元经济结构既是"发展不平衡，不充分"矛盾的体现，也是经济发展的制约因素。我国必须转变经济社会发展方式，深入探索影响因素②，形成农民市民化整体发展动力，推动复杂经济结构问题解决③，促进经济、社会和谐发展，实现全体人民共享改革开放成果，实现社会公平正义。

（2）产业结构理论

产业结构的全面转换，是现代经济增长的本质特征。1691 年，英国经济学家威廉·配第（William Petty）在其《政治算术》中描述，从事工业往往比从事农业、从事商业往往比从事工业能够得到更多的收入，这种不同产业收入的相对差异，促进了劳动力由农业向工业、商业移动。④ 1940 年，英国经济学家乔治·克拉克（Gregory Clark）在配第关于收入与劳动力流动之间关系的学说以及新西兰经济学家费希尔（A. B. Fischer）"三次产业"划分思想的基础上，通过开创性的统计分析和研究，揭示了人均国民收入水平与结构变动的内在关联，重新发现这些规律，即随着经济的发展，劳动力由第一产业向第二、第三产业转移，劳动力在产业间的分布呈现出第一产业人数减少、第二和第三产业人数增加的格局，这就是著名的配第·克拉克定律。⑤ 美国经济学家、"GNP 之父"西蒙·库兹涅茨（Simon Kuznets）在 1971 年从国民收入和劳动力在产业间的分布入手，对伴随经济增长的产业结构变化做了深入的研究，认为农业部门实现的国民收入，随着年代的延续，在整个国民收入中的比重以及农业劳动力在总劳动力中的比重均不断下降；工业部门国民收入的相对比重大体上是上升的，然而如果综合

---

① 何念如. 中国当代城市化理论研究 ［M］. 上海：上海人民出版社，2007：68-72.

② 杨璐. 我国西部城乡二元经济结构转换的政策方略——评中国经济出版社出版《我国西部地区城乡二元经济结构转换的路径研究》［J］. 价格理论与实践，2020（08）：181.

③ 罗元青，刘珺，胡民. 基于二元经济转换的整体视角探寻农业转移人口市民化动力 ［J］. 农村经济，2019（08）：1-9.

④ ［英］威廉·配第. 政治算术 ［M］. 陈冬野，译. 北京：中国社会科学出版社，2010：52.

⑤ Gregory Clark. A Farewell to Alms: A Brief Economic History of the World ［M］. Princeton：Princeton University Press，2007：127.

各国的情况看，则工业部门中劳动力的相对比重大体不变或略有上升；服务部门的劳动力相对比重呈现上升趋势，但国民收入的相对比重却并不必须与劳动力的相对比重的上升趋势同步，综合来看是大体不变或略有上升。[1]

在人口不断增长、土地资源有限的情况下，第二、第三产业不仅是增加就业机会的最佳途径，也是提高人均收入的最好方式。同时，随着劳动力在不同产业间的转移，劳动力在空间上也实现了转移。城镇是非农产业的主要聚集地，劳动力空间转移最主要的表现形式是由农村向城镇的转移。因此，产业结构的演进导致了经济的非农化、工业化和服务化，产业空间布局的转移导致了人口定居方式的聚居化、规模化和城镇化。[2]

配第、克拉克、库兹涅茨的研究表明，产业结构高度化是世界各国经济发展的共同趋势，表现为在国民经济结构体系中，第一产业占优势比重逐渐向第二、第三产业占优势比重演进；劳动密集型向资金密集型再向技术知识密集型产业演进；传统技术产业向现代技术产业再向高技术产业演进，以产值高度化、劳动结构高度化、技术结构高度化为特征。产业结构调整包括不同产业之间重大比例关系调整和相同产业内部资源配置调整两部分。产业结构调整是当今世界经济发展的重要课题，是区域经济发展成败的关键，其目的在于通过产业结构的优化发展，促进资源合理利用和产业结构优化升级，全面促进区域经济协调发展。

我国一些学者通过对城镇化与产业结构调整的关系研究，认为城镇化首先是产业结构优化过程，第二产业和第三产业在整个国民经济构成中所占的比例越高，则城镇化水平越高。产业结构合理性的主要标志有：先进技术的推广、资源的合理利用、社会需要产品和服务的提供、劳动者充分就业的机会供给、最佳经济效益的获得等。[3] 产业结构的演变规律，在一定程度上反映了中国城镇化的发展趋势。老百姓进城了但没有谋生职业，会产生一系列社会问题，没有产业支撑的城镇化误国误民。我国要实施"产业强市"方略，发展与自身环境、资源相匹配的产业，进一步调整和优化产业结构，全面提升工业化、信息化、城镇化与农业现代化水平。

---

① Simon Kuznets. Economic Growth of Nations: Total Output and Production Structure [M]. Harvard: Harvard University Press, 1971: 18.

② 田明. 中国就业结构转变与城市化 [M]. 北京: 科学出版社, 2008: 101.

③ 孙紫彦. 再探产业结构升级和城镇化水平对经济增长的影响 [J]. 中国物价, 2023 (01): 45-48.

2.2.4　城镇体系

城镇体系指在一个相对完整的区域或国家，以中心城市为核心，由一系列不同等级规模、不同职能分工、相互密切联系的城镇组成的系统。城镇体系是区域的骨架，区域内经济活动主要是在城镇体系中进行的。城镇体系因其特殊的结构和系统性，具有整体性、层次性和动态性等性质。它以一个区域内的城镇群体为研究对象，而不是把一座城市当作一个区域系统来研究，通过合理组织体系内各城镇之间、城镇与体系之间以及体系与其外部环境之间的各种社会经济等方面的相互联系，在开放系统条件下，强化体系与外界进行"能量"和物质交换，引导城镇发展方向，确定城镇职能分工，控制城镇规模等级，架构城镇空间布局，促使体系走向有序化，达到社会、经济与环境效益最佳的总体发展目标。

20世纪60年代，城镇体系开始作为独立概念，用于描述美国国家经济和国家地理，但较少应用于规划和实践。改革开放后，市场机制对经济发展的作用日益明显，城镇发展呈现多元化趋势，我国城镇体系研究逐渐向纵深发展。1984年，国务院颁布《中华人民共和国城市规划条例》，相关部门开始将城镇体系概念应用于国土规划之中，开展以资源开发、生产力布局和环境整治为中心的国土规划工作。1992年，顾朝林出版《中国城镇体系》一书，城镇体系概念得以普及。城镇体系研究主要集中在城市经济增长与发展，城镇体系空间相互作用，城镇规模规律性，城镇体系互相依存性、扩散性等方面的理论与实践探讨。

合理的城镇体系要求不同规模等级的城镇之间保持合理的比例，中间不出现断层，城镇的职能作用才能通过城镇网络依次有序地逐级扩散到整个体系。[①] 大城市（尤其是特大城市）交易成本较低，主要发挥国际交易平台的作用，带动其他规模较小的城市和城镇发展；通过划定生态红线、"去功能化"、合理建设卫星城镇等措施，严控人口规模，防止城市空间过度蔓延，促进生产、生活、生态空间和谐有序发展。中等城市是区域交易的中心和增长极，在区域经济发展中起到"领头羊"的作用，应着力加强基础设施建设，提高公共服务能力和水平，提高人口吸纳能力。小城市是周边集镇的交易平台，集镇又是周边农村农副产品的交易平台和服务体系[②]，应逐步培育一批生态宜居、设施完善、特色鲜明、优

---

① 顾朝林. 中国城镇体系［M］. 北京：商务印书馆，1992：3.

② 段禄峰，张沛，卞坤，等. 基于主体功能导引下的我国城镇化发展多维解析［J］. 改革与战略，2009，25（02）：48-50+112.

势突出、竞争力强的小城镇，吸引人口集聚。魏守华等（2019）认为，我国中等城市数量较少，成为构建科学城镇体系的"短板"，要引导成长性较强的城市和城镇扩大规模，快速推进一批中等城市崛起。①我国一定要走大中小城市、小城镇与新乡村协调发展的城镇化道路，按照循序渐进、节约土地、集约发展、合理布局的原则，适度增加城镇数量。考虑东西南北地域差距，不同的地域条件、不同的发展水平要采取不同的发展政策。

2.2.5 城镇化道路

改革开放后，中国化进程摆脱了长期徘徊不前的局面，进入了一个较快的发展时期。但中国走什么样的城镇化道路，是以大城市、中等城市为主，还是以小城镇为主，一直是学术界和政策界争论的焦点问题。中国的城镇化发展是城镇发展方针及其政策的直接反映，即"政府推动"的因素大于"自然演变"的因素。②中华人民共和国成立后，由于受到种种因素的影响，我国对城镇化发展道路没有给予足够的重视，城镇化发展道路的确定也经历了多次调整和变化。中国城镇化进程既应遵循世界城镇化发展的一般规律，也应符合中国特殊的国情，走出一条具有中国特色的城镇化道路。但究竟走什么样的城镇化道路，是选择大城市、中等城市，还是小城镇，至今没有形成统一的观点。③

（1）小城镇论

1980 年，经国务院批准实施的中国城镇发展基本方针是"控制大城市规模，合理发展中等城市，积极发展小城市"。1983 年费孝通先生发表了题为《小城镇 大问题》的长篇报告，全国掀起了小城镇研究的热潮。④该理论的主要观点是解决农村剩余劳动力问题要以小城镇为主、大中小城市为辅，认为我国小城镇发展已有稳固基础，发展小城镇是消除城乡二元分割体制的重要载体，符合我国城镇建设资金短缺的国情，主张"实行农工相兼、亦工亦农、主农兼工、主工兼农、吃住在家、就地消化、离土不离乡"，以防止农村人口大量涌入城市，分散

---

① 魏守华，陈珑隆，杨阳. 城市规模增长与城镇体系协调发展［J］. 江苏行政学院学报，2019（06）：43-51.

② 陈甬军，陈爱民. 中国城市化：实证分析与对策研究［M］. 厦门：厦门大学出版社，2002：56.

③ 张晓彤，张立新. 中国城镇化进程概述和未来城镇化水平预测［J］. 云南农业大学学报（社会科学版），2021，15（01）：20-25.

④ 费孝通. 小城镇 大问题［J］. 瞭望周刊，1984（05）：24-26.

大城市过于极化的趋势。[①] 小城镇可以把城乡两个市场较好、较快地连接起来，是沟通城乡物资交流的桥梁、城乡居民思想交流的场所，所以加强小城镇建设是进一步搞活农村经济，调整工业布局，改变我国不合理的经济结构的战略需要，而且避免了大中城市过分膨胀带来的环境污染等一系列的问题。进一步说明虽然小城镇与大中城市相比，是一种低效益的城市型社区，以小城镇作为城镇化的战略重点，绝不是最理想的选择，然而"发展小城镇是一条具有中国特色的农村城镇化道路"，"是当前阶段城镇化唯一正确的道路"。[②] 在整个 20 世纪 80 年代，城镇化表现为农村人口向小城镇转移而非传统意义上的大中城市，以小城镇为主要内容的农村城镇化被提到"标志""奇迹""捷径"的高度。[③]

但我国小城镇多数没有集聚效益，通过分离度系数对我国小城镇的空间分布进行量化分析。空间分离度系数算式为：

$$F = (0.5 \times \sqrt{N/A})/S \tag{2-1}$$

式中，N 代表小城镇数量，A 代表小城镇镇区平均面积，S 代表小城镇总面积在区域面积中的比重。F 值越小，表明分布越密集，小城镇之间距离越小。分析结果显示，2021 年，我国小城镇的空间分离度系数为 0.14，说明小城镇间距较小，空间布局分散化程度高，小城镇的集聚效应差。[④] 国家城镇化战略应尽快培育发展一批经济基础较好、人口规模较大、资源环境承载力较强的县城，加强与中心城市发展的统筹规划与功能配套，充分发挥其对城市群发展的重要支撑作用，逐步发展成为大城市周边的卫星城；充分发挥小城镇以工促农、以城带乡的重要节点作用，有条件的可以发展成为小城市；远离中心城市的小城镇，要完善基础设施和公共服务，发展成为服务农村、带动周边的综合性小城镇。

（2）中等城市论

发达国家城镇化发展有一个基本趋势——中间化，即随着经济的发展和城镇体系的不断完善，中间层次的城镇人口规模会越来越大。[⑤]《经济学动态》编辑

① 郑宗寒. 试论小城镇［J］. 中国社会科学，1983（04）：119-136.

② 邹农俭. 费孝通同志在江苏省小城镇研究汇报会上的讲话［J］. 江苏社会科学，1986（11）：17-20.

③ 段禄峰. 西安大都市区城乡空间一体化发展策略研究［D］. 西安：西安建筑科技大学，2013：18-19.

④ 段禄峰. 城镇化发展的理论与实践研究——以陕西为例［M］. 北京：中国社会科学出版社，2017：56.

⑤ 邓玲. 国土开发与城镇建设［M］. 成都：四川大学出版社，2007：135.

部于 1984 年召集一批学者共同探讨中国城镇化的道路问题，首次提出了"中等城市论"。认为中等城市一般正处于规模扩张阶段，相对于小城市，具有更高水平的集聚效益和都市文化，具有较强的吸引力，可以成为吸纳农村人口、缓解大城市压力、推动工业化和区域繁荣的增长极。中等城市兼有大小城市的优点而少有两者的不足，可以实现经济效益、社会效益和生态效益的统一，我国大城市已经面临人口过度膨胀、交通拥挤、环境污染、生态破坏、失业率上升等"城市病"；小城镇过于分散，浪费耕地、能源，污染环境，空间集聚效益低。可见，"中等城市论"是对"大城市论"和"小城镇论"的折中和调和。

中等城市论者认为中等城市分布较为均匀，不像大城市集中于我国沿海和长江、黄河流域。中等城市对于带动较不发达的内陆与山区发展，承担着更为艰巨的历史使命，在这些地域，中等城市往往是经济活动的中心。因此，必须大力强化与健全中等城市的各项综合功能，尤其是大力改善其交通、通信、水电供应等基础设施条件，扩大其辐射面，增强其吸引力，引导它们合理增长，使之真正发挥地区"经济增长点"的作用，推动区域的平衡发展。[①] 地方政府应根据具体情况，适度发展用地规模为 300~400 平方千米的城市，并促进用地规模在 200 平方千米以下的城市发展为中等城市。[②]

（3）大城市论

主张重点发展大城市的学者认为，"以发展大城市为重点的'集中型城镇化'是我国初级阶段城镇化道路的基本形式"。大城市论的理论基础是城市的规模效益，在我国现阶段人均国民生产总值还很低、资金和技术力量严重不足的情况下，城镇化战略理应以大城市为重点，集中有限的资金和技术力量，重视大城市的发展。我国城镇化的滞后和区域经济发展不平衡的一个重要原因就是具有较强辐射能力的中心城市太少，由于大城市在我国国民经济中起着主导作用，所以"我国大城市不是多了，而是发展不够的问题"，"现阶段必须选择以大城市为主体的城镇化模式"，"因此建大城市、走城市集约化之路是我国城镇化的必由之路"。[③]"大城市病"和城市规模大小并无必然联系，如交通拥挤、水源紧张、供

① 孔凡文，许世卫. 中国城镇化发展速度与质量问题研究 [M]. 沈阳：东北大学出版社，2006：36.
② 孟鹏，卢艳霞，刘丽. 成本—收益视角下的城镇规模适度性分析——以京津冀城市群、山东城市群和中原城市群为例 [J]. 中国土地科学，2016，30（05）：88-96.
③ 中国科学院国情分析研究小组. 城市与乡村——中国城乡矛盾与协调发展研究 [M]. 北京：科学出版社，1994：83.

电不足等"大城市病"在我国许多中小城市往往更严重，只有管理无能才去控制城市规模。小城镇只不过是广大农民在城市还对他们实行封闭的条件下迫不得已的选择，并不是他们实现城市梦想的终极目标，充其量只是一种过渡形式，并非我国城镇化道路的理想选择。①

大城市论者通过对国外城镇化发展过程的考察，认为存在"大城市超前发展的客观规律"。大城市对城镇化发展起着重要的带动作用，特别是在城镇化进程的初期阶段和中期阶段，大城市在数目和人口总量的增长方面都明显超过中小城市，这种情况被称为大城市超先增长理论。实践证明，同中小城市比较起来，大城市在资金、人才、信息、交通、市场、管理、效率等方面具有更大的优势。大城市提供城市的基本标准和城市生活方式的成本低，这是由城市的比较成本决定的，是大城市经济聚集作用的结果。研究表明，超过 100 万人口的城镇化综合发展成本，是人口少于 10 万人以下的小城市的 1/6 到 1/8，亦即小城市每吸纳一个人所付出的成本，如果同样投入人口超过 100 万以上的大城市，则可吸纳 6~8人。② 因此，在城镇化进程中，大城市较之中小城市超先增长，如表 2-2 所示。

表 2-2　中国各级规模城市经济效益综合比较

项目＼城市规模	小城市	中等城市	大城市	特大城市	超大城市
城市综合投入产出比	0.533	0.676	0.798	1.157	1.606
各类城市综合投入产出的比较	1.00	1.27	1.50	2.17	3.01
人均 GDP 比较	1.00	2.19	2.47	2.72	3.32
城市劳动生产率比较	1.00	1.13	1.23	1.30	1.60
人均收入比较	1.00	1.74	2.30	2.54	2.89
城市每增加 1 万人的新增产值	1.00	1.61	2.34	2.85	3.67

（4）多元城市论

虽然 20 世纪 90 年代国家城镇化政策仍然限制大城市发展，以合理发展中小城市为主，但学术界在认识上已经摆脱了它的束缚，认为由于不同地域资源、科

① 阎军. 试论我国城市化的道路与模式选择［J］. 江苏科技大学学报（社会科学版），2005，05（01）：26-30.

② 叶维钧. 中国城市化道路初探［M］. 北京：中国展望出版社，1988：139.

技、文化等禀赋不同，城市规模不能千篇一律；不要人为限制某类城市发展，规模不等的城市构成城乡联系节点，通过前后联系带动相关产业发展。[1] 多元城市论者摒弃了"大、中、小"城市"独善其身"的发展观，认为不存在统一的能被普遍接受的最佳城市规模，指出各级城镇都有发展的客观要求，应是大中小并举、数量和质量并重、职能等级协调，立足于优势互补、互相促进，实现整体区域协调发展。[2]

伴随快速工业化、城镇化、农业现代化进程，中国面临严重的国土、生态、环境等生存和发展压力，绝不能走美国城市大规模蔓延式发展道路。在我国人口较多、城市病及农村病并行的现实约束下，既不可能把绝大多数居民都迁移到大城市，也不可能让所有居民居住在中小城市和小城镇；需要建设多个集聚人口的大城市，也要建设一批富有特色、专业性强、人居环境适宜的中小城市和小城镇。针对部分超大城市规模过度膨胀、部分中小城市和小城镇快速萎缩的两极化现象，应加快推进以县城为空间载体的城镇化建设，构建"亦工亦农，亦城亦乡"的县域城乡融合发展机制，促进城镇化均衡、协调和可持续发展。[3]

2.2.6 城市规划理论

城市规划是对一定时期内城市的经济和社会发展、土地利用、空间布局以及各项建设的综合部署、具体安排和实施管理。城市规划是建设城市和管理城市的基本依据，是保证城市土地和空间资源得以合理利用和城市各项建设得以合理进行的前提和基础，是实现城市经济社会目标的重要手段。城市规划由于具有综合性、政策性和前瞻性，被称为城市建设与发展的"龙头"。城市规划作为一门具体的科学学科，到 20 世纪初才得以确立，经过半个多世纪的不断充实和完善，在 20 世纪中叶得到全面发展。

（1）沙里宁的"有机疏散理论"

面对城市过于集中的发展困境，建筑师沙里宁（E. Saarinen）于 1942 年在其著作《城市：它的发展、衰败和未来》一书中提出了关于城市发展及其布局结

---

① 王亚飞. 对我国城乡一体化实现模式的探讨 [J]. 经济纵横, 2007 (04): 42-44.

② 熊季霞. 长江三角洲城市化发展战略研究 [J]. 广西经济管理干部学院学报, 2005, 17 (01): 30-33.

③ 金三林, 张海阳, 孙昊, 等. 大力推动县域城镇化进程助力大中小城市和小城镇协调发展 [J]. 农业经济问题, 2022 (10): 53-59.

构的理论——"有机疏散理论"。其主导思想有：卫星城是治理大城市过分拥挤问题的一种方法，但并非一定要另建城市来实现这样的目的，大城市可以通过本身的有机疏散，达到相同的目的；城市和自然界的所有生物一样，都是有机的集合体，城市发展的原则是可以从自然界的生物演化中推导出来的；城市作为一个有机体，其发展是一个漫长的过程，其中必然存在两种趋势——生长与衰败，应该从重组城市功能入手，实行城市的有机疏散，以实现城市健康、持续生长，保持城市的活力。沙里宁主张将原先密集的城区分裂成一个个的集镇，使它们彼此之间用保护性的绿化隔离带连接起来。同时，把个人日常生活和工作的区域作集中布置，把不经常的"偶然活动"场所作分散布置。日常活动尽可能集中在一定范围内，使活动需要的交通量减少到最低程度。沙里宁"有机疏散理论"的可取之处在于他将城市与外围乡村作为一个整体，通过规划和产业再布局实现城乡分工协作与耦合发展，通过有机疏散的城市发展方式，使人们居住在一个兼具城乡优点的环境中。

（2）霍华德的"田园城市"理论

1898年，英国城市学家埃比尼泽·霍华德（Ebenezer Howard）出版《明日：一条通向真正改革的和平道路》一书，总结了他对当时社会状况的充分调查与思考，提出了"田园城市"理论，其思想源于空想社会主义者倡导的"乌托邦"式的社区和城市改革方案以及他自己对当时社会状况的充分调查与思考。霍华德指出：在城乡分离的社会，工业和农业截然分开，城市和乡村都各有其优点和相应缺点，像磁铁一样吸引着各自的人口，而第三块磁铁城市—乡村则避免了二者的缺点，城市和乡村必须"成婚"，这种愉快的结合将迸发出新的希望、新的生活和新的文明（见图2-6）。在物质空间上，田园城市人口规模很小，但足以提供丰富的社会生活，而且四周有永久性农业地带围绕，城市的土地归公众所有，由一委员会受托掌管。必要时可以由若干个田园城市组合成一个城乡交融、群体组合的社会城市。霍华德在描述和解释田园城市构想的基础上，还为实现田园城市的理想进行了细致的思考，对控制土地以及建设城市筹资、实施等方面都做了详细研究。霍华德的"三磁铁图"描绘了城乡一体化的美好前景，一个中心城市和若干个由农业地带分隔的田园城市共同构成城市群，取代城乡对立的旧社会结构形态，形成城乡一体的城市区域。田园城市理论展示了城市与自然平衡的生态魅力，深深地影响着当代城市规划思想与方法，田园城市模式一度成为世界所推崇的理想模式。

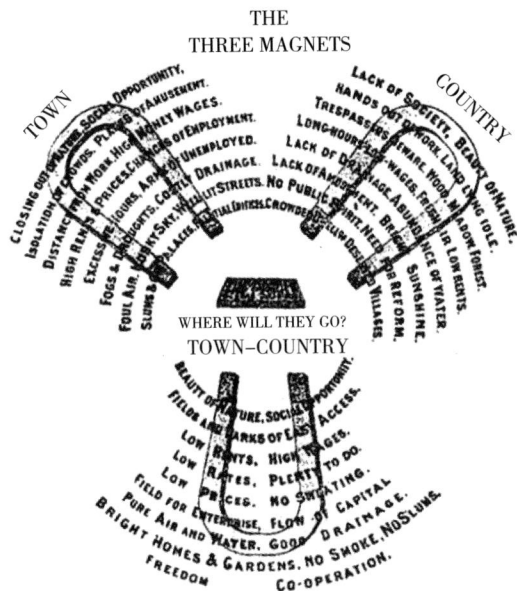

图 2-6　霍华德的三磁铁图解

（3）勒·柯布西耶的"城市集中论"

为解决城市发展中遇到的困境，勒·柯布西耶（Le Corbusier）提出了"城市集中论"。他认为，解决大城市危机应从根本上改造大城市，而出路在于运用先进的工程技术减少城市的建筑用地，提高人口密度，改善城市的环境面貌。1931年，柯布西耶提出了"阳光城市"（The Radiant City）的规划模型，其原理是把整个城市分为若干平行带：用于教育的卫星城、商业区、交通区（包括有轨和空中运输）、旅馆和使馆区、绿化区、轻工业区；重工业区（仓库和铁路货运区）。柯布西耶认为城市必须集中，只有集中的城市才有生命力，由于拥挤而带来的城市问题完全可以通过技术手段进行改造而得到解决。这种技术手段就是采用大量的高层建筑来提高密度和建立一个高效率的城市交通系统。柯布西耶的理想是在机械化时代里，所有城市应当是"垂直的花园城市"，而不是如霍华德倡导的水平向的每家每户拥有花园的田园城市。[1] 虽然柯布西耶的"阳光城市"从未实现，但它对"二战"后欧洲和其他地区的城市发展产生了广泛影响。柯布西耶倡导的"现代建筑运动"成为20世纪的主流，逐步形成理性功能主义的城市规划思想。[2]

---

[1]　［法］勒·柯布西耶. 明日之城市［M］. 李浩，译. 北京：中国建筑工业出版社，2009.

[2]　张沛，董欣，侯远志. 中国城镇化的理论与实践——西部地区发展研究与探索［M］. 南京：东南大学出版社，2009：33.

2.2.7 城乡一体化理论

城乡一体化就是要把城市与乡村、居民与农民、工业与农业作为一个整体，通过体制改革统筹谋划，促进城乡经济、社会、文化和生态发展一体化，实现国民待遇一致、产业发展互补、政策权利平等，让城乡人民共享改革发展成果，使城镇与乡村——两个不同特质的经济社会单元和人类聚居空间，在相互依存的区域范围内谋求融合发展、协调共生的过程，进而促进社会全面、协调、可持续发展。工业革命推动城乡空间结构的巨大变革，城乡聚落相互分离、独立发展带来一系列问题。农村人口众多的发展中国家以典型小农经济为主，道路、教育、卫生等基础设施和公共服务滞后，渐渐沦于落后困境；城市以现代大工业生产为主，集聚经济和规模经营大大提升了劳动生产率，人均收入及消费水平远高于农村，逐渐成为人类文明先进的象征。学者开始研究城乡协调发展理论，较为著名的有空想社会主义者的"乌托邦"、马克思和恩格斯的"城乡阶段发展理论"、芒福德的"城乡发展观"和麦基的"亚洲城乡一体化模式"等。在共同富裕引领下推进城乡一体化建设，是多数国家实现农业现代化乃至国家现代化的重要标志。[①] 我国经济社会发展的重大障碍在于城乡差异和发展不均衡，重大发展契机在于破解城乡二元体制障碍，促使城乡一体化发展。

（1）空想社会主义的"乌托邦"

16 世纪初，英国著名空想社会主义的创始人托马斯·摩尔提出理想中的"乌托邦"社会方案，主张通过社会组织结构改革来实现他心中的"理想王国"。19 世纪初，圣西门、傅立叶、欧文主张实行工业生产和农业生产结合、脑力劳动和体力劳动结合，建立"新协和村"。空想社会主义者对资本主义社会城乡矛盾有着深刻认识，主张农业与非农业职业、农村与城市居民相互替换；主张消灭城乡对立，使工业与农业、城市与农村协调发展。[②]

（2）马克思和恩格斯的"城乡阶段发展理论"

马克思和恩格斯批判吸收空想社会主义的观点，创立科学社会主义学说。马克思和恩格斯从历史和逻辑发展角度阐明城乡关系演变过程，即乡育城市—城乡分离—城乡对立—城乡融合，社会发展到一定时期后城乡对立将消除。指出工业

---

① 张克俊，杜婵. 从城乡统筹、城乡一体化到城乡融合发展：继承与升华［J］. 农村经济，2019（11）：19-26.

② ［美］乔·奥·赫茨勒. 乌托邦思想史［M］. 张兆麟，译. 北京：商务印书馆，1990：106.

和农业的分工结果导致各种资源向城市集中，促使城乡分离；工业与城市经济带来的规模效益和集聚效益大大促进了生产力发展，为城乡统筹发展奠定坚实基础。随着社会发展，城市与乡村之间的依存度大大加强，城市与乡村之间逐步走向融合，并最终实现城乡一体化发展。①

（3）芒福德的"城乡发展观"

美国城市学家刘易斯·芒福德对霍华德的"田园城市"理论大加赞扬，说"霍华德把乡村和城市的改进作为一个统一的问题来处理，大大走在了时代的前列"。到了 20 世纪 60 年代，他又明确指出："城与乡，不能截然分开；城与乡，同等重要；城与乡，应当有机结合在一起，如果问城与乡哪一个更重要的话，应当说自然环境比人工环境更重要。"芒福德主张通过分散权力来建造许多"新的城市中心"，形成一个更大的区域统一体，重建城乡之间的平衡，最终达到霍华德的"田园城市"的发展模式。②

（4）麦基的"亚洲城乡一体化模式"

20 世纪 60 年代，人们发现亚洲一些国家和地区，如泰国、印度、印度尼西亚等，随着中心城市的空间范围迅速扩张，城市边缘出现了规模庞大的城乡交接地带，表现为城市和农村之间的传统差别逐渐模糊，形成农业经济活动和非农经济活动融合的地域组织和空间结构。改革开放后，我国江浙地区乡镇企业快速发展，"农村逐渐包围城市"导致传统城乡界限日益模糊。由于交通基础设施的发展，城市间的交通通道上形成了新的发展走廊，这些区域具有特殊的既非城市也非农村的空间形态，被学者称为"灰色区域"，借助城乡强烈相互作用，带动劳动密集工业、服务业和其他非农产业迅速增长，实现居民职业活动和生活方式的转变。1987 年，加拿大学者麦基（Mcgee T. G.）针对这种新型空间结构进行定义。③

城乡一体化区域具有以下几点特征：①人口密度高，城乡联系紧密。②农业活动和非农活动混杂。③各种用地方式高度混杂。④交通基础设施条件较好，人流、物流频繁。⑤跨越行政区划界限。城乡一体化区域不仅在于城市与乡村生活的融合，还在于它可能会跨越行政区划界限，成为政府行政管理的"灰色区

---

①　［德］马克思. 资本论［M］. 北京：人民出版社，1975：98-99.

②　［美］刘易斯·芒福德. 城市发展史：起源、演变与前景［M］. 倪文彦，宋峻岭，译. 北京：中国建筑工业出版社，1989：106.

③　Mcgee T G. Asian Metropolitan Government, Urban Planning and Urban Poor：Implications from the Past and Present［J］. Regional Development Dialogue，1988，9（04）：1-20.

域"。我国的城镇群地区有京津冀、长三角、珠三角、山东半岛、海峡西岸、哈长、辽中南、中原地区、长江中游、成渝、关中平原、北部湾、晋中、呼包鄂榆、黔中、滇中、兰州—西宁、宁夏沿黄、天山北坡，大城市相互向对方扩散，通过交通轴线而形成狭长的发展地带，以高度的人口增长和偏低的经济发展为特征，引起这类地区空间结构转换的主要原因在于高密度的人口压力。可见，"城乡一体化区域"是一种既非城市又非农村，但又既是城市又是农村的各种城乡构成要素在一定地域空间高度混合而形成的特殊空间结构与形态。

（5）岸根卓郎的城乡融合理论

日本学者岸根卓郎的城乡融合理论认为，21 世纪的国土规划目标应该体现集约城市和乡村优点的设计思想，创造自然与人类的信息交换场。其具体规划方式是以农、林、水产业的自然系统为中心，在绿树如茵的田园上、山谷间和美丽的海滨井然有致地配置学府、文化设施、先进产业和住宅，使自然与学术、文化、生活浑然一体，形成一个与自然完全融合的社会。岸根卓郎的"新国土规划"使自然系、空间、人工系综合组成三维"立体规划"，目的在于创立"自然—空间—人类系统"基础上的"同自然交融的社会"，即城乡融合的社会。[①] 城乡融合设计理论对于正确认识和处理城乡关系、协调人与自然的关系、形成人地和谐的可持续发展区域具有指导意义。[②]

2.3 现代理论动向

2.3.1 大都市区空间治理理论

大都市区空间治理理论可以归结为三大流派，即传统区域主义、公共选择学派和新区域主义，本质区别在于集权和分权之争。传统区域主义主张建立集权式的大都市政府结构，公共选择学派主张在大都市区推行分权化市场竞争的多中心治理结构，而新区域主义是二者的综合与发展，在治理模式上走的是以网络化合

---

① ［日］岸根卓郎. 迈向 21 世纪的国土规划：城市融合系统设计［M］. 高文琛，译. 北京：科学出版社，1990：76-78.

② 董利民. 城市经济学［M］. 北京：清华大学出版社，2011：461-462.

作为特征的"第三条道路"（网络化的区域合作模式）。

　　传统区域主义者把大都市区内存在的大量独立辖区视为有效治理的主要障碍，认为政治上的"细碎化"难以克服跨地区的外部效应问题，无法实现公共产品和服务的规模经济效益，不能有效解决宏观经济稳定问题，难以通过收入的再分配促进社会公平。[①] 以此为基础，加上深信公共官僚机构的理性规划能力，传统区域主义者倡导通过区内政府合并，建立权威的大都市区政府，使行政边界符合大都市区经济和社会发展的地域范围，从而提高政府的管理效率，解决整个大都市区面临的主要问题，实现区域经济社会发展一体化。

　　源于 20 世纪 50 年代之后的"公共选择"学派，批判传统区域主义的观点，反对将辖区合并作为解决大都市区问题的方法。他们认为，与大都市区政府相比，分割的地方政府更接近选民，具有信息优势，更加了解当地居民的公共服务需求，能够更快地对这种需求变动做出快速反应，从而克服大都市区政府对社会需求的非敏感性，并节省大都市区政府直接管理的成本。在人口完全自由流动的情况下，大量地方自治机构的存在制造了一个类似市场的情形，在这里市民可以选择税收—服务组合，从而最好地满足个人偏好。由于受到居民"用脚投票"的威胁，自治的地方政府主动成为公共服务的提供主体，地区间的竞争会最终促进公共服务均等化。[②]

　　新区域主义认为，有效的大都市区治理并不一定需要机构合并，地区范围的治理可以通过以利益相关主体之间的谈判为基础的合作安排来实现。来自不同地域层面的各个公共机构和私人相关利益主体通过市场中介来界定和分配地区服务范围。因此，新区域主义认为大都市区的有效治理，是相关政策主体间谈判的结果，而不是通过科层制或市场竞争来实现的。

　　从上述分析可知，传统区域主义、公共选择学派和新区域主义在大都市区治理问题上的分歧可以归结为政府与市场的资源配置权限划分以及不同层级政府之间的关系。传统区域主义和"公共选择"的分歧就在于是以政府还是以市场作为资源配置的主体，前者主张倚仗政府的权威，而后者强调市场的力量；"新""老"区域主义的分歧在于政府权限在不同层级政府之间的分配，传统区域主义主张集权式的上层政府协调模式，而新区域主义主张分权式的地方政府合作

---

① 黄丽. 国外大都市区治理模式［M］. 南京：东南大学出版社，2003：46-48.
② Michael Porter. The Competitive Advantage of Nations［M］. New York：Free Press, 1990：126-128.

模式。①

2.3.2 精明增长理论

"二战"后美国工业快速发展，小汽车数量急剧增加，大量中产阶级流向郊区，享受明媚的阳光和清新的空气。然而，随着"郊区化"的发展，贫富差距进一步拉大；对小汽车的依赖加重了交通拥挤和环境的进一步恶化，大量的自然资源被消耗，导致社会成本上升。20世纪80年代，继"郊区化"后，美国城市又出现了一种无限制低密度的扩展现象，被称为"城市蔓延"。无节制的"城市蔓延"消耗了大量土地，增加了市政基础设施的投入，就业和居住空间的分离带来了一系列的社会问题。② 在这种情况下，美国规划协会（APA）提出城市精明增长计划（Smart Growth Project），以拓宽城市增长途径为基础，控制土地的粗放利用，解决由蔓延产生的经济、社会和环境问题，实现城市的可持续发展。它包括以下内容：土地的混合使用；设计紧凑的住宅、满足各种收入人群的符合质量标准的住宅；适合步行的社区，具有自身特色、极具场所感和吸引力的社区，加强引导现有社区；多种选择的交通方式；公众的参与，城市增长的可预知性、公平性和经济性；保护开敞空间、农田和自然景观以及重要的环境区域。"精明增长"理念通过现有城区的再利用、生态环境许可的生熟地开发，将城市边缘区的建设开发压力转移到城市或基础设施完善的近城市区域。因此，"精明增长"是一种高效、集约、紧凑的城市开发模式。

精明增长理念以其较强的针对性在国内外规划界引起了广泛的关注，其全新的城市发展规划理念对我国的城市空间扩展具有很强的启发性。随着中国城镇化进程的加快，城市空间向外急剧扩张。以"开发区"建设为主的郊区无限制低密度蔓延；同时，小汽车的大量使用也加快了城镇蔓延的步伐，工作向郊区迁移的速度远远赶不上城镇物质实体扩张，有限的土地资源使用极为粗放。因此，中国在制定城市发展政策上，要借鉴美国的"精明增长"理念，结合具体区情，突破传统的城市规划和土地开发利用模式，创造一系列适合不同收入水平选择住房的机会，提供多样化和高效的交通出行方式，加强对现有社区的改造和再开发，设定城市增长边界以期使城市发展达到最优，设计交通导向系统使人们出行

---

① 洪世键. 大都市区治理 [M]. 南京：东南大学出版社，2009：39.
② 诸大建，刘冬华. 管理城市成长：精明增长理论及对中国的启示 [J]. 同济大学学报，2006，17 (04) 22-28.

和谐。"精明增长"给人们一个全新的城市发展规划理念[①]，建立空间紧凑、环境保护、经济发展、生活和谐的数字城市和乡村精明增长模式[②]，给我国城乡和谐发展提供了良好思路。

2.3.3　可持续发展理论

人类与自然的关系经历了三个阶段：人对自然的惧怕（农业社会）、人对自然的控制（工业社会）、人与自然的和谐发展（后工业社会）。当人类与自然建立和谐关系，可持续发展成为国际社会的共识，标志着人类的新觉醒，昭示着人类新文明的曙光。发展是为了不断满足人类的物质和精神需求。工业革命以后，科学技术的发展和机器的广泛运用，大大提高了人类改造自然的能力，人类面对自然界取得了一些阶段性的胜利，人与自然和谐发展的朴素思想也逐渐被"人是自然界主宰"的观念所取代。当人类正陶醉于对自然界的胜利时，大自然对人类非理性行为的报复却也从来没有停止过，气候变暖、酸雨蔓延、洪水泛滥、生态破坏、资源短缺……人类正遭受着日益严重的生态环境危机。面对未来，必须选择资源环境保护和经济生活兼顾的发展方式。

1962 年，蕾切尔·卡逊《寂静的春天》一书出版，论述生态伦理问题，引发人类对自身行为和观念深入反思，震惊了陶醉于工业革命成果中的世人，人类在历经劫难后开始正视发展环境问题。1972 年，在瑞典斯德哥尔摩召开联合国人类环境会议，第一次将环境问题纳入政府和国际政治事务议程。1980 年，由联合国环境规划署、国际自然资源保护联合会等参与制定的《世界自然保护战略：为了可持续发展的生存资源保护》一书出版，强调经济、社会和生态发展的统一，第一次从资源保护角度提出"可持续发展"理念。1987 年 4 月，挪威前首相 G. H. 布伦特兰在《我们共同的未来》报告中，将可持续发展定义为"既满足当代人的需求，又不对后代人满足其需求的能力构成危害的发展"。1992 年 6 月，在巴西里约热内卢召开的联合国环境与发展大会，通过了《21 世纪议程》《里约环境与发展宣言》两个纲领性文件，否定了"先污染、后治理"行为方式和"三高"传统发展模式，强调人类追求生存权利时应保持与自然的和谐关系，

---

① 张娟，李江风. 美国"精明增长"对我国城市空间扩展的启示［J］. 城市管理与科技，2006，8（05）：203−206.

② 沈费伟，叶温馨. 数字乡村发展的实现路径考察——基于精明增长理论的探索［J］. 人文杂志，2022（04）：69−80.

而不是采取破坏生态、耗竭资源方式来追求经济增长。2002 年 8 月，在南非约翰内斯堡召开以"拯救地球、重在行动"为宗旨的可持续发展世界首脑会议，认为贫穷、不平等和日益恶化的生态环境，是笼罩人类前进道路上的阴影，21 世纪必将是一个以环境保护为主旋律的绿色时代。

可持续发展的基本内涵是：以发展为核心，但并不单纯追求经济增长，强调经济、社会和生态发展的统一；以协调为目标，包括人与人、人与自然之间的协调；以公平为关键，包括人类代内公平和代际公平；以限制为手段，即人类活动不能突破生态阈值。可持续发展涉及多学科、多领域，各个学科从各自研究视角、侧重不同属性对可持续发展进行不同阐述，如表 2-3 所示。

表 2-3　不同学科对可持续发展的定义

学科	研究视角	定义
经济学	侧重经济属性	不降低环境质量和不破坏世界自然资源基础的经济发展。（世界资源研究所，1992~1993 年）
社会学	侧重社会属性	在生存于不超出维持生态系统涵容能力的情况下，改善人类的生活质量。（《保护地球——可持续生存战略》，1991 年）
生态学	侧重自然属性	改进人类的生活质量，同时不超过支持发展的生态系统的负荷能力。（世界自然保护联盟，1991 年） 保护和加强环境系统的生产和更新能力。（国际生态学联合会和国际生物科学联合会，1991 年）
技术科学	侧重技术属性	建立极少产生废料和污染物的工艺或技术系统。（世界资源研究所，1992~1993 年）

2.3.4　新兴古典城市化理论

（1）新兴古典城市化理论产生

20 世纪 80 年代开始，罗森（Rosen）、贝克尔（Becker）、博兰（Borland）和黄有光等一批经济学家，采用超边际分析等现代数学分析工具重新将古典经济学中关于分工和专业化的思想变成决策和均衡模型，将现代经济理论进行重新组织，这种比新古典经济学思想更古老，比新古典经济学躯体更年轻的分析框架被称为新兴古典经济学。新兴古典经济学去掉了新古典微观经济学中消费者与生产者绝对分离的假定，抛弃了规模经济而改用专业化经济的概念，并考虑了各种交易费用的一般均衡意义。

城市的出现和分工之间存在某种内在的联系是人们很早就认识到的一个事实。古罗马时期的色诺芬就认为分工同城市之间存在某种内在的联系。配第发现城市能够降低交易费用，从而提高分工水平。罗森采用超边际分析等现代数学分析工具探讨了生产过程中的调整成本和中间投入对产出波动的影响。[①] 贝克尔1981 年的经典著作《家庭经济学》探讨了家庭内决策和家庭经济学的理论基础，对家庭行为和家庭内资源分配进行了深入研究，将关于分工和专业化的思想变成决策和均衡模型。[②] 博兰探讨了性别在劳动市场中的角色，包括工资差距、职业选择和家庭责任等问题。[③] 黄有光 2007 年的著作《博弈论与经济应用》探讨了博弈论在经济学中的应用，包括市场竞争、合作与冲突、拍卖等方面的问题。[④]

第一个解释城市出现和分工演进之间内在关系的全部均衡模型是 2003 年由杨小凯和张永生建立的新兴古典城市化和层级结构模型，这个一般均衡模型能显示出城市的起源以及城乡的分离都是分工演进的结果。在此以后，又产生了几个有关城市理论的模型。这些理论成为新兴古典经济学的重要组成部分，被统称为新兴古典城市化理论。[⑤]

（2）新兴古典城市化理论内容

1）城市出现和存在城乡差别的原因。杨小凯和张永生的模型假定生产每种商品都有专业化经济，即专业化程度越高，生产效率也越高；同时在贸易中会产生交易费用，这会出现一个专业化经济同交易费用之间的两难冲突。当交易效率很低时，人们会选择自给自足，此时没有市场更没有城市。当交易效率提高一些以后，分工结构从自给自足跳到局部分工，这时农民分散居住，而工业品生产者则选择离农民很近的地方居住，出现市场但仍没有城市。当交易效率进一步提高时，专业制造者和专业农民以及不同制造业三者出现了高水平的分工，就出现了城市以及城乡的分离状况。

① Rosen. Adjustment Costs, Intermediate Inputs, and Output Fluctuations [J]. Journal of Political Economy, 1973, 22 (03): 23-26.

② Edition F. A Treatise on the Family [M]. Harvard: Harvard University Press, 1981: 261.

③ Blau, Berman. The Economics of Women, Men, and Work [M]. New Jersey: Prentice Hall, 2001: 126-127.

④ Ng, Vannetelbosch. Game Theory and Economic Applications [M]. New Jersey: Princeton University Press, 2007: 7-9.

⑤ 杨小凯，张永生. 新兴古典经济学与超边际分析 [M]. 北京：社会科学文献出版社，2003: 110.

杨小凯和张永生还证明，随着分工在工业中的发展及互不往来的社区数的减少，每个城市的规模会增加；在分工和城市发展过程中，由于城市节省交易费用的功能更强，使得城市工业品生产者的专业化水平及来自市场交易的收入高于农村居民，但农村居民可以自由迁入城市，使得城乡居民之间的真实收入水平在远期会实现均等化，这一进程被称为自然过渡性二元结构，它会随着交易效率的不断提高和分工朝完全专业化状况发展以后而消失。但是假如居民没有选择居住地的自由，二元结构就不会消失，城乡之间会出现真实收入的不平衡。[①]

2）集中交易可以改进交易效率。集聚效应有两类：Ⅰ类集聚效应是指从事制造业的人集中居住从而改进交易效率和促进分工而产生的效应；Ⅱ类集聚效应是指分工的网络效应和集中交易对提高交易效率的效应。Ⅱ类集聚效应可以用来解释城市如何从分工中产生出来。当分工水平提高而使交易的网络扩大时，总的交易费用会超比例地扩大；但如果参加交易的人将交易集中在一个中心地点，则会大幅地降低交易费用。假如分工产生正的网络效应，则分工的网络效应使得某种大交易网络集中在一个小区域，从而提高交易效率。分工的正网络效应和集中交易提高效率之间交互作用促使城市产生。建立在分工水平之上的城市化效应是由分工的网络效应带来的，这种网络效应使交易和经济活动在地理布局上的集中产生一种特别的经济效果，而这种经济效果是解释城市地价的决定因素，城市地价主要是由分工网络的大小决定的，而分工网络的大小同该城市在交易中所处的重要性有关，另外分工网络的大小还取决于交易效率，而交易效率又取决于交易的地理布局。集中交易提高交易效率的效应最终取决于分工的水平。杨小凯和张永生的模型还证明了分工的发展使城市的个数减少，而使城市的规模扩大，城市会形成一个分层结构，居于上层的是少数大城市，居于中间的是中等城市，居于下层的是众多小城镇。而这种大、中、小城镇的分层结构是市场选择的结果，而不是人为设计的。

3）居住格局的决定与决定城乡地价差别的因素。为了解释居民的居住格局和城乡之间地价的差别是如何内生的，张永生和杨小凯为此发展了一个一般均衡模型对这个问题进行探讨。城市出现后，居住在城市中的居民比住在乡村的人有更高的交易效率和较低的交易费用系数，城市的集中使第Ⅱ类聚集效应增加，城

---

① 杨小凯，张永生.新兴古典经济学与超边际分析［M］.北京：社会科学文献出版社，2003：61-64.

市所带来的方便使得人们倾向于居住在城市，结果是使城市人均消费的土地面积减少，地价上涨。由于人们有迁居的自由，折中的结果是有一部分人会留在农村，形成较为稳定的居住格局和交易格局。从根本上讲，居民居住地分布、交易的地理分布、土地消费状况、城市和乡村相对地价以及分工网络大小等诸多因素都是彼此依存的。①

4）最优城市结构层次及其形成。城市有很多好处但并不是越大越好，运转良好的市场会自由选择出最优的分层城市结构。假如将交易都集中在一个城市会造成不必要的交易费用，而将所有交易都集中在一个城市的好处是可以在交易中加深分工机会，可以利用更多交易中的专业化经济，使交易效率改进。这种对集中交易的好处和坏处进行两难折中的结果是城市会是一个分层结构，既不会仅有一个超级城市，也不会把所有交易完全分散在各地进行。由市场自发形成的由大、中、小城市组成的城市分层结构对全社会而言是最优的，因为人们自由择业保证了人们在各个层次之间以及各行业之间的自由进出，从而没有任何人可以操纵交易的层次数和每层的人数。②

2.3.5 城市群理论

城市群（有时也称城市带、城市圈、都市群或都市圈）指在一定地域范围内集聚了若干数目城镇，它们之间大小规模不等、职能各异；以一个或若干特大城市为龙头，众多中小城市协调分布，在距离上既相互分离（中间隔有绿带），又易于通过高效便捷的交通走廊突破行政限制的经济、社会、文化、生态一体化发展的城市空间形态。城市群不仅是推进城镇化的主体形态，也是吸纳人口的主要载体。按照全国主体功能区划要求，要积极培育壮大城市群，实行多中心网络开发战略，推进城市群区域一体化进程，构建高效、协调的国土空间开发格局。城市作为区域经济的增长极，通过集聚与扩散效应，实现生产要素的优化配置。城市规模并非越大越好，城市规模与规模经济存在"倒 U 形"关系，当递减的边际正外部性等于递增的边际负外部性时，城市达到最优规模。发展城市群的优越性在于能增强城市的综合功能，并在单一功能向多功能发展过程中，产生功能

---

① 杨小凯，张永生. 新兴古典经济学与超边际分析［M］. 北京：社会科学文献出版社，2003：85-87.

② 张沛，董欣，侯远志. 中国城镇化的理论与实践——西部地区发展研究与探索［M］. 南京：东南大学出版社，2009：44-45.

上的叠加效应。城市群由于有现代化的交通相连接，不会降低大城市的规模经济和集聚经济；由于其是多中心的，可以防止单个城市过度扩张带来的"城市病"；由于城市是相对集中布局的，又可以避免分散型城市化带来的土地浪费。在城市群范围内，中心城市发挥辐射和带动作用，中小城市为大城市提供功能配套和支持；既保持城市群落中每个城市的相对独立性，又打破行政区域的分割与封闭，组成紧密联系的社会经济网络，优势互补，资源共享，协调发展；依靠经济的、市场的手段来配置资源，减少行政和人为因素的干扰，使城市系统灵活而有生命力。通过建立若干城市群，可以实现经济发展在空间上的多极带动，使大中小城市合理分工，协调发展。

"十二五"规划提出，要以大城市为依托，以中小城市为重点，逐步形成辐射作用大的城市群，促进大中小城市和小城镇协调发展。构建科学合理的城镇化规模格局，优化城镇化的空间布局和形态，合理引导农业转移人口流向，推动形成以城市群为主体形态，大中小城市和小城镇合理分工、协调发展、等级有序的城镇化发展体系，有效遏制城镇增长的两极化倾向。但是，大中小城市和小城镇协调发展并不是空间布局的均衡发展，也不是对不同级别的城镇发展平均用力，我国城镇化进程还不具备发达国家水平，应以发挥集聚效应为主，构建大城市、大城市群。城乡规划学者必须要考虑到地理基础、发展阶段和环境条件的差异，实行非均衡、非对称、非线型的城镇化发展格局。中国特色城镇化道路就要打破地区和城镇之间的壁垒，促进生产要素在各个城镇之间合理流动，让城镇群成为未来我国新的经济增长极。

城市群在区域经济发展中的重要地位和作用正日益凸显。我国已进入城镇化攻坚阶段，城市群的崛起已成为我国区域社会经济发展的新亮点，已成为构成和支撑我国区域社会经济发展的重要社会组织形态。从调整城镇体系的空间结构入手，以提高城镇化的质量为主要目标，致力于形成环渤海地区、长江三角洲和珠江三角洲三个大城市群，使之形成产业分工合作、群体优势互补、基础设施对接、政策制度统一的经济共同体，发挥对内地经济发展的带动和辐射作用，加强三大城市群及群内城市的分工协作和优势互补，增强城市群的整体竞争力。同时，要实现由工业生产中心向商贸流通中心、科技创新中心等的转变，让全国3%的土地生产出65%的GDP来，中国其他广大地区的发展压力才会得到缓解①。

---

① 段禄峰，张沛. 我国城镇化发展模式探讨 [J]. 商业时代，2009（06）：6-7.

珠江三角洲城市群将以高速公路为走廊，以港口城市为依托，向粤东、粤西扩展，形成东南沿海巨大城市群，香港将在此发挥国际大都市的职能；长江三角洲将沿长江综合交通走廊向中上游地带延伸，形成沿长江巨大城市群，上海将发挥国际大都市的职能；环渤海城市群将向辽中南、山东半岛伸展，形成环渤海巨大城市群，北京、天津这对组合城市将发挥国际性大都市的职能。① 在经济全球化与全球城镇化进程加快的时代背景下，城市群以不可阻挡的快速扩张之势，已成为一国参与全球竞争与国际分工的基本地域单元，深刻影响着国家的综合竞争力和全球经济的新格局。② 有条件的区域（如哈长、辽东南、山东半岛、海峡两岸、中原、长江中游、成渝、关中），可在适宜聚集经济和人口的条件较好的地区，以区域性中心城市为核心，以大中小城市为依托，以交通通道为纽带，逐步完善城市基础设施，加快中心城市的发展，培育有发展潜力的城市群，以此来带动经济的快速发展。

21 世纪是全球经济一体化的世纪，城市群既是创造就业和人口集聚的城市密集区域，也是支撑经济发展和参与国际竞争的核心区域。城市群已成为国家城镇化的主体形态，当今世界上多数经济发达国家的城镇化就是以此为发展模式。全球经济一体化意味着全球城市群的交流、合作，只有大城市才能具备国际交流所需要的基础设施，只有大城市才有足够的产业集聚和经济规模参与全球的经济竞争，21 世纪竞争的基本单位既不是企业也不是国家，而是大城市群。城市群的发展模式，在我国未来城镇化发展中可能成为最有效率和效益、最切合实际的一种形式。

---

① 傅崇兰，周明俊. 中国特色城市发展理论与实践［M］. 北京：中国社会科学出版社，2003：56-59.

② 魏丽华. 城市群理论与实践演进史梳理——兼论京津冀城市群发展研究述评［J］. 湖北社会科学，2016（07）：79-86.

3 城镇化高质量发展基础解析

3.1 城镇化发展历史沿革

3.1.1 城镇化正常推进阶段

第一阶段（1949~1957年）。这一阶段是国民经济恢复和第一个五年计划顺利实现时期，也是大规模工业化和城镇建设时期。我国绝大多数人口从事广义上的农业生产，生产力发展水平低下，只能满足基本生活需求。随着商品经济的恢复和发展，以商品交换为主要职能的小城镇不断增多，但小城镇及城乡之间的相互影响较小，构不成等级互补关系。城乡之间人员、物资、信息交流很少，道路等区域性基础设施水平低下，社会发展缓慢，没有形成区域间经济发展的疏密问题，城乡空间结构状态具有较大稳定性，呈现低水平的空间均衡发展状态。我国城镇开展了大规模的清理整顿工作，恢复正常秩序，发展城镇经济，加强城镇基础设施建设，改善城镇人民居住环境，初步改变了全国城镇的环境面貌，城镇经济得到很大发展。9年间城镇化水平不断上升，城镇人口增长与国民经济发展基本上相适应，人口在城乡之间合理流动，迁移自由。

3.1.2 过度城镇化阶段

第二阶段（1958~1960年）。1958~1960年全国在经济发展战略上，实施优先发展重工业方针，强调以钢为纲，全民大炼钢铁。社会内部变革和外部条件变化使经济有了一定发展，农业产品有了一定剩余，社会分工明显加快。农村向城镇调动大批劳动力，部分人口从事手工业、矿业、小规模原材料加工业和制造业，城镇人口比重快速上升，是 20 世纪提高速度最快的时期之一。随着铁路和公路运输线的不断扩展、延伸，商品生产和交换规模进一步扩大，在工矿业和港口附近逐渐形成新的城镇。优越的地理条件和相对完善的基础设施，使城镇不断吸收周围地区资源，并向周边地区输出商品，发挥政治、经济领导和组织职能，成为经济发展的增长极，低效的空间均衡状态被打破。远离城镇的边缘地带仍以落后的农业生产为主，空间经济梯度和城镇等级规模逐渐凸显。但这种增长违背了客观规律，国民经济比例严重失调，农业生产连续减产，城镇发展明显超过了国民经济特别是农业的承受能力，许多城镇供水、供电严重不足，交通、通信困难，市政设施超负荷运转，制约了国民经济的正常发展。

3.1.3 独特的逆城镇化阶段

第三阶段（1961~1978 年）。盲目发展致使城市物资供应不足，国民经济比例严重失调，经济发展出现严重困难。建立在快速、低质、低效的工业化发展基础上的快速城镇化，不得不进行调整。国家通过行政手段，提高设置市镇标准，大量精简职工并压缩城镇人口；把大批城市知识分子和干部下放到农村劳动，非农就业人口比重和城镇人口比重急剧下降，城镇建设工作受到严重冲击。我国城镇化进程遭受严重挫折，城镇人口不断减少，城镇建制基本停顿。

3.1.4 持续快速城镇化阶段

第四阶段（1979 年至今）。党的十一届三中全会以后，我国农业生产和农村经济得到迅速发展，农村由自然经济向商品经济转化的步伐加快，经济的活跃为城镇化奠定坚实基础。乡镇企业异军突起，为 20 世纪 90 年代城镇化的快速推进创造了条件，城镇化出现多元化发展特征，突出标志是 20 世纪 90 年代自下而上的乡村城镇化快速发展。经济发展使国民收入大幅度增长，社会和私人投资能力扩大；科学技术发展进一步解放了生产力，钢铁、机械、化工、动力、纺织等部门逐渐成为社会的主导产业，第三产业开始大量出现，工业化和城镇化速度逐步加快。大多数省会城市继续发展的同时，由于资源开发和经济增长，各地区的第二级、第三级中心得到加强，城市空间不断扩张。稠密的交通网深入区域的各部分，单纯的"中心—边缘"结构逐渐变为多核心结构。城镇之间的交换、交流关系极为频繁，落后地区的资源更多地被吸引到经济循环中来，并分配给原有的中心和形成新的中心，城镇职能分工和等级体系初步形成。由于经济实力还不是很强大，并不是所有的边缘地带都得到充分开发；相反，由于集聚经济在社会经济区位决策中的统治地位，社会及产业主要集聚于高等级的城市和轴线上，"点—轴"系统逐步形成，区域间经济发展不平衡愈演愈烈，空间结构仍处在变化之中。2021 年，我国城镇化水平为 64.72%，而 1978 年为 17.92%，提高了46.8 个百分点，年均增长 3.03%。

与发达国家不同，我国城镇化具有明显的政府主导特征，国家战略、政府干预对城镇化道路有着重要影响。中华人民共和国成立初期，我国城镇人口主要集中在东部沿海地区，随着国民经济逐步恢复以及工业生产向"三线"地区转移，我国城镇人口中所占比重开始快速上升。改革开放以前，我国中、西部地区城镇人口增长速度都要快于东部和东北地区，改革开放后，由于东部沿海地区原有经济基础和人文条件较好，东部地区城镇化进程明显加快，在全国城镇人口中所占比重也随之逐步提高。

3.2 城镇化发展态势

3.2.1 数量分布

学界普遍认为，评价一座城镇的城镇化水平，首要指标便是城镇人口比重（城市人口实际包括非农业人口、居住城区的农业人口和流动人口），即人口城镇化方面。我国农村人口规模不断下降，至第七次全国人口普查时，我国城镇人口数量首次超过农村人口。2011 年，我国城镇人口 69079 万人，2021 年该数值增长到 91425 万人，人口城镇化率从 51.27%发展到 64.72%，年均增速 1.35%。我国人口城镇化增长态势逐步放缓[1]，2011～2021 年全国人口城镇化率如图 3-1所示。

---

[1] 程梦瑶. 迈向高质量发展：基于"七普"数据考察我国人口城镇化新阶段［J］. 人口与发展，2022，28（02）：93-103+57.

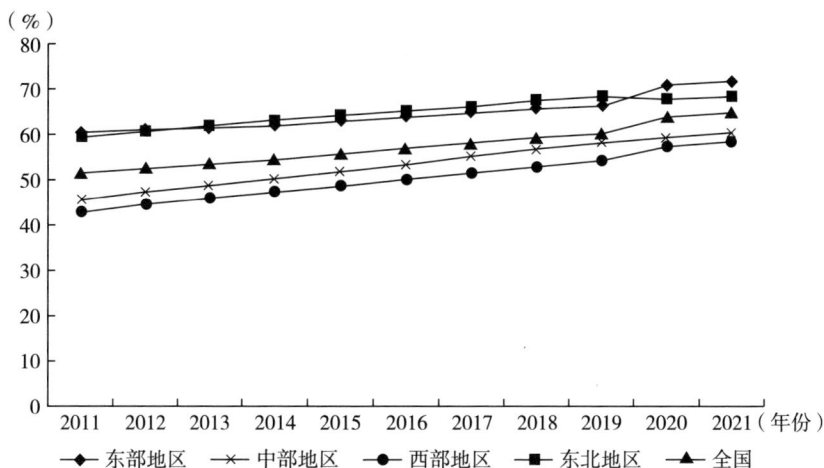

图 3-1　全国人口城镇化率（2011~2021 年）

要实现城镇化健康发展，就必须构建合理的城镇体系。合理的城镇体系要求不同规模等级城镇之间保持合适的比例关系，中间不出现断层也不缺少环节，只有这样，城镇的职能作用才能通过城镇网络依次有序地逐级扩散到整个体系。[①] 大城市尤其是特大城市国际交易成本比较低，是国际交易的平台；中等城市是区域交易的中心和增长极，是区域经济发展的"领头羊"；小城市是周边集镇的交易平台，集镇又是农村农副产品的交易平台和服务体系。

从表 3-1 可以看出，我国城镇体系结构大致呈金字塔形分布，超大、特大、大、中、小城市和建制镇的数量比例为 1.00：2.00：31.14：34.86：29.71：2720.43，就地区而言，超大城市主要分布在东部地区。中部地区及东北地区没有超大城市，特大、大、中、小城市和小城镇的数量比例在东部地区、中部地区、西部地区和东北地区分别为 1.00：16.5：13.33：3.67：895.17、1.00：21.00：24.67：12.67：1660.67、1.00：23.00：26.50：53.50：3601.00、1.00：3.33：12.33：13.66：496.00。单从数量上看，当前我国的城镇规模等级结构基本合理，初步形成了以大城市为中心、中小城市为骨干、小城镇为基础的多层次城镇体系。但和发达国家相比，我国的城市数量明显偏低。我国城市国土密度仅为 0.72 座/万平方千米，而英国为 2.70 座/万平方千米。

---

① 邵宇，王鹏，陈刚. 重塑中国：新型城镇化、深度城市化和新四化 [J]. 金融发展评论，2013（01）：1-37.

表 3-1　我国不同地区城镇规模等级结构（2021 年）

区域	城市总数（个）	超大城市		特大城市		大城市		中等城市		小城市		建制镇
		数量（个）	占比（%）	数量（个）	占比（%）	数量（个）	占比（%）	数量（个）	占比（%）	数量（个）	占比（%）	数量（个）
东部地区	212	5	2.36	6	2.83	99	46.70	80	37.74	22	10.38	5371
中部地区	178	0	0.00	3	1.69	63	35.39	74	41.57	38	21.35	4982
西部地区	210	2	0.95	2	0.95	46	21.90	53	25.24	107	50.95	7202
东北地区	91	0	0.00	3	3.30	10	10.99	37	40.66	41	45.05	1488
全国	691	7	1.01	14	2.03	218	31.55	244	35.31	208	30.10	19043

注：表中超大城市是指城区常住人口 1000 万以上的城市，城区常住人口 500 万以上 1000 万以下的城市为特大城市，城区常住人口 100 万以上 500 万以下的城市为大城市，城区常住人口 50 万以上 100 万以下的城市为中等城市，城区常住人口 20 万以下的是小城市。

资料来源：根据《中国统计年鉴（2022）》计算整理。

3.2.2　空间城镇分布

"空间"是人类进行社会经济活动的场所，是任何公共生活形式和权力运作的载体。空间在历史发展中产生，并随着历史的演变而重新结合和转化。空间结构是人类各种经济活动在特定经济区域内的空间分布状态及空间组合形式，是政治、经济、社会、文化、生产、自然条件、工程技术和建筑空间的综合反映。[①]

由《中国统计年鉴（2022）》数据可知，我国 2011 年城镇化率为 51.27%，2021 年上升到 64.72%，其间总计增长 13.45%。同期，我国建成区面积从 135169.2 平方千米增长到 142226.53 平方千米。2021 年，山东城区面积 23814.08 平方千米，在全国 31 个省（区、市）中城区面积最大；西藏城区面积 632.58 平方千米，城区面积最小。与城区面积相比，我国建成区面积增长速度较快，从 2011 年的 43603.23 平方千米发展到 2021 年的 62420.53 平方千米。2021 年，我国建成区面积最大的省（区、市）为 6582.65 平方千米的广东，面积最小的为 170.30 平方千米的西藏。城市群是推进新型城镇化的主体形态，是人口集聚的主要地区。我国"十三五"规划中明确提出构建"两横三纵"的城镇化发展战略格局，并明确优先布局发展 19 个城市群。我国城镇化空间格局经

---

① 杜肯堂，戴士根．区域经济管理学［M］．北京：高等教育出版社，2004：91.

过多年不断完善，19大城市群以占全国25%左右的面积、70%左右的人口，创造了全国85%左右的GDP。但由于地理区位、资源禀赋等因素的影响，不同城市群之间的整体实力及发展潜力存在巨大差距。京津冀、长三角及珠三角地区发展较早，产业发展基础良好，科技创新动力足，城市数量较多、人口较为稠密。其他城市群规模相对较小，在发展中存在动力不足问题。不同规模的城市群都应协调好城市建设用地扩张与人口增长的协调性，积极引导人口适度聚集，提升整体安全水平；有序培育现代化都市圈，形成大中小城市和城镇协调发展的空间格局。

2021年我国共有城市691座，平均每万平方千米0.72座，城市空间分布密度极不均衡，东部地区>中部地区>东北地区>全国平均>西部地区，东部地区是西部地区的7.45倍，地区之间的差别较大；我国城镇总数19734座，平均每万平方千米20.56座，城镇空间分布也不平衡，呈现东部地区>中部地区>全国平均>东北地区>西部地区的特点。总的情况是东部地区分布较为稠密，西部地区较为稀疏，如表3-2所示。

表3-2　我国不同地区城镇分布密度（2021年）

指标	全国	东部地区	中部地区	西部地区	东北地区
面积（万平方千米）	960	91.6	102.8	686.7	78.79
人口（百万人）	1412.60	566.05	364.45	382.81	97.29
GDP（百亿元）	11436.70	5922.02	2501.32	2397.10	556.99
城市总数（座）	691	212	178	210	91
城镇总数（座）	19734	5583	5160	7412	1579
城市密度（1）（座/万平方千米）	0.72	2.31	1.73	0.31	1.15
城市密度（2）（座/百万人口）	0.49	0.37	0.49	0.55	0.94
城市密度（3）（座/百亿元GDP）	0.06	0.04	0.07	0.09	0.16
城镇密度（座/万平方千米）	20.56	60.95	50.19	10.79	20.04

资料来源：根据《中国统计年鉴（2022）》计算整理。

在中国的城市发展政策中，长期以来渗透着城市布局和城市发展的均衡论思想。我国在政策上更加强调对于西部地区、经济落后地区增加城镇建设的力度，在城镇化战略上表现为"低效的对称"，而很少考虑到自然基础的差异、地理区位的差异、发展阶段的差异和生态条件的差异等对城市格局和结构的影响。人口、城镇空间分布受到自然条件、经济发展水平、交通等多方面的影响，在地域上具有很大的差异性。它是一个区域的自然环境、经济结构和社会结构在空间上的投影，是一系列职能不同、等级规模各异的城镇在空间上的组合形式。[①] 我国西部地区多高山荒漠，气候干旱寒冷，人类生存的自然条件相对恶劣，故人烟稀少；东部沿海地区多平原和低山丘陵，气候温暖湿润，为人类生存提供了适宜的生存环境，故人口稠密。城镇布局与人口布局、经济发展水平呈密切正相关关系。若按每百万人口设置的建制市数计算，我国东、中、西部地区相差无几，只有东北地区偏高；按每百亿元国内生产总值设置的建制市数计算，东西部地区城市效率更高，中部次之，东北地区最低。所以，若说我国城市布局不均衡，更突出的表现是与人口分布和经济发展水平的不均衡。推进我国城市的均衡布局，西部地区城市数量当然应该继续增加，但主要应是东部地区人口和经济大省城市数量的增加。东部地区相对密集，西部地区相对稀疏的多元城市空间分布是我国经济社会发展和自然选择的结果，也将是我国未来城镇布局的正常状态。刻求我国城镇的均衡布局，既不具可能性，也有碍于加快城镇化进程。

3.2.3 经济分布

由《中国统计年鉴（2022）》数据计算可知，我国人均 GDP 增长较快，由 2011 年的 36277.00 元增长到 2021 年的 81370.00 元，11 年间增长了 1.24 倍，2021 我国人均 GDP 首次超过世界平均水平。我国城镇居民人均可支配收入由 2011 年的 21427.00 元增长到 2021 年的 47421.00 元，农村居民人均可支配收入从 2011 年的 7394.00 元增长到了 2021 年的 18931.00 元。从我国四大区域来看，东部地区无论是城镇还是农村人均可支配收入都是全国的最高水平。东北地区的城镇居民可支配收入处于全国城镇居民的最低水平，而西部地区的农村居民可支配收入为全国农村居民可支配收入的最低水平，如图 3-2 所示。

世界城镇化的历史表明，城镇化与经济发展水平的关系最为密切。北京大学周一星教授对 1977 年世界 157 个国家和地区的资料进行分析，得出两个指标的对数曲线关系为：

$$y=40.62\lg x-75.83 \tag{3-1}$$

式中，y 表示城市人口占总人口的比重（%），x 表示人均国民生产总值（美元/人），相关系数 R=0.9079，标准差 S=9.8。2021 年我国人均 GDP 达到 1.27

---

① 崔功豪. 中国城镇发展研究［M］. 北京：中国建筑工业出版社，1992：72-78.

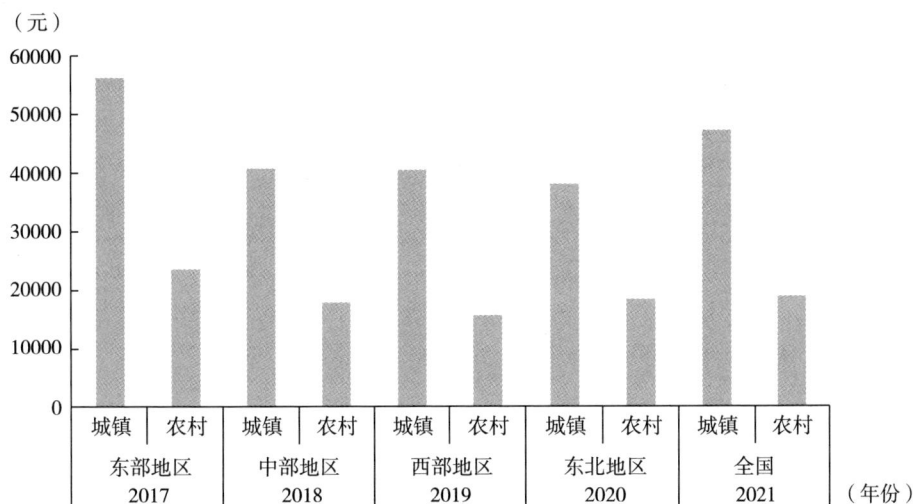

图 3-2 我国城镇居民人均可支配收入与农村居民人均可支配收入（2017~2021 年）

万美元，根据周一星回归模型推断，我国城镇化率应为 90.87%，而 2022 年的城镇化水平仅为 65.22%。城镇化水平滞后于经济发展水平 25.65 个百分点。

城镇化发展的宏观动力来源于社会经济的发展。城镇化与经济发展水平的关系最为密切。改革开放前，我国走的是优先发展重工业的超前工业化道路，并实行严格的城乡分割的户籍管理制度，限制农业剩余劳动力从事非农业和人口的自由流动。改革开放后，随着限制城镇化发展体制因素的逐渐消除，我国城镇化发展进入加速态势。根据世界城镇化发展的阶段性规律，可将城镇化发展划分为初期（30% 以下）、中期（30%~70%）和后期（70% 以上）三个阶段，我国城镇化进程属于中期阶段，快速发展趋势还将保持一段时间。城镇化滞后于 GDP 的现状造成农业劳动力过剩，不利于实现自然、社会与经济协调发展，对扩大内需、生态环境、城乡统筹以及社会稳定产生破坏性影响，大大影响了我国"三农"问题的解决。

3.2.4 生态城镇分布

（1）空气质量有待改善

由《中国统计年鉴（2022）》统计数据可知，2021 年，我国 31 个省（区、市）城市空气质量优良天数比例的平均值为 84.45%。平均超标天数比例为

15.55%。福州市空气质量优良天数比例为 100.00%，为所有省会城市中空气质量优良天数最多的城市。与之相对，太原市 61.4%的空气质量优良比例是所有省会城市中最低的。根据大气污染物排放标准，我国 2021 年 31 个主要城市二氧化硫及一氧化氮年平均浓度均达标。兰州市二氧化氮年平均浓度为 46 微克/立方米，超过了国家规定的排放标准，除此之外，西安、武汉、太原三个城市的二氧化氮排放也处于警戒线上。而可吸入颗粒物（PM_{10}）排放达标的城市仅有福州、海口及拉萨。细颗粒物（$PM_{2.5}$）排放达标的城市仅有海口和拉萨。31 个主要城市的臭氧（O_3）排放浓度无一达标，如表 3-3 所示。

表 3-3 我国 31 个空气环境监测城市各类废气排放达标情况（2021 年）

废气种类	达标城市
可吸入颗粒物（PM_{10}）	福州、海口、拉萨
细颗粒物（$PM_{2.5}$）	海口、拉萨
二氧化硫（SO_2）	全部达标
二氧化氮（NO_2）	除兰州外全部达标
一氧化碳（CO）	全部达标
臭氧（O_3）	无

（2）水资源短缺且分布不均

水环境状况方面，长江流域、珠江流域、浙闽片河流、西南诸河和西北诸河水质持续为优，黄河流域、淮河流域和辽河流域水质良好。但部分重点污染源周边地下水特征污染物超标问题尚未得到有效控制，水生态环境不平衡不协调问题仍然突出。部分区域汛期污染问题突出。我国的人均淡水资源只为全球平均的 27.2%，是联合国认定的"水资源紧缺"国家，目前有 300 多座城市属于缺水型城市，其中严重缺水城市有 110 座。据相关专家推断，我国人口在 2030 年将进入高峰时期，届时人均水资源量大约只有 1700 立方米，中国将成为严重缺水的国家。不仅如此，水资源在全国范围的分布还严重不均。占全国面积 1/3 的长江以南地区拥有全国 4/5 的水量，而面积广大的北方地区只拥有不足 1/5 的水量，其中西北内陆的水资源量仅占全国的 4.6%。① 伴随大规模的城镇化、工业化进

---

① 段禄峰，张鸿．生态文明视角下的经济可持续发展问题研究［J］．改革与战略，2012，28（06）：8-10+17.

程和人口规模的不断增加，我国用水量大大增加。水量的超常规利用、非集约利用和监管措施的不到位，导致主要河流下游及干流普遍出现断流和地下水位的大幅度下降，还引起了诸如沙尘暴频发、水源污染、地下水漏斗、地面下降及海水入侵、大片土地盐渍化等生态环境恶化的问题，已成为中国城镇化发展的主要"瓶颈"之一。

3.3 产业结构发展

3.3.1 产业结构现状

21世纪以来，我国第一产业经济总量不断扩大，由2000年的14717.4亿元增长到2021年的83085.5亿元；而产值比重继续下降（2004年和2019年后稍有反弹），由2000年的14.7%降到2021年的7.3%（见表3-4）。虽然就业比重也在下降，但下降速率远低于产值比重，加上农村较大的人口基数，导致产值比重大大低于就业比重，产业结构正偏离过大，农民收入较低，这也成为我国内需不足的重要原因之一。

表3-4 我国产业产值结构变动（2000~2021年）

年份	生产总值		第一产业		第二产业		第三产业	
	金额（亿元）	比重（%）	金额（亿元）	比重（%）	金额（亿元）	比重（%）	金额（亿元）	比重（%）
2000	100280.1	100.00	14717.4	14.7	45663.7	45.5	39899.1	39.8
2001	110863.1	100.00	15502.5	14.0	49659.4	44.8	45701.2	41.2
2002	121717.4	100.00	16190.2	13.3	54104.1	44.5	51423.1	42.2
2003	137422.0	100.00	16970.2	12.3	62695.8	45.6	57756.0	42.0
2004	161840.2	100.00	20904.3	12.9	74285.0	45.9	66650.9	41.2
2005	187318.9	100.00	21806.7	11.6	88082.2	47.0	77430.0	41.3
2006	219438.5	100.00	23317.0	10.6	104359.2	47.6	91762.2	41.8

续表

年份	生产总值		第一产业		第二产业		第三产业	
	金额（亿元）	比重（%）	金额（亿元）	比重（%）	金额（亿元）	比重（%）	金额（亿元）	比重（%）
2007	270092.3	100.00	27674.1	10.2	126630.5	46.9	115787.7	42.9
2008	319244.6	100.00	32464.1	10.2	149952.9	47.0	136827.5	42.9
2009	348517.7	100.00	33583.8	9.6	160168.8	46.0	154765.1	44.4
2010	412119.3	100.00	38430.8	9.3	191626.5	46.5	182061.9	44.2
2011	487940.2	100.00	44781.5	9.2	227035.1	46.5	216123.6	44.3
2012	538580.0	100.00	49084.6	9.1	244639.1	45.4	244856.2	45.5
2013	592963.2	100.00	53028.1	8.9	261951.6	44.2	277983.5	46.9
2014	643563.1	100.00	55626.3	8.6	277282.8	43.1	310654.0	48.3
2015	688858.2	100.00	57774.6	8.4	281338.9	40.8	349744.7	50.8
2016	746395.1	100.00	60139.2	8.1	295427.8	39.6	390828.1	52.4
2017	832035.9	100.00	62099.5	7.5	331580.5	39.9	438355.9	52.7
2018	919281.1	100.00	64745.2	7.0	364835.2	39.7	489700.8	53.3
2019	986515.2	100.00	70473.6	7.1	380670.6	38.6	535371.0	54.3
2020	1013567.0	100.00	78030.9	7.7	383562.4	37.8	551973.7	54.5
2021	1143669.7	100.00	83085.5	7.3	450904.5	39.4	609679.7	53.3

资料来源：根据《中国统计年鉴（2022）》计算整理。

改革开放后，乡镇企业和私营企业的蓬勃发展，有效吸纳了农村剩余劳动力，缓解了社会矛盾。我国第二产业 GDP 由 2000 年的 45663.7 亿元增长到 2021年的 450904.5 亿元，而产值比重维持在 44% 上下，说明我国还处于工业化的快速发展时期，第二产业特别是工业增长构成了经济增长的主要内容。

2021 年，我国服务业增加值达 609679.7 亿元，占生产总值的 53.3%。虽然第三产业已成为我国的主导产业，但企业规模普遍较小，以劳动密集型为主，行业劳动生产率低。我国第三产业结构单一，面向生活服务的产业发展较快，但交通运输等基础产业的"瓶颈"劣势明显，信息产业正处初级发展阶段，知识产业、教育产业还未步入正轨，丰富的旅游资源产品尚处于初级层面。

3.3.2　产业结构偏离度

（1）产业结构偏离度定义

产业结构是指各产业的构成及各产业之间的联系和比例关系。[①] 产业结构偏离度是指某一产业的就业比重与增加值比重之差，是反映就业结构与产值结构偏离程度的指标之一。[②] 产业结构偏离度大于0，就业比重大于产值比重，劳动生产率较低，存在劳动力转出的推力；产业结构偏离度小于0，就业比重小于产值比重，劳动生产率较高，存在劳动力转入的引力。无论是处于竞争均衡的发达工业化国家，还是处于结构转型的发展中国家，经济发展必然伴随着产业结构的调整，劳动力将会从第一产业向第二、第三产业转移。[③] 库兹涅茨、钱纳里、赛尔奎因、克拉克、西姆斯等学者研究表明，随着经济的发展，第一产业结构偏离度由正偏离逐步缩小，第二、第三产业结构偏离度由负偏离向0逐渐靠拢。当就业结构与产值结构相符，偏离度为0，产业结构效益高，劳动者收入相对平均，社会更加公平正义。[④]

本书界定三次产业偏离度绝对值之和，称为产业结构总体偏离度。在一个完全竞争、自由迁徙的社会，人们以"用脚投票"的方法，进行职业选择，从效益较差的产业流入效益较好的产业。与此同时，产业结构总体偏离度随着三次产业结构偏离度的缩小，也逐步向0靠拢，达到资源利用效率最高、经济效益最好的所谓"帕累托最优"。

（2）产业结构偏离度历史演进

随着经济的发展和产业政策的调整，我国产业结构呈良性调整状态，产业比例关系逐步与工业化、农业现代化发展趋势对接，产业结构逐步向高级演变。三次产业就业比重从1978年的1：0.25：0.17，演变为2021年的1：1.27：2.10，由"一、二、三"结构向"三、二、一"结构转变，就业格局基本呈三分天下均势。三次产业产值结构从1978年的1：1.72：0.89，演变为2021年的

---

①　叶爱山，邓洋阳，龚利．产业结构转换与城镇化高质量发展——基于动态空间面板模型的实证研究［J］．苏州科技大学学报（社会科学版），2022，39（01）：13-20+107.

②　朱相宇，乔小勇．北京第三产业就业潜力与调整升级——基于产业结构偏离度的国际比较与分析［J］．经济体制改革，2014（02）：64-68.

③　张明，胡壮程．产业结构变迁、人口红利与中国经济增长——基于改进转换份额法的实证分析［J］．河南师范大学学报（哲学社会科学版），2022，49（06）：80-87.

④　段禄峰．我国产业结构偏离度研究［J］．统计与决策，2016（06）：122-125.

1∶5.40∶7.30，由"二、一、三"结构向"三、二、一"结构转变（见表3-5）。

表3-5 我国产业结构偏离度（1978~2021年） 单位:%

年份	就业构成（L）			GDP 增加值构成（G）			三次产业结构偏离度 Y = （L-G）			产业结构总体偏离度 K = Σ|Y|
	L1	L2	L3	G1	G2	G3	Y1	Y2	Y3	
1978	70.5	17.3	12.2	27.7	47.7	24.6	42.8	−30.4	−12.4	85.6
1979	69.8	17.6	12.6	30.7	47.0	22.3	39.1	−29.4	−9.7	78.2
1980	68.7	18.2	13.1	29.6	48.1	22.3	39.1	−29.9	−9.2	78.2
1981	68.1	18.3	13.6	31.3	46.0	22.7	36.8	−27.7	−9.1	73.6
1982	68.1	18.4	13.5	32.8	44.6	22.6	35.3	−26.2	−9.1	70.6
1983	67.1	18.7	14.2	32.6	44.2	23.2	34.5	−25.5	−9.0	69.0
1984	64.0	19.9	16.1	31.5	42.9	25.5	32.5	−23.0	−9.4	64.9
1985	62.4	20.8	16.8	27.9	42.7	29.4	34.5	−21.9	−12.6	69.0
1986	60.9	21.9	17.2	26.6	43.5	29.8	34.3	−21.6	−12.6	68.5
1987	60.0	22.2	17.8	26.3	43.3	30.4	33.7	−21.1	−12.6	67.4
1988	59.3	22.4	18.3	25.2	43.5	31.2	34.1	−21.1	−12.9	68.1
1989	60.1	21.6	18.3	24.6	42.5	32.9	35.5	−20.9	−14.6	71.0
1990	60.1	21.4	18.5	26.6	41.0	32.4	33.5	−19.6	−13.9	67.0
1991	59.7	21.4	18.9	24.0	41.5	34.5	35.7	−20.1	−15.6	71.4
1992	58.5	21.7	19.8	21.3	43.1	35.6	37.2	−21.4	−15.8	74.4
1993	56.4	22.4	21.2	19.3	46.2	34.5	37.1	−23.8	−13.3	74.2
1994	54.3	22.7	23.0	19.5	46.2	34.4	34.8	−23.5	−11.4	69.7
1995	52.2	23.0	24.8	19.6	46.8	33.7	32.6	−23.8	−8.9	65.3
1996	50.5	23.5	26.0	19.3	47.1	33.6	31.2	−23.6	−7.6	62.4
1997	49.9	23.7	26.4	17.9	47.1	35.0	32.0	−23.4	−8.6	64.0
1998	49.8	23.5	26.7	17.2	45.8	37.0	32.6	−22.3	−10.3	65.2
1999	50.1	23.0	26.9	16.1	45.4	38.6	34.0	−22.4	−11.7	68.1
2000	50.0	22.5	27.5	14.7	45.5	39.8	35.3	−23.0	−12.3	70.6

续表

年份	就业构成（L）			GDP 增加值构成（G）			三次产业结构偏离度 Y =（L-G）			产业结构总体偏离度 K=∑│Y│
	L1	L2	L3	G1	G2	G3	Y1	Y2	Y3	
2001	50.0	22.3	27.7	14.0	44.8	41.2	36.0	−22.5	−13.5	72.0
2002	50.0	21.4	28.6	13.3	44.5	42.2	36.7	−23.1	−13.6	73.4
2003	49.1	21.6	29.3	12.3	45.6	42.0	36.8	−24.0	−12.7	73.5
2004	46.9	22.5	30.6	12.9	45.9	41.2	34.0	−23.4	−10.6	68.0
2005	44.8	23.8	31.4	11.6	47.0	41.3	33.2	−23.2	−9.9	66.3
2006	42.6	25.2	32.2	10.6	47.6	41.8	32.0	−22.4	−9.6	64.0
2007	40.8	26.8	32.4	10.2	46.9	42.9	30.6	−20.1	−10.5	61.2
2008	39.6	27.2	33.2	10.2	47.0	42.9	29.4	−19.8	−9.7	58.9
2009	38.1	27.8	34.1	9.6	46.0	44.4	28.5	−18.2	−10.3	57.0
2010	36.7	28.7	34.6	9.3	46.5	44.2	27.4	−17.8	−9.6	54.8
2011	34.8	29.5	35.7	9.2	46.5	44.3	25.6	−17.0	−8.6	51.2
2012	33.6	30.3	36.1	9.1	45.4	45.5	24.5	−15.1	−9.4	49.0
2013	31.3	30.3	38.4	8.9	44.2	46.9	22.4	−13.9	−8.5	44.8
2014	29.3	30.2	40.5	8.6	43.1	48.3	20.7	−12.9	−7.8	41.4
2015	28.0	29.7	42.3	8.4	40.8	50.8	19.6	−11.1	−8.5	39.2
2016	27.4	29.3	43.3	8.1	39.6	52.4	19.3	−10.3	−9.1	38.7
2017	26.7	28.6	44.7	7.5	39.9	52.7	19.2	−11.3	−8.0	38.5
2018	25.7	28.2	46.1	7.0	39.7	53.3	18.7	−11.5	−7.2	37.4
2019	24.7	28.2	47.1	7.1	38.6	54.3	17.6	−10.4	−7.2	35.2
2020	23.6	28.7	47.7	7.7	37.8	54.5	15.9	−9.1	−6.8	31.8
2021	22.9	29.1	48.0	7.3	39.4	53.3	15.6	−10.3	−5.3	31.2

注：①L1 表示第一产业就业比重；L2 表示第二产业就业比重；L3 表示第三产业就业比重。

②G1 表示第一产业产值比重；G2 表示第二产业产值比重；G3 表示第三产业产值比重。

③Y1 表示第一产业结构偏离度；Y2 表示第二产业结构偏离度；Y3 表示第三产业结构偏离度。

资料来源：根据《中国统计年鉴（2022）》计算整理。

1978~2021 年，我国产业结构总体偏离度虽有反复，但整体态势趋于下降（见表 3-5、图 3-3），由 1978 年的 85.6%，下降到 2021 年的 31.2%。农村剩余劳动力逐步向第二、第三产业转移，产业结构整体效益逐步提高，结构水平不断优化。这期间可划为三个阶段：

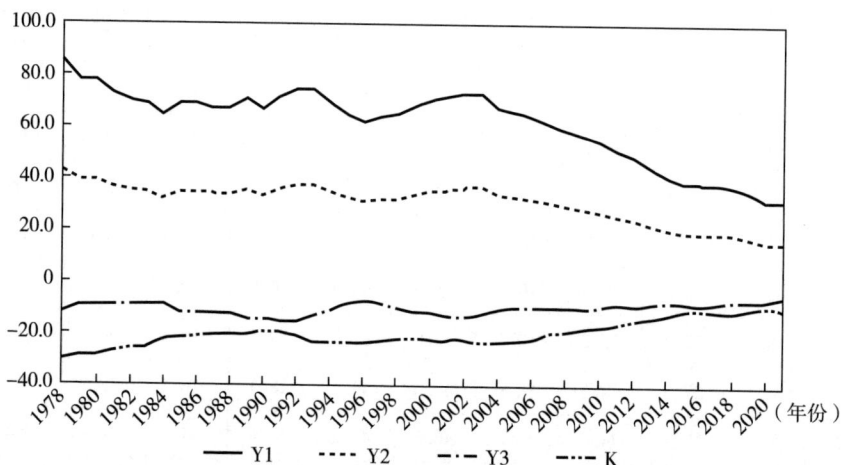

图 3-3　1978~2021 年我国产业结构偏离度变化趋势

第一阶段，1978~1984 年。随着三次产业结构偏离度绝对值的稳步下降，产业结构总体偏离度由 85.6% 下降到 64.9%。"家庭联产承包责任制"极大地解放了农村生产力，使农业产值不断增加。乡镇企业的兴起，使部分农民转向第二产业，缓解了农村隐性失业问题。经济的发展，生活的需求，促进了以生活服务业为主的第三产业的发展。特殊的历史造成我国三次产业结构扭曲的现象，正被纠正逆转，我国正由传统农业社会走向现代工业社会。

第二阶段，1985~2003 年。三次产业结构偏离度变化不大，产业结构总体偏离度相对稳定（中间有所反复），由 1985 年的 69% 上升到 2003 年的 73.5%。第一产业就业构成与产值构成都在稳步下降；第二产业就业构成与产值构成保持相对稳定；第三产业就业构成与产值构成稳步提升。虽然三产产业结构偏离度及由此构成的产业结构总体偏离度相对稳定，但符合劳动力由第一产业向第二、第三产业转移的配第—克拉克定律。只不过，这期间劳动力主要转向第三产业。当前，我国正处于工业化的中后期阶段，第二产业就业比重从 1978 年的 17.3%，上升到 2021 年的 29.1%，从改革开放到现在都没有成为就业的主力军，说明我国第二产业根植性不强，三产间的关联性差。

第三阶段，2004 年至今。三次产业结构不断优化，第一产业结构偏离度不断下降，第二、第三产业结构偏离度上升，向 0 靠拢，产业结构总体偏离度稳步下降，由 2004 年的 68.0% 下降到 2021 年的 31.2%，经济效益显著提高。其间，面对资源环境约束，调结构成为我国经济发展的主旋律。另外，城镇化、城乡一体化发展战略，极大地解放了劳动力，促进了市场经济的快速发展。劳动力从第一产业转出流向第二、第三产业，尤其是第三产业，第一产业劳动生产率提高，第二、第三产业劳动生产率相对下降，产业结构优化升级得到显著提升。第三产业成为三次产业中就业结构与产值结构最为协调的产业。但我们应该认识到，这种协调是相对的低层次的协调，是就业结构与产值结构的双重滞后。

（3）时序预测

第一产业结构偏离度。将 2007~2021 年我国产业结构偏离度数据录入 Excel，绘制散点图，添加趋势线，判断回归分析模型，并通过 SPSS26.0 进行 R^2、F 检验、T 检验，确定最佳模型。我国第一产业结构偏离度拟合方程为：$y=0.04x^2-1.69x+32.79$，$R^2=0.985$。其中，y 为偏离度预测值；x 为时间序列号，2007 年时间序列号为基期 1，2008 年为 2，……，2021 年为 15（下同），如图 3-4 所示。对发展趋势前推 6 年，即到 2027 年中时，第一产业结构偏离度基本为 0。

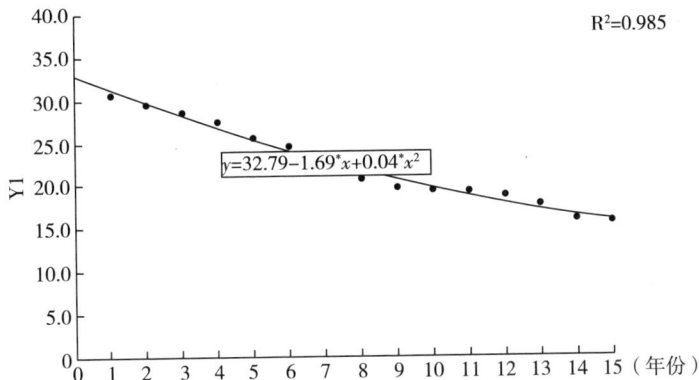

图 3-4　我国第一产业结构偏离度拟合曲线及发展趋势

第二产业结构偏离度。同理，如图 3-5 所示，我国第二产业结构偏离度拟合方程为：$y=0.05x^2+1.57x-22.56$。对发展趋势前推 6.5 年，即到 2028 年中时，第二产业结构偏离度基本为 0。

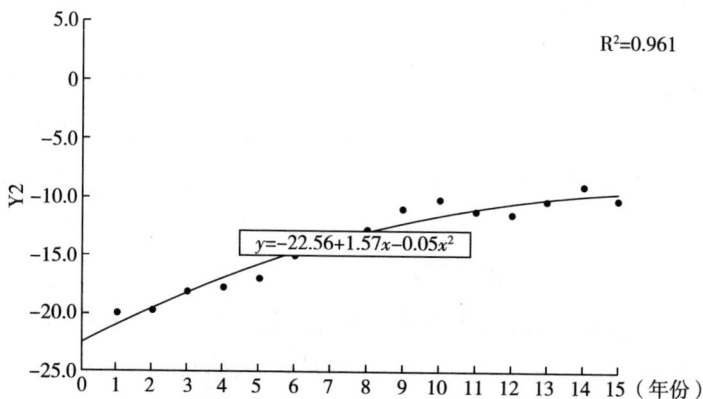

图 3-5　我国第二产业结构偏离度拟合曲线及发展趋势

第三产业结构偏离度。同理，如图 3-6 所示，我国第三产业结构偏离度拟合方程为：$y=0.01x^2+0.11x-10.25$。对发展趋势前推 11 年，即到 2033 年时，第三产业结构偏离度基本为 0。

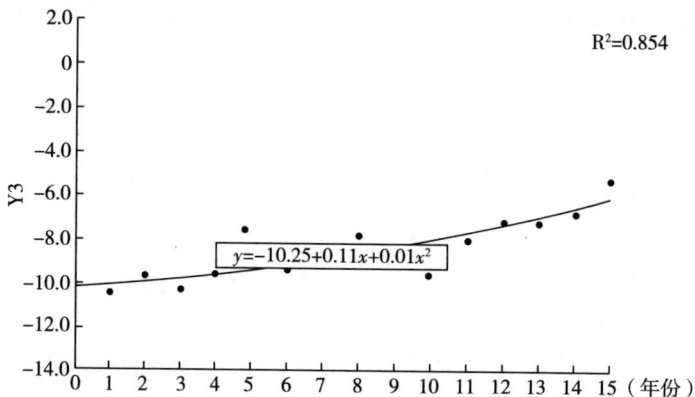

图 3-6　我国第三产业结构偏离度拟合曲线及发展趋势

产业结构总体偏离度。如图 3-7 所示，我国产业结构总体偏离度拟合方程为：$y=0.07x^2-3.37x+65.6$。对发展趋势前推 9.5 年，即到 2030 年中时，产业结构总体偏离度基本为 0。

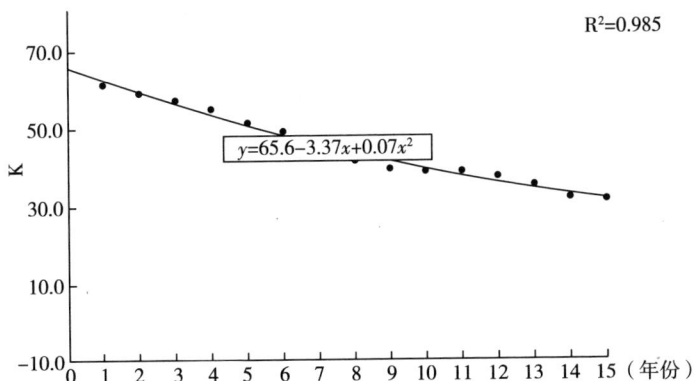

图 3-7 我国产业结构总体偏离度拟合曲线及发展趋势

3.4 城乡劳动生产率二元性显著

城镇与乡村作为一种非均质的地域经济空间，是人类赖以生存、活动和发展的地域实体。我国居民收入不但增长迅速，而且来源多样化、市场化。城镇居民有工资性收入、经营性收入、财产性收入及转移性收入；广大农民也不再依靠传统农业收入，大量的农民进入第二、第三产业，非农收入所占比重不断增加（见表 3-6）。

表 3-6 我国城乡居民人均收入及消费水平（2010~2021 年）

年份	农村居民家庭人均纯收入（元）	城镇居民家庭人均可支配收入（元）	城乡收入比	农村居民家庭恩格尔系数（%）	城镇居民家庭恩格尔系数（%）
2010	5919.0	19109.4	3.2	41.1	35.7
2011	6977.3	21809.8	3.1	40.4	36.3
2012	7916.6	24564.7	3.1	39.3	36.2
2013	9429.6	26467.0	2.8	37.7	35.0
2014	10488.9	28843.9	2.7	33.6	30.0

年份	农村居民家庭人均纯收入（元）	城镇居民家庭人均可支配收入（元）	城乡收入比	农村居民家庭恩格尔系数（%）	城镇居民家庭恩格尔系数（%）
2015	11421.7	31194.8	2.7	33.0	29.7
2016	12363.4	33616.2	2.7	32.2	29.3
2017	13432.4	36396.2	2.7	31.2	28.6
2018	14617.0	39250.8	2.7	30.1	27.7
2019	16020.7	42358.8	2.6	30.0	27.6
2020	17131.5	43833.8	2.6	32.7	29.2
2021	18930.9	47411.9	2.5	32.7	28.6

资料来源：根据《中国统计年鉴（2011-2022）》计算整理。

消费需求是推进经济增长的主导力量之一。改革开放以来，我国的消费水平和消费结构都发生了巨大的变化，消费水平和消费结构升级。

（1）比较劳动生产率

比较劳动生产率，即一个部门的产值比重同在此部门就业的劳动力比重的比率。[①] 设 G 为总产值，L 为总劳动力数，G_1 为农业部门产值，G_2 为非农业部门产值，L_1 为农业部门劳动力数，L_2 为非农业部门劳动力数。显然 $G_1+G_2=G$，$L_1+L_2=L$。比较劳动生产率的计算公式为：

$$B_1 = \frac{G_1/G}{L_1/L} \tag{3-2}$$

$$B_2 = \frac{G_2/G}{L_2/L} \tag{3-3}$$

由于农业的天然弱质性，第一产业比较劳动生产率通常低于1，而非农产业（第二产业+第三产业）的比较劳动生产率高于1。第一产业和非农产业的比较劳动生产率的差距越大，经济的二元性越显著。从时间序列考察，当经济结构二元性处于加剧阶段时，农业部门的比较劳动生产率逐渐降低，非农业部门的比较劳动生产率逐渐升高；在两部门的比较劳动生产率差别达到最高点后，农业部门比较劳动生产率又转而逐渐升高，从低于1的方向趋于1，非农业部门比较劳动生产率则趋

---

① 段禄峰. 我国城乡二元经济结构测度研究 [J]. 生态经济, 2016, 32 (03): 33-39.

于下降，从高于1的方向趋于1。所以，农业部门比较劳动生产率的变动轨迹呈现"U形"特征。同时，非农业部门比较劳动生产率的变动轨迹呈现"倒U形"特征。

从表3-7及图3-8可以看出，2010～2021年，我国农业产值比重即G_1/G呈下降趋势，农业就业比重即L_1/L也如此，但农业产值比重下降幅度小于农业就业比重下降幅度，B_1稍有波动，但变化不大，即我国城乡经济二元性具有稳态趋势；非农产值比重即G_2/G呈平稳上升趋势，非农就业比重即L_2/L上升速度较快，即非农业产值比重上升幅度小于非农业就业比重上升幅度，B_2趋于变小，表明非农产业吸纳劳动力的能力不断增强，我国城乡经济二元性有变小趋势。综合以上情况，B_2-B_1的差值从2010年的1.63降到2021年的1.23，说明我国城乡经济二元性在新世纪呈现逐步弱化的趋势。

（2）二元对比系数

二元对比系数是建立在比较劳动生产率基础之上的，即第一产业比较劳动生产率与非农产业比较劳动生产率的比率。由于第一产业比较劳动生产率一般小于1，而非农产业比较劳动生产率通常大于1，故二元对比系数理论上处于0～1。该指标与经济结构二元性的强度呈反向变动关系。发达国家二元对比系数一般为0.52～0.86，发展中国家二元对比系数通常为0.31～0.45。

设R_1为二元对比系数，二元对比系数的计算公式为：

$$R_1 = \frac{B_1}{B_2} \tag{3-4}$$

其中，B_1、B_2计算公式同式（3-2）、式（3-3）。

从表3-7及图3-9可以看出，2010～2021年，我国城乡二元对比系数中间虽有小的波动，但总体态势平稳上升，从2010年的0.10上升到2021年的0.14，说明我国城乡二元经济性在变弱，但还远远不够，不仅远远落后于发达国家的0.52～0.86，而且和发展中国家的0.31～0.45也有相当差距。

（3）二元反差系数

二元反差系数，即第一产业的产值比重与劳动力比重之差的绝对值与非农产业的产值比重与劳动力比重之差的绝对值的平均值。二元反差系数理论上也为0～1，与二元对比系数相反，二元反差系数越大，第一产业和非农产业的差距越大，城乡二元经济性越显著；当二元反差系数为0时，二元经济转变为一元经济，二元性消失。

表3-7 我国劳动生产率二元性变动 (2010~2021年)

年份	G_1	G_2	G	G_1/G	G_2/G	L_1	L_2	L	L_1/L	L_2/L	B_1	B_2	B_2-B_1	R_1	R_2
2010	38430.8	373688.5	412119.3	0.09	0.91	67113	66978	134091	0.50	0.50	0.19	1.82	1.63	0.10	0.41
2011	44781.5	443158.7	487940.2	0.09	0.91	64989	69927	134916	0.48	0.52	0.19	1.75	1.56	0.11	0.39
2012	49084.6	489495.4	538580.0	0.09	0.91	63747	72175	135922	0.47	0.53	0.19	1.71	1.52	0.11	0.38
2013	53028.1	539935.1	592963.2	0.09	0.91	62224	74502	136726	0.46	0.54	0.20	1.67	1.47	0.12	0.37
2014	55626.3	587936.8	643563.1	0.09	0.91	60908	76738	137646	0.44	0.56	0.20	1.64	1.44	0.12	0.36
2015	57774.6	631083.6	688858.2	0.08	0.92	59024	79302	138326	0.43	0.57	0.20	1.60	1.40	0.12	0.34
2016	60139.2	686255.9	746395.1	0.08	0.92	57308	81924	139232	0.41	0.59	0.20	1.56	1.37	0.13	0.33
2017	62099.5	769936.4	832035.9	0.07	0.93	55668	84343	140011	0.40	0.60	0.19	1.54	1.35	0.12	0.32
2018	64745.2	854535.9	919281.1	0.07	0.93	54108	86433	140541	0.38	0.62	0.18	1.51	1.33	0.12	0.31
2019	70473.6	916041.6	986515.2	0.07	0.93	52582	88426	141008	0.37	0.63	0.19	1.48	1.29	0.13	0.30
2020	78030.9	935536.1	1013567.0	0.08	0.92	50992	90220	141212	0.36	0.64	0.21	1.44	1.23	0.15	0.28
2021	83085.5	1060584.2	1143669.7	0.07	0.93	49835	91425	141260	0.35	0.65	0.21	1.43	1.23	0.14	0.28

注: GDP单位: 亿元; 劳动力单位: 万人。

资料来源: 根据《中国统计年鉴 (2011~2022) 》计算整理。

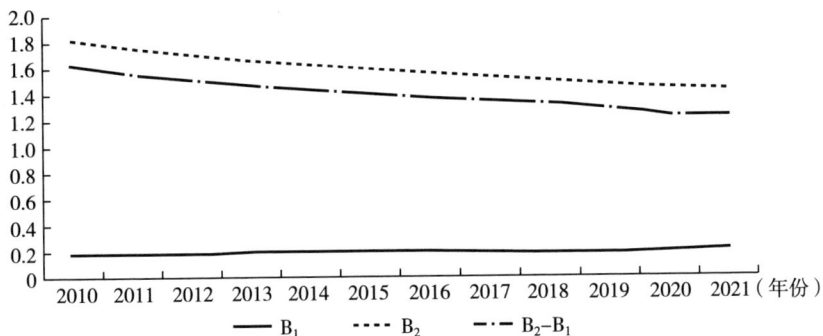

图 3-8　我国比较劳动生产率变化趋势（2010~2021 年）

二元反差系数的计算公式为：

$$R_2 = \frac{1}{2} \times \left(\left| \frac{G_1}{G} - \frac{L_1}{L} \right| + \left| \frac{G_2}{G} - \frac{L_2}{L} \right| \right) \tag{3-5}$$

从表 3-7 及图 3-9 可以看出，2010~2021 年，我国城乡经济二元反差系数一直趋于下降，从 2010 年的 0.41 下降到 2021 年的 0.28，说明我国城乡经济二元性趋于变弱。

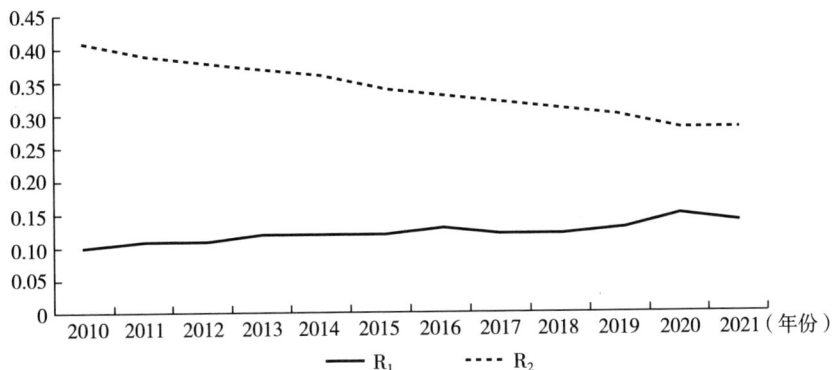

图 3-9　我国二元对比系数、二元反差系数变化趋势（2010~2021 年）

我国城乡二元结构依然严重，第三产业发展缓慢。在当今社会逐步向知识经济社会过渡的时期，我国经济发展要善于利用知识经济所带来的信息、技术、市场能量，不断加强生态产业和知识经济的发展，逐步改进城乡二元化结构，加快城镇化的进程。

4 城镇化高质量发展水平测度

城镇化是推动经济高质量发展的强大引擎和推进乡村振兴的必然路径。2021年，我国城镇化率已达64.72%。但是，以盲目扩大城市建成区规模和超大人口迁移规模为特征的传统城镇化发展模式，导致了非农空间无序扩张、生态环境持续恶化、城乡区域经济发展失衡等问题。"十四五"时期，我国将全面提升城镇化发展质量，创新发展释放强劲动能、协调发展补足短板、绿色发展促进人与自然和谐共生、开放发展实现互利共赢、共享发展增进人民福祉。

学界关于城镇化高质量发展的研究主要集中在城镇化高质量发展内涵①②、战略意义③④、制约因素⑤⑥、水平测度⑦⑧及推进路径⑨⑩等方面。城镇化高质量发展必须统筹城乡、区域协调发展，推进城乡空间融合和区域一体化，以解决空间发展失衡的问题。笔者研究融合新发展理念构建指标评价体系，对我国城镇化高质量发展指数进行测度，借助 ArcGIS、GeoDa 软件对城镇化发展水平进行空间

① 李琪．高质量发展阶段城镇化建设的重点及策略［J］．社会科学战线，2020（11）：251-256.
② 方创琳．中国新型城镇化高质量发展的规律性与重点方向［J］．地理研究，2019，38（01）：13-22.
③ 陈迪宇，王政，张金萍．更好发挥城镇化对高质量发展的支撑作用［J］．宏观经济管理，2020（09）：12-14.
④ 姜安印，杨志良．新型城镇化建设与城市经济高质量增长——基于双重差分法的实证分析［J］．经济问题探索，2020（03）：84-99.
⑤ 王耀，何泽军，安琪．县域城镇化高质量发展的制约与突破［J］．中州学刊，2018（08）：31-36.
⑥ 段禄峰，岳路．新型城镇化发展空间测度分析［J］．城市，2021（11）：17-25.
⑦ 丁文珺，张铮．新形势下湖北省城镇化高质量发展综合测度及演进策略［J］．湖北社会科学，2021（01）：66-79.
⑧ 苏红键．城镇化质量评价与高质量城镇化的推进方略［J］．改革，2021（01）：134-145.
⑨ 郭文伟，周媛．土地财政会促进经济高质量发展吗？——基于城镇化和产业结构升级的中介效应视角［J］．南方金融，2020（10）：28-39.
⑩ 杨增凡．推动城镇化高质量发展的策略研究［J］．中州学刊，2018（08）：44-46.

解读，构建基于地域实际的城镇化高质量发展动力机制，以期为促进我国城镇化高质量发展提供数据和理论支撑。

4.1 城镇化高质量发展测度指标体系构建

4.1.1 指标体系层次结构

城镇化高质量发展应秉持创新、协调、绿色、开放、共享五大发展理念，注重城乡居民主体性及区域协调发展，推进农民市民化和城乡公共服务均等化，为经济可持续发展注入强劲动力。笔者在系统梳理相关文献的基础上，结合经济高质量发展内涵及《国家新型城镇化规划（2014—2022 年）》发展目标，基于系统性、客观性、可比性和代表性等原则，将城镇化高质量发展指数测度指标体系分为目标层、准则层和指标层三个层次（见表4-1）。

表 4-1　城镇化高质量发展指数测度指标体系及权重

目标层	准则层（权重）	指标层（单位）	W_j	指标类型
城镇化高质量发展指数	经济发展（0.1317）	第三产业产值比重（%）	0.0363	正向
		城乡居民人均可支配收入（元）	0.0389	正向
		全社会固定资产投资（亿元）	0.0316	正向
		商品零售价格指数（%）	0.0132	负向
		居民消费价格指数（%）	0.0117	负向
	创新（0.2328）	每十万人口普通高等教育在校生人数（%）	0.0168	正向
		技术市场交易额（亿元）	0.0859	正向
		专利申请授权量（件）	0.0674	正向
		规模以上工业企业研究与实验发展（R&D）经费支出（万元）	0.0627	正向
	协调（0.0765）	农村居民与城镇居民人均可支配收入比（/）	0.0159	正向
		城乡恩格尔系数比（/）	0.0092	正向
		城镇居民最低生活保障人数比例（%）	0.0133	负向
		农村居民最低生活保障人数比例（%）	0.0098	负向

续表

目标层	准则层（权重）	指标层（单位）	W_j	指标类型
城镇化高质量发展指数	协调 （0.0765）	城镇化率（%）	0.0099	正向
		城镇登记失业率（%）	0.0184	负向
	绿色 （0.1008）	单位生产总值能耗（吨标准煤/万元）	0.0048	负向
		人均公园绿地面积（平方米/人）	0.0143	正向
		建成区绿化覆盖率（%）	0.0128	正向
		生活垃圾无害化处理率（%）	0.0069	正向
		城市污水日处理能力（万立方米）	0.0348	正向
		单位工业产值主要废气污染物排放量（吨/万元）	0.0083	负向
		空气质量优良天数比例（%）	0.0189	正向
	开放 （0.2618）	外商投资总额（亿美元）	0.0771	正向
		货物进出口总额（万美元）	0.0905	正向
		对外承包工程合同金额（万美元）	0.0942	正向
	共享 （0.1964）	每万人拥有卫生技术人员数（人）	0.0217	正向
		广播、电视覆盖率（%）	0.0063	正向
		人均拥有公共图书馆藏书量（册）	0.0469	正向
		每万人拥有公共交通车辆（标台）	0.0230	正向
		城乡居民基本医疗保险普及率（%）	0.0272	正向
		城乡居民失业保险普及率（%）	0.0478	正向
		城乡居民基本养老保险普及率（%）	0.0121	正向
		一般服务支出在地方财政支出中的占比（/）	0.0114	正向

4.1.2　指标体系内容描述

（1）经济发展

经济发展指标层分析城镇化与经济耦合发展空间特征，探寻城镇化高质量发展重心，构建区域协调发展机制。在城镇化高质量发展阶段，第三产业将成为驱动城镇化发展的主要动力；城乡居民人均可支配收入体现经济成果惠民程度；全社会固定资产投资情况表明投资结构改善程度；商品零售价格指数、居民消费价格指数代表经济增长稳定程度。

（2）创新

城镇化高质量发展应响应供给侧结构性改革，通过科技创新提升要素投入产出率和生态效益。该指标层包括每十万人口普通高等教育在校生人数、技术市场交易额、专利申请授权量、规模以上工业企业研究与实验发展（R&D）经费支出。

（3）协调

减少城乡收入差距是解决我国不平衡不充分发展问题的关键。"十四五"时期，我国将继续加快城乡融合步伐，有序推进农民市民化，逐步打破城乡二元结构①。该指标层包括农村居民与城镇居民人均可支配收入比、城乡恩格尔系数比、城镇居民最低生活保障人数比例、农村居民最低生活保障人数比例、城镇化率和城镇登记失业率。

（4）绿色

生态文明建设是关系中华民族永续发展的千年大计。绿色发展要求降低能耗、加强生态基础设施建设、践行低碳环保生产生活模式等。该指标层包括单位生产总值能耗、人均公园绿地面积、建成区绿化覆盖率、生活垃圾无害化处理率、城市污水日处理能力、单位工业产值主要废气污染物排放量和空气质量优良天数比例。

（5）开放

经济全球化推动对外开放和合作共赢发展。该指标层包括外商投资总额、货物进出口总额和对外承包工程合同金额。

（6）共享

城镇化高质量发展应坚持"以人为本"，确保发展成果惠及城乡居民，不断提高人们生活水平和幸福感。因此，顶层设计要优化地方财政支出结构，推进城乡公共服务均等化。该指标层包括每万人拥有卫生技术人员数、广播及电视覆盖率、人均拥有公共图书馆藏书量、每万人拥有公共交通车辆、城乡居民基本医疗保险普及率、城乡居民失业保险普及率、城乡居民基本养老保险普及率和一般服务支出在地方财政支出中的占比。

---

① 郭武轲. 河南省新型城镇化与农民收入增长关系研究［J］. 中国农业资源与区划，2021，42（01）：239-247.

4.2 城镇化高质量发展指数测度

4.2.1 权重量化方法

运用改进的熵值法确定准则层及指标层权重，可反映多指标变量信息，避免主观赋权法中的随机性。假设对 m 个评价对象的 n 项指标进行综合评价，$X = (x_{ij})_{m×n}$，其中：X 表示由 m 个省（区、市）、n 项指标构成的评价矩阵；x_{ij} 表示 i 省（区、市）的第 j 项指标值；$i = 1，2，\cdots，m$；$j = 1，2，\cdots，n$；m 为省（区、市）的数量，n 为指标数。改进熵值法计算过程如下：

（1）原始数据标准化处理

当评价指标为正向指标时：

$$x'_{ij} = \frac{x_{ij} - \min(x_{ij})}{\max(x_{ij}) - \min(x_{ij})} \qquad (4-1)$$

当评价指标为负向指标时：

$$x'_{ij} = \frac{\min(x_{ij}) - x_{ij}}{\max(x_{ij}) - \min(x_{ij})} \qquad (4-2)$$

式（4-1）及式（4-2）中，x_{ij} 表示第 i 个省（市、区）第 j 项指标的实际值，x'_{ij} 表示其标准化值；$\max(x_{ij})$ 和 $\min(x_{ij})$ 分别表示所有参评省（区、市）中第 j 项指标的最大值和最小值。

（2）计算第 j 项指标的熵值 e_j

$$e_j = -k \sum_{i=1}^{m} p_{ij} \ln(p_{ij}) \qquad (4-3)$$

其中，$p_{ij} = \dfrac{x'_{ij}}{\sum\limits_{i=1}^{m} x'_{ij}}$，$k = 1/\ln m$。

（3）计算 i 省（区、市）第 j 项指标的权重 w_j

$$w_j = \frac{1 - e_j}{\sum\limits_{j=1}^{n} 1 - e_j} \qquad (4-4)$$

通过计算，所有指标权重如表 4-1 所示。

4.2.2　综合得分合成

采用线性加权和法计算城镇化高质量发展指数，即：

$$F_i = \sum_{j=1}^{n} w_j p_{ij}(i = 1, 2, 3, \cdots, 31; j = 1, 2, 3, \cdots, 33) \qquad (4-5)$$

式（4-5）中，F_i 为 i 省（区、市）城镇化高质量发展指数综合得分，p_{ij} 为 i 省（区、市）占第 j 项指标的比重。通过加权合成得到 2014~2021 年 31 个省（区、市）及东部地区、东北地区、中部地区和西部地区城镇化高质量发展指数及平均发展指数（见表 4-2）。

表 4-2　不同区域城镇化高质量发展指数（2014~2021 年）

地区	省（区、市）	年份								平均指数	排名
		2014	2015	2016	2017	2018	2019	2020	2021		
东部	北京	0.1039	0.1441	0.0954	0.0998	0.0890	0.0876	0.0867	0.0769	0.0979	1
	广东	0.0924	0.0890	0.0913	0.1098	0.1045	0.1021	0.0955	0.0974	0.0978	2
	江苏	0.0855	0.0741	0.0753	0.0797	0.0798	0.0778	0.0776	0.0789	0.0786	3
	上海	0.0793	0.0679	0.0725	0.0748	0.0743	0.0710	0.0723	0.0738	0.0732	4
	浙江	0.0614	0.0547	0.0562	0.0601	0.0606	0.0638	0.0633	0.0586	0.0598	5
	山东	0.0504	0.0474	0.0501	0.0515	0.0507	0.0474	0.0482	0.0500	0.0495	6
	天津	0.0388	0.0365	0.0355	0.0381	0.0347	0.0563	0.0534	0.0367	0.0413	8
	福建	0.0297	0.0274	0.0276	0.0323	0.0338	0.0333	0.0345	0.0302	0.0311	10
	河北	0.0196	0.0181	0.0211	0.0212	0.0223	0.0233	0.0234	0.0205	0.0212	18
	海南	0.0171	0.0169	0.0168	0.0169	0.0189	0.0181	0.0182	0.0173	0.0175	21
	均值	0.0578	0.0576	0.0542	0.0584	0.0569	0.0581	0.0573	0.0540	0.0568	
中部	湖北	0.0380	0.0332	0.0354	0.0380	0.0360	0.0287	0.0298	0.0361	0.0344	9
	湖南	0.0221	0.0203	0.0212	0.0248	0.0261	0.0288	0.0299	0.0229	0.0245	14
	安徽	0.0235	0.0214	0.0216	0.0223	0.0252	0.0244	0.0234	0.0228	0.0231	15
	河南	0.0211	0.0196	0.0212	0.0242	0.0247	0.0254	0.0251	0.0222	0.0229	16
	江西	0.0181	0.0164	0.0175	0.0185	0.0200	0.0197	0.0185	0.0181	0.0184	20
	山西	0.0149	0.0149	0.0143	0.0150	0.0159	0.0154	0.0158	0.0150	0.0152	25
	均值	0.0230	0.0210	0.0219	0.0238	0.0247	0.0237	0.0238	0.0228	0.0231	

地区	省（区、市）	年份								平均指数	排名
		2014	2015	2016	2017	2018	2019	2020	2021		
西部	陕西	0.0277	0.0779	0.1006	0.0276	0.0258	0.0228	0.0221	0.0519	0.0446	7
	四川	0.0247	0.0232	0.0238	0.0283	0.0325	0.0298	0.0285	0.0265	0.0272	12
	重庆	0.0296	0.0235	0.0241	0.0238	0.0255	0.0233	0.0224	0.0253	0.0247	13
	广西	0.0154	0.0139	0.0151	0.0184	0.0183	0.0198	0.0210	0.0162	0.0173	22
	宁夏	0.0182	0.0158	0.0151	0.0158	0.0139	0.0154	0.0146	0.0158	0.0156	24
	新疆	0.0146	0.0147	0.0140	0.0132	0.0143	0.0146	0.0149	0.0142	0.0143	26
	云南	0.0137	0.0117	0.0123	0.0148	0.0157	0.0148	0.0156	0.0136	0.0140	27
	甘肃	0.0125	0.0116	0.0122	0.0131	0.0125	0.0114	0.0135	0.0124	0.0124	28
	贵州	0.0106	0.0110	0.0109	0.0116	0.0148	0.0137	0.0144	0.0118	0.0123	29
	青海	0.0107	0.0097	0.0101	0.0124	0.0107	0.0110	0.0120	0.0107	0.0109	30
	西藏	0.0174	0.0084	0.0071	0.0083	0.0103	0.0110	0.0110	0.0103	0.0105	31
	内蒙古	0.0165	0.0139	0.0149	0.0165	0.0164	0.0369	0.0357	0.0156	0.0208	19
	均值	0.0176	0.0196	0.0217	0.0170	0.0176	0.0187	0.0188	0.0187	0.0187	
东北	辽宁	0.0335	0.0288	0.0278	0.0306	0.0292	0.0276	0.0269	0.0300	0.0293	11
	黑龙江	0.0220	0.0191	0.0194	0.0218	0.0187	0.0275	0.0281	0.0202	0.0221	17
	吉林	0.0170	0.0146	0.0154	0.0170	0.0176	0.0162	0.0172	0.0163	0.0164	23
	均值	0.0242	0.0208	0.0209	0.0231	0.0218	0.0238	0.0241	0.0222	0.0226	

资料来源：《中国统计年鉴》（2015~2022年）、《中国城市统计年鉴》（2015~2022年）、2015~2022年各省（区、市）统计年鉴、2014~2022年各省（区、市）政府工作报告、各大门户网站数据；排名以平均指数数据为依据。

4.2.3 城镇化高质量发展指数时空演变特征

①东部地区。北京、广东、江苏、上海、浙江、山东、天津和福建的城镇化高质量发展平均指数位居全国前列；河北的城镇化高质量发展平均指数位于全国中间位置；海南的城镇化高质量发展平均指数排在第21位，发展相对滞后。总体而言，东部地区是我国城镇化高质量发展指数最高的地区，但区域内部发展差距较大；2014~2021年，东部地区城镇化高质量发展指数的均值并未明显提升。②中部地区。湖北的城镇化高质量发展平均指数排在全国第9位；湖南、安徽、河南、内蒙古和江西的城镇化高质量发展平均指数位于全国中间位置；山西的城

镇化高质量发展较为滞后。总体而言，中部地区城镇化高质量发展水平排在全国中间位置，省际差异较小，区域内部发展较均衡；2014~2021年，中部地区城镇化高质量发展指数有所提升，发展潜力较大。③西部地区。陕西的城镇化高质量发展平均指数排在全国第7位；四川、重庆的城镇化高质量发展平均指数位于全国中间位置；广西、宁夏、新疆、云南、甘肃、贵州、青海、西藏的城镇化高质量发展平均指数较为滞后。总体而言，西部地区城镇化高质量发展水平较为落后，区域内部发展差异较明显；2014~2021年，西部地区城镇化高质量发展指数呈现曲折向上发展趋势。④东北地区。辽宁、黑龙江的城镇化高质量发展平均指数位于全国中间位置，吉林城镇化高质量发展较为滞后。总体而言，2014~2021年，东北地区城镇化高质量发展指数呈现平稳趋势，有较大发展潜力。

为进一步直观显示发展差异，借助 ArcGIS10.6 分析软件区域分级显示功能，采用自然间断点分级法，城镇化高质量发展指数空间以指数值分为最高等级（0.079749 ~ 0.144127）、较高等级（0.038111 ~ 0.079748）、中等等级（0.024790 ~ 0.038110）、较低等级（0.016998 ~ 0.024789）和最低等级（0.000000~0.016997）5个等级。城镇化高质量发展指数总体呈现东高西低的特征，东部地区遥遥领先、中部地区日益崛起、西部地区发展缓慢、东北地区较为稳定，整体发展趋势较稳定（见表4-3）。

表4-3　城镇化高质量发展指数空间分布（2014~2021年）

年份	最高等级	较高等级	中等等级	较低等级	最低等级
2014	北京、广东、江苏	上海、浙江、山东、天津	湖北、辽宁、福建、重庆、陕西	四川、安徽、湖南、黑龙江、河南、河北、宁夏、江西、西藏、海南、吉林	内蒙古、广西、山西、新疆、云南、甘肃、青海、贵州
2015	北京、广东	陕西、江苏、上海、浙江、山东	天津、湖北、辽宁、福建	重庆、四川、安徽、湖南、河南、黑龙江、河北	海南、江西、宁夏、山西、新疆、吉林、内蒙古、广西、云南、甘肃、贵州、青海、西藏
2016	陕西、北京、广东	江苏、上海、浙江、山东	天津、湖北、辽宁、福建	重庆、四川、安徽、湖南、河南、河北、黑龙江、江西	海南、吉林、宁夏、广西、内蒙古、山西、新疆、云南、甘肃、贵州、青海、西藏

续表

年份	最高等级	较高等级	中等等级	较低等级	最低等级
2017	北京、广东	江苏、上海、浙江、山东	天津、湖北、福建、辽宁、四川、陕西、湖南	河南、重庆、安徽、黑龙江、河北、江西、广西、吉林	海南、内蒙古、宁夏、山西、云南、新疆、甘肃、青海、贵州、西藏
2018	广东、北京、江苏	上海、浙江、山东	湖北、天津、福建、四川、辽宁、湖南、陕西、重庆、安徽	河南、河北、江西、海南、黑龙江、广西、吉林	内蒙古、山西、云南、贵州、新疆、宁夏、甘肃、青海、西藏
2019	北京、广东	江苏、上海、浙江、山东、陕西、天津	湖北、福建、辽宁、四川、重庆	湖南、安徽、河南、黑龙江、河北、内蒙古、江西、海南	广西、吉林、宁夏、山西、新疆、云南、甘肃、贵州、青海、西藏
2020	北京、广东、江苏	上海、浙江、山东、天津	湖北、辽宁、福建、重庆、陕西	四川、安徽、湖南、黑龙江、河南、河北、宁夏、江西、西藏、海南、吉林	内蒙古、广西、山西、新疆、云南、甘肃、青海、贵州
2021	广东、北京、江苏	上海、浙江、山东	湖北、天津、福建、四川、辽宁、湖南、陕西、重庆、安徽	河南、河北、江西、海南、黑龙江、广西、吉林	内蒙古、山西、云南、贵州、新疆、宁夏、甘肃、青海、西藏

4.3 城镇化高质量发展动力机制研判

4.3.1 城镇化高质量发展动力机制体系构建

为促进区域协调发展、要素合理流动和高效集聚，必须加快构建城镇化高质量发展动力系统。笔者以城镇化高质量发展的市场"自下而上"的诱致性动力（产业发展动力、市场环境动力及外向经济动力）和政府"自上而下"的强制性动力（政府行政动力）为依据[1][2]，构建城镇化高质量发展的动力机制体系。一级指标包括：X_1 是产业发展动力，产业发展是城镇化高质量发展的基础动力，而其中非农产业发展是城镇化高质量发展的核心动力；X_2 是市场环境动力，城镇化高质量发展需要市场在资源配置中起决定作用；X_3 是外向经济动力，积极参与国际分工才能推动城镇化高质量发展；X_4 是政府行政动力，增强政府宏观调控能力，以"自上而下"的方式提高城镇化高质量发展的科学性（见表4-4）。

表 4-4　城镇化高质量发展动力机制体系及权重

	一级指标	二级指标	w_j	指标类型
城镇化高质量发展动力机制	产业发展动力	农业劳动生产率（万元/人）	0.0577	正向
		工业化率（%）	0.0241	正向
		地均工业增加值（万元/平方米）	0.0489	正向
		第三产业劳动生产率（万元/人）	0.0639	正向
		第三产业产值占比（/）	0.0929	正向
	市场环境动力	人均社会消费品零售额（元）	0.0875	正向
		私营全社会固定资产投资占比（/）	0.0362	正向
		私营企业和个体就业人员数占比（/）	0.0699	正向
	外向经济动力	外商投资全社会固定资产投资占比（/）	0.1130	正向
		外贸依存度（%）	0.1379	正向
		互联网宽带接入用户（万户）	0.0729	正向
	政府行政动力	地方财政一般预算支出占比（/）	0.1240	正向
		国有全社会固定资产投资占比（/）	0.0711	正向

资料来源：《中国统计年鉴》（2015～2022年）、2015～2022年各省（区、市）统计年鉴、2014～2022年各省（区、市）政府工作报告、各大门户网站。

4.3.2　城镇化高质量发展动力机制模型构建

以 2014～2022 年 31 个省（区、市）的面板数据为依据，对二级指标采取无量纲化的标准化处理；运用改进的熵值法推导二级指标的权重 w_j（见表4-4），

---

① 钟秀明. 推进城市化的动力机制研究 [J]. 山西财经大学学报，2004（04）：60-62.
② 涂正革，叶航，谌仁俊. 中国城镇化的动力机制及其发展模式 [J]. 华中师范大学学报（人文社会科学版），2016，55（05）：44-54.

采取加权求和法得出一级指标权重；以一级指标权重值为基础进行因子分析。

采用 KMO 检验和巴特利特球形检验对一级指标相关性进行检验，得出全国、东部地区、中部地区、西部地区和东北地区的 KMO 值，分别为 0.785、0.517、0.584、0.518 和 0.565，均大于 0.5；除中部地区巴特利特球形检验相伴概率为 0.085（大于 0.05）外，其余地区巴特利特球形检验相伴概率均小于 0.05，表明所选取指标适合做因子分析。运用统计产品与服务解决方案软件（SPSS），采取主成分分析法对各项一级指标进行因子分析，依据主成分载荷矩阵计算主成分系数，建立全国、东部地区、中部地区、西部地区和东北地区城镇化高质量发展的动力机制函数：

$$Urban_{全国} = 0.1070ZX_1 + 0.2145ZX_2 + 0.4562ZX_3 - 0.3107XZ_4 \qquad (4-6)$$

$$Urban_{东部} = 0.1161ZX_1 + 0.1818ZX_2 + 0.3157ZX_3 + 0.1134XZ_4 \qquad (4-7)$$

$$Urban_{中部} = 0.0944ZX_1 + 0.0514ZX_2 - 0.2447ZX_3 + 0.5491XZ_4 \qquad (4-8)$$

$$Urban_{西部} = 0.1002ZX_1 + 0.1810ZX_2 + 0.2711ZX_3 - 0.4305XZ_4 \qquad (4-9)$$

$$Urban_{东北} = 0.1073ZX_1 + 0.1736ZX_2 + 0.2655ZX_3 - 0.3261XZ_4 \qquad (4-10)$$

4.3.3 城镇化高质量发展动力机制分析

（1）全国范围

全国范围产业发展动力、市场环境动力、外向经济动力及政府行政动力的主成分得分系数别为 0.107、0.2145、0.4562 及 -0.3107，表明产业发展动力、市场环境动力与外向经济动力对我国城镇化高质量发展产生正向影响，而政府行政动力对我国城镇化高质量发展产生负向影响。一是产业发展动力。我国不仅是农产品生产大国，而且是农产品进口大国，较大的人口基数加上尚未形成产业集约化、规模化的农业经营模式，造成农业供给侧出现矛盾，第一产业动力不足。制造业企业则集中在东部沿海地区，中西部地区工业化发展较为落后，工业化发展亟待转型升级。服务业发展仍处于起步阶段，尚未成为驱动城镇化发展的主要力量。二是市场环境动力。改革开放后，我国支持和鼓励非公有制经济发展，城乡居民消费结构改善激发了内需潜力，促进了有效市场机制的形成。三是外向经济动力。我国大力发展对外贸易、积极吸引外商直接投资，经济结构逐渐由封闭型转变为开放型；共建"一带一路"倡议使我国形成陆海内外联动、东西双向互济的开放格局，外部因素的影响逐步提升。四是政府行政动力。随着城镇化由重视发展速度向重视发展质量推进，政府面临发展规划能力、资源整合能力、公共服务能力、风险防控能力及责任控制能力等的考验和挑战，亟待加强整合。

（2）东部地区

东部地区产业发展动力、市场环境动力、外向经济动力及政府行政动力的主成分得分系数分别为 0.1161、0.1818、0.3157 及 0.1134，表明外向经济动力、市场环境动力、产业发展动力及政府行政动力对东部地区城镇化高质量发展均产生正向影响。一是产业发展动力。东部地区是我国工业化程度和区域经济集聚程度最高的地区。外资推动第二产业、第三产业迅速发展，进而吸纳大量劳动力，地理和人才优势集聚推动高端制造业及重化工业快速发展。二是市场环境动力。消费结构改善是城镇化高质量发展的内驱动力，产业体系完善、就业水平提升促进了东部地区居民消费结构升级；资本市场供给能力是城镇化高质量发展的内生潜力，东部地区是我国上市公司数量最多、市值最高、融资规模最大的地区。三是外向经济动力。作为对外开放的窗口，东部地区已建立了五大综合性经济特区、2 个新区、15 个出口加工区、9 个综合保税区，形成了珠江三角洲、长江三角洲、粤港澳大湾区城市群等，外向经济动力成为推动东部地区城镇化高质量发展的主要动力。四是政府行政动力。东部地区依靠自身区位优势及改革开放先发优势，公共投资的资金管理水平较高，资源要素配置、运用合理，使东部地区政府公共投资规模效率在全国处于领先地位。

（3）中部地区

中部地区产业发展动力、市场环境动力、外向经济动力及政府行政动力的主成分得分系数分别为 0.0944、0.0514、−0.2447 及 0.5491，表明产业发展动力、市场环境动力及政府行政动力对中部地区城镇化高质量发展产生正向影响，而外向经济动力对中部地区城镇化高质量发展产生负向影响。一是产业发展动力。中部地区是我国粮食生产基地，而工业化进程又加速了人口向东部地区转移，缺少人口、土地要素的支撑导致工业产业动力不足，服务业发展也较为滞后。产业发展动力难以成为中部地区城镇化高质量发展的主要力量。二是市场环境动力。中部地区缺少为众多中小企业提供融资服务的区域性资本市场，制约了中小企业发展和"中部崛起"战略的推进。三是外向经济动力。中部地区对外开放基础薄弱，开放型经济发展处于较低水平，开放不足成为制约城镇化高质量发展的短板。四是政府行政动力。为缩小区域差距，"中部崛起"规划致力于将中部地区建设成为全国新型城镇化重点区，奠定中部地区"三个基地、一个枢纽"地位，政府行政动力成为影响中部地区城镇化高质量发展的主要动力。

（4）西部地区

西部地区产业发展动力、市场环境动力、外向经济动力及政府行政动力的主成分得分系数分别为 0.1002、0.1810、0.2711 及 -0.4305，表明外向经济动力、市场环境动力及产业发展动力对西部地区城镇化高质量发展产生正向影响，而政府行政动力产生负向影响。一是产业发展动力。西部地区农业及畜牧业相对较发达，受地理因素限制，多数省（区、市）难以形成农业产业集群，农业产业总体效率较低，工业及服务业发展速度较慢，产业发展动力对城镇化影响最弱。二是市场环境动力。西部资本市场发展严重滞后，资本积累严重不足，因而市场环境动力对城镇化影响作用较弱。三是外向经济动力。共建"一带一路"倡议使西部地区成为我国与欧洲、中亚、西亚及中南半岛联系的重要枢纽，我国扩大对外投资，并积极承接相关国家服务外贸合同，提高了进出口贸易额，外向动力成为影响西部地区城镇化高质量发展的主导力量。四是政府行政动力。西部地区大多采取"自上而下"模式推动城镇化发展，政府行政动力差距较大。①

（5）东北地区

东北地区产业发展动力、市场环境动力、外向经济动力及政府行政动力的主成分得分系数分别为 0.1073、0.1736、0.2655 及 -0.3261，表明外向经济动力、市场环境动力及产业发展动力对东北地区城镇化高质量发展产生正向影响，而政府行政动力产生负向影响。一是产业发展动力。东北地区拥有雄厚的工业基础、丰富多元的自然资源和创新资源优势，但是经济发展活力不足，缺乏新产业、新业态、新模式与市场有效结合的机制，导致部分地区产业结构单一，经济发展水平相对滞后。二是市场环境动力。东北地区市场经济活力不足，国有经济现代企业制度不健全，民营经济发展缓慢，是东北经济发展面临的主要问题。三是外向环境动力。东北地区位于东北亚的中心地带，有着与俄、日、韩、蒙等国开展经济合作的天然区位优势。我国将东北三省定位为向北开放的重要窗口，以东北为重心，打造陆上丝绸之路北线——"珲春—吉林—长春—满洲里—俄罗斯—欧洲"，这为东北外向型经济发展注入巨大动力。四是政府行政动力。简政放权不到位，行政效率低，个别部门"错位""越位""缺位"问题较重。

---

① 傅琼. 试论我国西部城镇化进程中地方政府的作用 [J]. 农村经济，2004（04）：83-85.

5 城镇化高质量发展战略导向

5.1 *动力机制研判*

5.1.1 经济发展

只有国民财富增加，城乡协调发展、农民市民化才具有前提和基础。中国既要加快经济发展速度，又要注重提高增长的质量和效益；实现经济建设由以铺新摊子、上新项目为主，逐步转向以调结构、注质量、提效益为主；着力发展先进制造业和现代服务业，实现工业反哺农业、城市支持农村。"三权分置"改革纠正了农业土地资源扭曲配置，为城市投资者到乡村创办特色农业企业提供了较为可行的土地支持，为解决农业产业结构落后、土地经营权流转不合理等问题提供了现实路径。[①] 促进经济增长的主导动力是技术进步，而不是传统经济增长论所说的投资，创新能力决定经济弹性与活力。我国市场经济体制不断完善，依靠政府主导的经济发展政策效应接近尾声，技术进步推动城市经济增长方式趋同，技术效率空间正相关性成为城市经济增长方式的主导作用因素。[②] 我国综合科研能力不断增强，但科研转化能力不强、对外开放程度不足，极大地影响了经济的高

---

① 陈建华，刘福健，顾鹏. 基于"三权分置"的"城市反哺农村"发展模式［J］. 深圳大学学报（人文社会科学版），2017，34（05）：86-92.

② 赵文军，葛纯宝. 我国经济增长方式变化特征及其成因——基于248个地级以上城市的实证分析［J］. 财贸研究，2019，30（11）：14-25.

质量发展。因此，我国应把注意力从注重商业周期转向重视教育、新技术开发及贸易改革方面，在保持固定资产投资持续增长、努力扩大消费需求的基础上，积极开展对外出口，使投资、消费、出口"三驾马车"齐头并进，农业、工业、服务业协调发展，共同拉动经济增长；增强自主创新能力，更多地依靠人力资本和技术进步而不是依靠资金、资源投入和简单劳动支撑推动经济发展，促进科技资源高效配置和综合集成，实现科技和经济紧密结合；大力发展循环经济，改变资源→产品→废物的简单线形循环流程，推进国民经济和社会信息化、数字化，把经济增长转到依靠科技、优化结构、提高效益、降低消耗上来。

5.1.2 制度创新

（1）制度的路径依赖性

制度具有路径依赖性，一旦形成就会沿着一条固定轨迹深化下去，即使有更佳的替代方案，既定的路径也很难改变，即形成一种"不可逆转的自我强化趋向"。著名经济学家缪尔达尔、赫希曼等指出，没有干预的市场机制会出现"循环累计因果效应"，使一个地区获得连续积累的竞争优势，导致贫者越贫、富者越富的"马太效应"，因而市场力量通常倾向于增加而不是减少城乡及区域经济差异。[①] 在外部环境发生较大变化时，制度的稳定演化为制度的僵化，将阻碍经济增长和社会和谐构建。如果存在实现制度创新和制度变迁的潜在收益大于成本，就具备了打破僵硬制度的激励机制。我国农村蕴藏着巨大创造力，是市场经济体制改革的重要动力。党的十一届三中全会以后，我国农村率先改革，形成了以家庭联产承包责任制为基础、统分结合的双层经营体制，极大地解放了农村生产力。[②] 随着国家制度供给方式的不断调整和修正，政府管理经济模式正在发生嬗变——由政府控制经济、政府主导经济加速走向市场诱导经济发展阶段。改革开放的实践证明：制度创新是推动经济社会发展的强力杠杆，是提高行政效率、改善服务质量、增进公共利益的重要手段。但应清醒认识到市场经济发展实践中存在许多问题和障碍，关键领域政府缺位现象仍然存在，成为解决"三农"问题、制约城乡关系改善的"瓶颈"。随着家庭联产承包制内在潜能多年释放，农民收入增长出现长期徘徊局面。特别是1997年后，农民收入增长步伐缓慢，连

---

① ［瑞典］缪尔达尔．经济理论与不发达地区［M］．钟金恩，译．北京：商务印书馆，1957：90.

② 王海南．农村集体经济改革的创新经验与启发——评《新时代农村经济体制的再改革》［J］．中国农业资源与区划，2021，42（10）：18+30.

续多年收入增长率在5%以下，"三权分置"制度改变将成为农民持续增收的又一制度红利。

（2）制度创新推动城镇化发展

通过制度创新完善城镇化发展机制、模式和路径，有助于实现城镇化高质量发展目标。城镇化制度创新包含三层含义：消除城镇化过程中的政策制度障碍；通过合意制度设置激活潜在资源活力；通过新的制度安排弥合城镇化机制的缺失。发达国家城镇化过程也是制度创新的过程：一是消除束缚人身自由的制度、法律、政策障碍；二是在非农产业中采取股份制、在农业中采用圈地运动等扩大土地经营规模；三是通过社会保障制度创新，从人的主体性出发，完善相关制度建设。①

随着城镇化的不断推进，城乡、区域关系由严重失调到逐步协调，但这并非自然而然的过程。在农业社会向工业社会过渡的初中期，由于城市本身的聚集功能和工业较高的比较利益，导致极化效应大于涓滴效应，城乡发展差距不断拉大，城乡二元经济结构向现代经济结构的自然演进极其漫长。因此，一些发达国家在工业化中后期取得一定经济成果后，政府采取干预措施促进城乡关系加速变迁成为必然。城镇化的过程，也是城乡空间融合、乡村振兴和实现共同富裕的过程。我国城乡二元体制的运作逻辑在于，通过户籍制度以及与户籍制度相关的一系列制度安排，在城市和农村之间构筑了一道鸿沟，城乡严重分化、社会阶层固化（见图5-1）。② 在劳动力大规模迁移的同时户籍制度也在缓慢松动，但户籍改革多数局限于县级城市和小城镇，大中城市落户门槛依然很高，城乡二元福利体系仍然没有打破，城乡居民社会福利仍有明显差异，成为广大乡村群众遭受不公正待遇的根源。③

作为区域经济实体和主要制度供给者的地方政府，也是一个有限理性"经济人"，在分权改革后面临着越来越大的区域竞争压力。如果地方政府能够出台反映区域实际的发展政策，就会促进当地经济社会的和谐发展，从而取得良好的制度收益。我国正处在从计划经济体制向市场经济体制、从传统农业社会向现代城市社会转变的双重转型时期，非均衡发展的惯性力量仍在支撑着城乡、区域经济

① 文丰安. 基于共同富裕的新型城镇化之路：重要性、障碍及实现路径［J］. 山东大学学报（哲学社会科学版），2022（06）：1-10.

② 郭东杰. 新中国70年：户籍制度变迁、人口流动与城乡一体化［J］. 浙江社会科学，2019（10）：75-84+158-159.

③ 赵军洁，张晓旭. 中国户籍制度改革：历程回顾、改革估价和趋势判断［J］. 宏观经济研究，2021（09）：125-132+160.

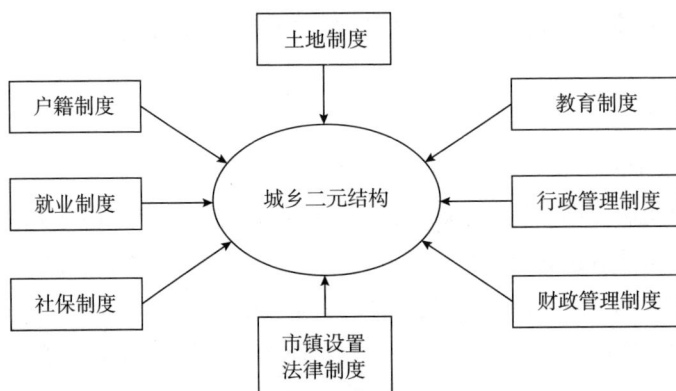

图 5-1　城乡二元制度约束

的持续高位增长，严重失衡的城乡、区域关系大大影响了城镇化的健康发展。因而，进行体制创新，破解城乡二元经济社会结构，推进城乡、区域公平发展，显得尤为重要。这就需要中央采取积极干预政策刺激落后乡村乃至落后城镇地区发展，进一步深化土地"三权分置"制度、户籍管理制度、农村金融体制、社会保障体制改革，填补由各种累积因果循环所造成的经济差距，推进城乡、区域经济公平、持续增长。

5.1.3　技术创新

（1）技术创新引起生产生活方式变革

从农村社会转向城市社会，不只是地域的变迁，更是人们生产、生活方式的变革，是农民阶层分化和城镇化发展的动力。在空间上，技术创新及其应用推广的过程是不平衡的，创新的发源地及首先应用推广的地区，常常获得较大的利益，导致城乡、区域空间结构的进一步不平衡。[①] 计算机技术应用、信息产业、数字经济的发展，使通信、金融、保险、商业、旅游服务、部分制造业等以及公司首脑部门、科研设计部门等对计算技术和数字技术依赖性大的产业向大城市集中，社会经济活动越来越集中在少数大城市，城乡、城镇空间结构开始失衡。大规模的技术创新促使产业结构升级换代，又带来了区域发展差异。由于各地区技术创新和接受技术创新成果扩散的能力不同，一些地区在竞争中失利，成为"危机区"，而另一些地区则获得进一步发展机会，成为"繁荣区"，产业集群的形

---

① 陆大道. 区域发展及其空间结构 [M]. 北京：科学出版社，1998：28-31.

成也趋向于选择在技术创新起源点的邻近区域。其结果是导致人口、资源等在空间上流向"繁荣区",导致"危机区"工厂关闭,税收减少,社会投资和私人投资能力下降,基础设施供应状况恶化,人口失业现象严重。而基础设施供应状况恶化与就业岗位减少,又引起劳动力、资源从"危机区"流入"繁荣区",形成缪尔达尔所描述的"循环累积因果效应",导致"地理上的二元经济结构"。

工业革命时期,新机器的广泛应用,加速了资源开发,导致工厂成倍涌现,大量农村人口向城市转移。随着交通、通信技术的发展和提高,区位因素的作用相对减弱,城市文明的传播得以向更广大、更偏远的农村地区深入,生产、管理、居住在空间上彼此分散化,有力地改变了农村的价值观念和生活方式。

(2)技术创新促进城镇化发展

技术创新深刻改变产业结构和劳动组织结构,进而影响城镇化进程。其一,先进的农业技术。化肥、农药的使用,种子、工具的改良,土壤耕种方式的改进,极大地提高了农业劳动生产率,把农村劳动力从土地上解放出来,推动农民不断向城镇转移,城镇人口迅速增加。其二,便捷的运输技术。先进的运输技术使大量物资流动成为可能,并大幅降低运输成本,对城市郊区化和城镇密集带的出现起着推波助澜作用。在人类历史上,水运先于陆运而得到大规模发展,航海技术的发展使许多国家的人口和经济活动重心由内陆移到沿海地带。我国早期的政治、经济重心在中原地区,自唐朝起海上交通逐渐发达,直接促进东南沿海地区商业、农业和手工业发展;到了北宋时期,全国经济重心已经移到东南沿海地区。现在东南沿海城镇群成为我国经济率先发展和对外开放的典范。

技术创新创造出新的产业,增加就业岗位,推进城镇化进程;技术创新促进传统产业改造,吸纳更多人口,科技创新提高劳动者素质,改善生产的物质技术基础、扩大劳动对象范围、提高管理水平;技术创新也会造成传统产业的衰落,推动一些老城镇衰退;技术创新促进了劳动地域分工,改变劳动力就业的区域结构,形成不同功能结构的城镇。

(3)技术创新推动区域空间平衡发展

城乡一体化的本质特征是城乡之间的密切联系,而密切程度与外围地区的非农化水平直接相关。在传统技术条件下,大部分的非农产业都具有城市区位指向特征,但"二战"以后的技术革命使得这一格局发生了根本性变化。技术创新成果的大规模应用促进了经济发展,导致资本积累不断增多,投资能力不断增强,改变了"城市—工业、乡村—农业"的城乡分工结构。技术创新可以创造新的产品及服务，可以通过提高劳动生产率及各类资源的利用率优化产业结构，并发挥自身溢出效应带动和提升传统产业发展。传统制造业逐步从中心城市向周边地区扩散，中心城市和外围地区建立基于不同技术水平和资源优势的产业关联，通过空间溢出效应影响周边地区经济增长。[①] 与此同时，人们追求清净的环境和安逸的生活，影响经济空间集聚要素的作用下降。交通、通信技术的发展和郊区、乡村基础设施的改善，大大扩展了人类活动的空间尺度，继居住郊区化、工业郊区化后，又出现服务业郊区化、办公室郊区化，城乡一体化倾向更趋显著，城乡、区域空间结构趋于平衡发展。[②]

5.1.4 城乡规划

（1）规划推动发展

规划是政府进行经济调节、推动社会和谐发展的重要手段。城镇与乡村是一个复杂的综合体，为促使其逐步演变成城乡有机结合整体，要改变城乡分割的发展思路，关注全局性、长远性、根本性重大问题，把握城乡经济社会变化发展运动规律，进而做出总体战略性构想。城镇化必须强调在本区范围内经济、社会、生态以及城乡发展的整体性，同时处理好发展中彼此在时空顺序上的关系。随着经济的快速发展，我国城镇化、工业化、信息化、农业产业化加速推进，由此带来了社会的整体变迁，城乡生产、生活和生态空间相互作用日益增强。由于我国经济社会发展尚不发达，以城镇为增长极的极化效应大于涓滴效应，乡村发展的资源如资金、土地和人才等迅速流入城镇和非农产业，造成城镇的相对繁荣和乡村的迅速衰退，城乡发展差距日益拉大。城乡规划是一种区域性的战略思考，一种战略性的空间规划。在我国城乡规划一直被认为是建设规划，也是国民经济计划的落实和具体化，因此城乡规划难以作为综合性的规划而发挥作用。[③] 通过解放思想，打破常规，避免城镇化的教条主义，走出符合本地区实际的城镇化发展道路，实现城镇化的跨越式发展；有利于城镇化的全面系统发展，实现旧城改造与新城建设、经济发展与环境保护、城市文明和城市形象建设的结合，整体提升

---

① 马嫣然，吕寒，蔡建峰. 数字经济、技术创新与区域经济增长 [J]. 统计与决策，2023，39（06）：98-103.

② 洪世键. 大都市区治理 [M]. 南京：东南大学出版社，2009：39-41.

③ 孙施文. 解析中国城市规划：规划范式与中国城市规划发展 [J]. 国际城市规划，2019，34（04）：1-7.

城镇规模和实力，避免单纯的人口进城和形式上的城镇化。

长期以来，我国经济和社会发展一直处于城乡二元结构形态之中。城乡规划的对象主要在城、镇、村，行政上城与乡成为一体。但城市规划理念仍然以城市为中心，按地域尺度规划层次结构，如区域规划、城镇体系规划、城市总体规划、城市分区规划、城市详细规划，缺乏对城乡发展的统筹考虑和城乡空间的协调安排。国土空间规划是将之前分布在不同部门的主体功能区规划、土地利用规划、城乡规划等融为一体，实现"多规合一"。可以根据不同的规划类型和工作内容，区分"点"和"域"的规划，改变传统的"点"对"点"规划。[①] 实施"规划立区"方略，编制我国城镇化发展战略规划，把空间布局和产业布局紧密结合起来，改变城乡空间自发演变状态，使城乡空间演变有序进行，引导产业梯度布局和集群发展，逐步形成分工合理、相互促进、协调发展的区域经济新格局，是适应社会经济变革及其引发的城乡关系转变的客观需要，是解决"三农"问题、构建和谐社会的重要保障，也是落实中央"统筹城乡经济社会发展"方针的重要措施。我国应通过城镇资产经营，实现资产的增值和扩张。把"资本运营"引进城镇建设中，通过盘活存量，扩大增量，实现城镇资产增值，其中，经营城镇土地是基础，也是资本积累的"第一桶金"。通过经营城镇环境，实现环境增值；营造便捷的交通环境，高品位的广场、公园，发达的公益事业，完善的市场等新的城区环境，带动房地产增值，实现经济效益、社会效益和环境效益的同步提高；通过经营有收益的城镇市政设施，实现社会公益事业的市场化发展，既通过市政设施经营，培育新的城镇产业，增加城镇就业机会，又通过经营权拍卖出让等手段收回投资，形成新的投资能力。通过不断完善区域激励政策，促进生产要素合理有序流动，引导市场主体自觉地按照主体功能定位从事开发建设活动，推动主体功能区的形成；强化规划管理、执行和监督机制，对不符合规划的项目，不批准、不供地，违反规划的坚决查处，切实维护规划的严肃性、权威性和约束力。

（2）构建城乡体系

要实现城乡经济社会一体化，促进城乡共同富裕，必须构建合理的城乡体系，让城乡资源要素流畅流通，产业联系更加紧密，实现互通有无、共享发展成果。[②] 城乡体系规划涉及"三生空间"，即"生活空间、生态空间、生产空间"，

① 孙施文. 从城乡规划到国土空间规划 [J]. 城市规划学刊, 2020（04）：11-17.
② 许彩玲、李建建. 城乡融合发展的科学内涵与实现路径——基于马克思主义城乡关系理论的思考 [J]. 经济学家, 2019（01）：96-103.

生产空间集约高效、生活空间宜居适度、生态空间山清水秀，是加快生态文明和新型城镇化建设的要求。[①] 顶层设计要改变过去"就城论城、就乡论乡"的城乡分割规划和建设做法，引导协调城镇、乡村职能发展，整治建设区域生态环境，依据城乡不同定位和比较优势，形成分工合理、协作配套、错位发展、优势互补的一体化发展格局。

以集聚人口和发展经济为主体功能的城镇地区，是先进生产力和现代市场的重要载体，是区域经济发展的增长极和政治、经济、文化中心，通过集聚人流、物流、信息流、资金流等，与广大外围乡村地区发生各种联系，并进一步通过"涓滴效应"带动乡村地区发展。中心城市提升产业结构层次，重点发展金融、贸易、信息、服务、文化、教育等第三产业；中小城镇以生产性功能为主，充当中心城市向农村扩散经济技术能量的中介和农村向中心城市聚集各种要素的节点。

以自然生态财富生产为主体功能的广大乡村地区，在进行产业选择时应将经济社会活动对资源环境的压力降到最低程度；按照"集中集约发展""突出地方特色"原则，有机整合土地利用规划和新农村建设规划，科学布局农业用地区、城镇建设用地区和自然生态环境保护区；推进农业绿色化、特色化、品牌化，打造特色农业生产发展主题；[②] 重点发展优质高产农业、农产品加工业、农业科技服务业，构建乡村"三产融合"发展体系，培育发展壮大多元化融合主体。[③]

5.2 发展理念指引

5.2.1 生态管制

（1）生态资源是经济发展的内生变量

生态环境是承载人类生存与发展的各类自然形成或人工改造的要素集合体。

---

① 扈万泰，王力国，舒沐晖. 城乡规划编制中的"三生空间"划定思考 [J]. 城市规划，2016，40（05）：21-26+53.

② 杨仪青. 城乡融合视域下我国实现乡村振兴的路径选择 [J]. 现代经济探讨，2018（06）：101-106.

③ 肖卫东，杜志雄. 农村一二三产业融合：内涵要解、发展现状与未来思路 [J]. 西北农林科技大学学报（社会科学版），2019，19（06）：120-129.

以人类为中心派生出了区域经济发展中的环境要素，大气、水、土壤、生物和各种矿物资源等向人类奠定了生存的基础。作为经济社会可持续发展重要前提的生态环境，对经济社会发展特别是乡村振兴和城镇化发展影响尤为突出。如果把经济社会的发展建立在区域内自然资源、人口、环境容量、资源承载力等生态环境可持续发展的基础上，将会促使区域内经济社会的良性循环和城镇化的快速发展。反之，城镇化的健康良性发展，又会使区域内人口在城乡之间趋于合理流动和分布，使区域内人口对自然资源的消费和利用观念趋于合理，对区域内环境容量和质量的调整也起着至关重要的作用。所以，按照全面、协调、可持续发展的原则，在构建资源节约型社会和环境友好型社会的基础上妥善处理生态环境与乡村振兴及城镇化发展之间的关系，不仅关系经济社会发展目标的实现，而且关系我国生态安全进而影响可持续发展目标。

党的二十大报告中指出，中国式现代化是人与自然和谐共生的现代化。时代不断发展，经济与生态之间的关联也更加紧密。以新时代中国特色社会主义生态经济理论发展生态经济，是实现全体人民共同富裕及促进人与自然和谐共生的重要路径。[①] 随着人们对经济、社会，人口、资源与环境可持续发展认识程度的提高，生态资源由过去经济发展的外生变量演变成为经济发展的内生变量。以人为本，以经济发展为中心，以生态、环境改善为前提，实现经济、社会和生态资源环境的协调发展正深入人心。我国在全面建设小康社会的进程中，经济的快速增长造成了生态环境的持续恶化，如何在生态建设和经济发展之间寻求平衡既是一项重大的责任，也是一项艰巨的任务。

开发是指大规模、高强度的工业化、城镇化建设活动，开发不等于发展。发展既包括创造 GDP 的经济发展，也包括提供清新空气、清洁水源、惬意环境、舒适气候等生态产品的过程。生态产品和经济发展紧密相连，清新的空气意味着电费的减少；清洁的水源意味着鲜美的鱼类储备；葱郁的树林意味着防洪设施建设费用的节省；绿色社区意味着强健的身体和健康保险费用的降低，因而生态产品是人类生存和发展所必须的产品，提供生态产品既是生产，也是创造价值的过程。国际上环境学家经过多年的探讨，最终比较一致地认为生态环境压力与经济

---

① 白暴力，程艳敏，白瑞雪. 发展生态经济助力实现共同富裕研究——基于中国式现代化视角[J]. 上海经济研究，2022（12）：5-16+124.

增长水平之间存在"倒 U 形"的发展规律（见图 5-2）。①

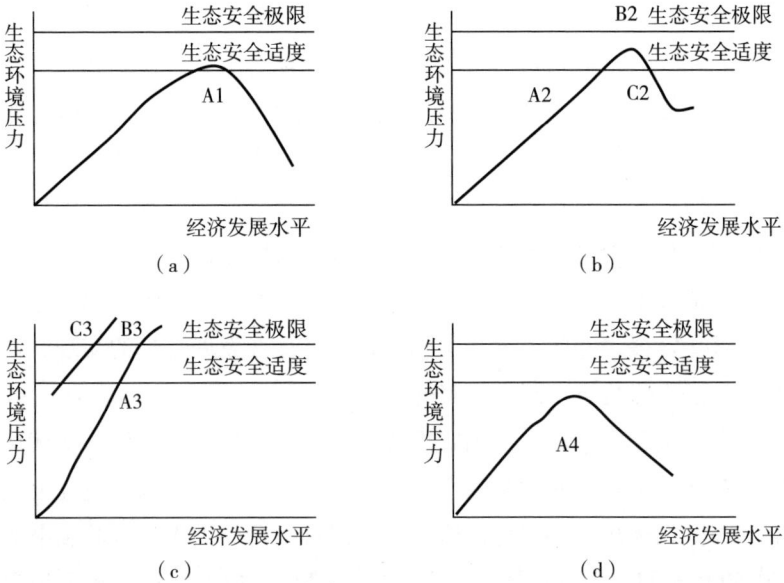

图 5-2　生态环境与生态压力关系

图 5-2（a）中"倒 U 形"曲线的峰值点 A1 正好是其与生态安全适度线的切点。这种发展模式是完美的可持续发展，即发展导致的生态环境破坏是在生态环境的承载力之内。但由于生态环境问题发生的滞后性，很难实现这种状态的持续性。

图 5-2（b）中"倒 U 形"曲线的峰值点 B2 已经越过了生态安全适度线，进入生态安全极限与适应线之间的区域，即生态环境对外界干扰的调节能力范围内。发达国家以前走过的路就是这种模式，依靠及时的污染治理与发展策略调整，使发展曲线又回到了生态安全适度线之内。其中由 A2、B2、C2 围成的面积使人类付出高昂的经济代价与环境代价。这是一条"先污染后治理"的道路。

图 5-2（c）中"倒 U 形"曲线的峰值不仅越过了生态安全适度线，而且已经超过了生态环境的承载能力，导致了区域生态系统的瘫痪，结果环境状况恶

---

① 杨家栋，秦兴方，单宜虎. 农村城镇化与生态安全［M］. 北京：社会科学文献出版社，2005：116.

化，经济发展依赖的资源缺乏，经济水平开始直线倒退到 C3，甚至更远。我国太湖流域生态环境的变迁就属于这种情况。面对日益污染的环境和脆弱的生态系统，即使有些地区拿出所有的 GDP，却再也换不来往日的青山绿水。正如生态环保作家爱德华·艾比所说："为经济增长而增长，其荒谬无异于播散癌细胞，犹如不断变大的癌肿最终毁灭癌病患者，超负荷膨胀发展的全球经济正渐渐肆虐着全球的生态系统。"[①]

图 5-2（d）中"倒 U 形"曲线的峰值在生态安全适度线的下面，是一种生态型经济模式。生态农业、生态旅游等产业属于这种发展模式。一些发达国家在完成资本原始积累后就开始了这种模式的发展。

（2）生态文明是和谐社会的应有之义

生态环境在很大程度上成为衡量一个城市是否适宜居住，是否具有发展潜力，是否具有经济发展的"磁极"作用的重要指标。当代科学技术的快速发展给人类带来极大丰富物质生活的同时，也带来了生态环境的持续恶化，因而环境的改善，不仅关系到当代人的利益，也关系到后代人的发展。人们亟须树立生态资源环境可持续发展理念，在生态环境保护教育和政策导向作用下逐步改变传统的生产生活模式，摒弃过去只顾经济利益，不顾生态效益的恶性滥采滥伐、焚山毁林、焚烧垃圾、破坏植被等一系列致使地区生态恶化的行为。

生态环境建设的基本目标就是遏制生态环境的恶化趋势，把改善生态、保护环境作为经济发展和提高人民生活质量的重要内容。环境污染、气候变暖对生态系统造成严重破坏、诱发生态环境问题，有自然方面的因素，如全球气候变化、地震、火山爆发等；有人为方面的因素，如人口—经济规模扩张、农业化肥农药使用以及不注意环境治理和保护而造成生态系统的失调及恶化。[②] 长期以来，在"资源无价、原料低价、产品高价"理念的引导下，我国城镇化、工业化发展以追求经济增长为目标，在迅速提高 GDP 的同时，也造成了诸如环境恶化、资源枯竭、人口膨胀等生态问题，大大削弱了经济发展动力，出现了有开发无发展的悖论。我国西部地区大部分属于生态脆弱区，今后新农村建设与城镇化发展要以资源环境承载力为基础，以建设资源节约型、环境友好型社会为本质要求，鼓励传统产业如旅游经济等产业发展，利用研发与创新资源推动新产业部门和新企业持续增

---

① 杨筠. 生态建设与区域经济发展研究［M］. 成都：西南财经大学出版社，2007：116.

② 原华荣，常跟应，徐晓秋. 中国生态/环境"局部改善，总体恶化"困境的症结和走出［J］. 西北人口，2016，37（01）：26-31+37.

长，将生态文明理念贯穿到乡村振兴和新型城镇化发展的全过程。

（3）践行"绿水青山就是金山银山"理念

以人与自然和谐为主线，合理布局城乡产业、乡村林系、生产生态生活用地，探索"绿水青山就是金山银山"的发展理念，严格执行国家大气污染物排放标准，努力改善空气环境质量，实现生态、经济和社会相结合的可持续发展方式。立足资源禀赋和生态环境状况，遵照生态环境区际分异规律，将区域生态环境按照生态敏感区、生态脆弱区、生态压力区严格规划，谨慎开发利用，实施宜林则林、宜牧则牧、宜耕则耕，退耕还林还草和综合治理修复生态环境，在实现对各类生态环境资源巨大潜力深度开发的同时，使生态环境的持续发展能力得到增强。根据生态优先原则，用"森林包围城市，园林装扮乡村，显水大绿"的理念，将森林引入城市、使园林辐射郊区，在乡村推进"三化一片林"绿色家园建设，大力开展全民义务植树活动，实现城镇园林化、农田林网化、山地森林化；加快"绿色通道"建设，依托森林公园、自然保护区、风景名胜区、河流、大遗址区、沿山旅游路等，建设区域绿道系统，划定生态红线和城市用地增长边界，提高城镇建成区绿化覆盖率，推进生态城镇建设；对于生态功能区、自然保护区、森林公园、风景名胜区、天然林保护区、湿地水面、自然与人文遗产区等生态敏感区，严格控制从事与生态建设无关的开发建设活动。完善环境标准和法规，使生态环境保护和建设法治化，工程设计、施工和管理科学化；加强环境保护关键技术和工艺设备研发工作，通过调整产业结构，推行清洁生产，垃圾无害化与危险废弃物集中处理，推进产业生态化和生态产业化；适当提高能源税、降低工资税遏制过分使用能源，全面推行污水和垃圾处理收费制度，鼓励企业雇佣更多的劳动力。通过上述措施将城镇与乡村建设成多类型、多层次、多功能生态园林体系，形成城乡全面绿化新格局。

（4）实施生态产品购买制度

"孤立追求生态保护不能遏制全球环境衰退"，生态环境建设必须是一种经济活动。[①] 生态购买是生态建设实现市场经济体制的体现，是生态环境在未来取得突破性进展的关键举措。生态环境是一种战略资源，具有明显的社会公益性和区域性特点。[②] 社会发展不能只注重 GDP，不注意环境承载；不能单纯以行政区

---

① 杨朝飞. 全国生态示范区建设规划编制培训教材［M］. 北京：中国环境科学出版社，2000：211.

② 牛文元. 可持续发展导论［M］. 北京：科学出版社，1994：98.

划来塑造地方的经济结构，而要根据区域经济特点实现协同效应，联合发展。山青水绿、水土保护，不只是使当地人受益，受益的是全体人民。生态购买提供的是一种环境福利，购买的主体应是政府。为了解决"少数人负担，多数人受益"、"贫困地区负担，富裕地区受益"和"上游负担，下游受益"的问题，需要将生态购买与顶层设计相联系，与政策、法律、技术等问题相结合。① 只有通过生态环境的经济建设即"生态购买"，建立生态效益的评估机制、生态效益的资金保障机制、生态效益的支付机制等，确保生态建设的劳动价值得到有效的补偿，才能实现"生态致富"，才能从根本上改变对生态环境的认识和扭转生态环境不断恶化的状况。

按照反映市场供求和资源稀缺程度、体现生态价值原则，推进资源性产品价格改革，制定并完善生态补偿机制，提高生态补偿标准，扩大生态补偿范围，积极推进地区间横向援助试点工作。深入推进排污权、碳排放权、用能权、用水权交易试点，建立有利于循环经济发展的价格政策和税收政策。统筹考虑企业承受能力，适当提高探矿权、采矿权使用费征收标准和矿产资源补偿费费率；建立吸引社会资本投入生态环境保护的市场化机制，推行环境污染第三方治理。把资源消耗、环境损害、生态效益纳入城镇化发展评价体系，完善体现生态文明要求的目标体系、考核办法和奖惩机制，建立生态环境保护责任追究制度和生态破坏、环境损害赔偿制度。对限制开发区和生态脆弱扶贫工作重点县取消生产总值考核。

5.2.2 产业集聚

（1）产业集聚的功能及意义

没有产业的发展，农村人口向城镇转移的过程中，不仅难以创造足够的就业机会，反而会加剧失业问题。未来城镇化发展，无论是扩张"增量"，还是"消化"存量，都需要强化产业支撑。产业发展速度与规模将决定城镇化的发展速度和规模，其布局也影响着城镇化的空间格局。产业集聚是指特定产业在某个特定地理区域内高度集中，产业资本要素在空间范围内不断汇聚的过程。

同类或相关企业在特定的城市园区集聚式发展，通过扩大社会大协作，充分享受"内部经济"和"外部经济"的溢出效应，能够显著降低生产成本，加快

---

① 丘水林. 政府购买生态服务：欧盟国家的经验与启示［J］. 环境保护，2018，46（24）：32-36.

技术创新和增加就业机制，大大提高生产能力和经济效益、社会效益，达到产业布局与产业内容上的统一与协调。① 产业集聚的意义主要通过产业集群来体现。产业集群，又称产业区，是按专业化分工和协作原则，若干企业和机构在特定地域所形成的产业空间集聚现象。产业集聚是产业集群形成和发展的基础。迈克尔·波特把产业集群定义为"在某特定领域中，一群在地理上邻近、有交互关联的企业和相关的法人机构，并以彼此的共通性和互补性联结"。在集聚区内，同行业竞争会形成"外部激励效应"，进而推动企业改进生产技术、引进新的生产设备，这种正外部性是促进区域经济发展的重要途径。②

亚当·斯密的劳动分工论为产业集群发展奠定了理论基础。最早研究集群的英国经济学家马歇尔（Alfred Marshall）探讨了外部规模经济与产业集群的密切关系，提出集群是企业基于外部规模经济在同一区位的集中。美国经济学家保罗·克鲁格曼（Paul Krugman）通过收益递增理论，发展了集聚经济观点，提出了空间经济模型，证明了区域工业集聚将导致制造业中心区的形成。卡斯腾（J. Karsten）在《产品、贸易与发展的经济地理学》一文中，通过分工探讨产业集群的分工与发展过程。③ 当关联企业发生有目的的合作时，就产生联合行动效应；当政府有意推动这种效应时，则产生制度效应，产业集群是产业集聚的结果。同一产业内的企业以及与之关联度较高的其他产业的企业在空间上的集中分布为水平型产业集群；相互独立的不同的产业部门之间由于存在上下游关系而形成的集合为垂直型产业集群（见图5-3）。

产业集群的空间集聚优势主要体现在以下三个方面：

第一，降低企业成本。产业集群的空间集聚使不同企业分享公共基础设施，降低了企业的外部生产成本；一个产品包括品种、款式等的无限细分，提高了生产率，降低了企业内部生产成本；相互关联产业的空间集聚也大大降低了企业的交易费用。

① ［英］K. J. 巴顿. 城市经济学——理论和政策［M］. 上海社会科学院经济研究所城市经济研究室，译. 北京：商务印书馆，1984：63.

② 黄庆华，时培豪，胡江峰. 产业集聚与经济高质量发展：长江经济带107个地级市例证［J］. 改革，2020（01）：87-99.

③ 杨子生，李云辉，邹忠. 中国西部大开发——云南省土地资源开发利用规划研究［M］. 昆明：云南科技出版社，2003：18-21.

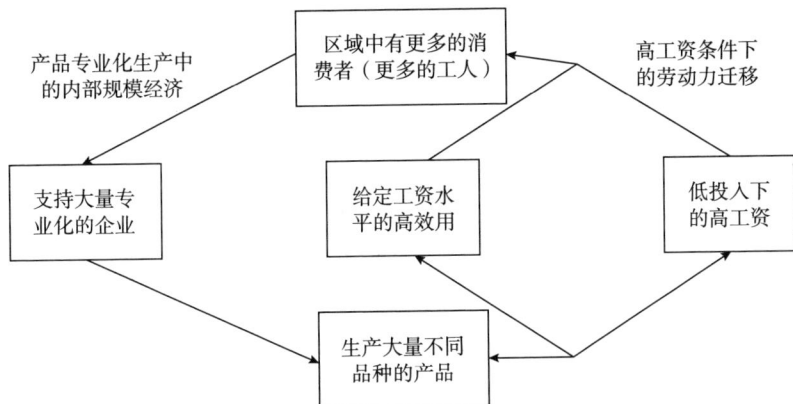

图5-3　产业集群的循环累计效应

第二，促进技术创新。产业集群的空间集聚促进知识、制度和技术的创新和扩散，实现产业和产品的更新换代。企业空间上的集中带来了竞争，而竞争正是创新的动力。创新与环境密切相关，单个企业内部很难具备创新所需的全部资源与环境。产业集群则集聚了大量的企业、科研机构和人才，企业通过行政当局的合作网络体系可以轻易地获取区域内部信息、经验并分担风险和成本，从而发挥单个企业所不具备的集聚优势。

第三，优化产业布局。产业集群理论是指导产业组织与布局的成熟理论，有利于培育区域企业竞争优势和产业竞争优势，有利于构建地区环境优势和促进区域经济增长。以产业集群的要求来规划产业布局，可以充分考虑历史和当前的社会经济发展现状，减少人为凭空臆造和长官意志，有效弥补市场失灵和制度失效。而产业集聚区内融合的产业越多样，越有利于不同专业知识的人聚集在一起交流，形成新思想、新创意。与目标产业关联性的企业越多，越有利于生产成本的节约。① 因此，集聚布局更加注重企业与外部环境之间的联系。

产业集群的空间聚集效应，引发了更大规模的城市空间扩张，乡村空间不断缩小。从20世纪80年代起，为改善中心城区的生活质量，北京市提出并开始实施将"污染扰民"的工业企业搬迁出中心城区的举措，这一举措多年来成为北京工业布局调整的一项基本政策。但在实际中，搬迁成功的案例不多，大多数搬

---

① 邱楚芝，欧锦文.企业集聚、学习效应与城市创新——同行切磋，还是跨界融合？〔J〕.暨南学报（哲学社会科学版），2022，44（05）：119-132.

迁企业随着搬迁而衰落甚至消亡。其原因之一是这种从环境控制出发，立足于"疏散"的政策，没有充分考虑到工业企业需要"集聚"的特征。搬迁企业只有在新的发展区具有一定的"集聚"规模，才能形成集聚效益，而这种效益对于企业竞争力的提升至关重要。[①]

作为一种商业环境，集群是产生区域经济竞争优势的重要条件。大力发展产业集群，对于促进产业结构调整、空间布局协调，解决区域经济发展困境，无疑具有十分重要的意义。依据迈克尔·波特的新竞争优势理论，生产要素条件、需求条件、相关支撑产业以及产业战略、竞争和市场结构构成产业集群形成、发展和产生竞争力的四个基本因素和区域环境（见图5-4）。集群是影响区位选择的因素之一，而不再仅仅是区位选择的结果。每一个因素以及整个系统都影响到产业集群竞争所必需的资源、技能、发展机遇及创新能力的获得。[②] 我国市场机制的不完善，决定了政府在建立产业集群方面负有主导职责。

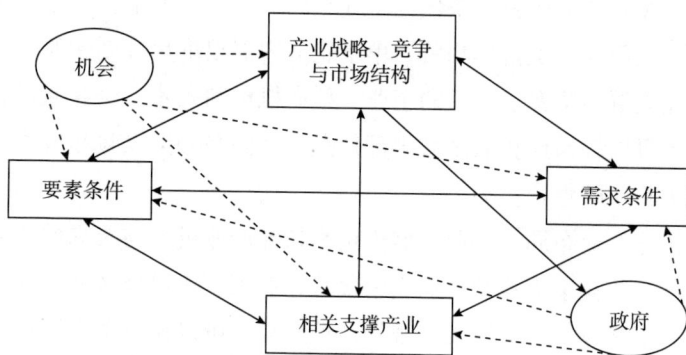

图5-4　波特的"钻石"模型

（2）政府引导产业持续聚集

产业集聚是产业集群形成的内在要求，产业集群是产业集聚的重要方式。产业集聚不仅是地区的经济增长点，更是对地区城乡收入差距有直接的缩小作用。产业在集聚的过程中不仅需要一个开放、有序的市场，更需要政府的引导及调

---

① 安树伟. 大都市区管治研究 [M]. 北京：中国经济出版社，2007：32.
② 刘洪彬. 基于集群理论的统筹城乡发展研究 [M]. 北京：经济科学出版社，2008：156.

节。① ①地方政府要根据该地区的资源禀赋、历史传统、地域文化等确定其优势产业，出台宏观政策，引导产业集聚，培植产业集群。在用地、人口迁移、服务设施等方面采取优惠政策，进一步推进产权改革，为低效率的国有企业改制、分散的乡镇企业向城镇集中提供保障机制；逐步推行迁村并点，促进城镇工业区、商业区和住宅区的相对集中，连片发展。重点开发区要增强可持续发展能力，通过培育要素市场，加快产业集聚；通过提升工业园区，推进产业集聚；通过评估区域禀赋从技术而引入新产业，使区域内产业多样性发展。重点引进与本地技术相关强的产业。扩大区域内产业开放水平，拓展产业集聚水平。② ②地方政府要分析其地理区位及地市区域内部的交通运输情况，以确定产业集聚的合理规模及布局，使相应产业及产业链节点合理分布在该区不同区域。区域产业发展和布局，体现了区域产业发展方向和功能定位。作为合力的集成，必须向下层层分解，实现组团式的结构，即一城多区、一区多园、一园多企，通过工业组团—工业区—工业园（专业园、配套园）的梯度细化，实现化整为零，竞相发展。还要通过层层汇聚，梯级集成，形成区域产业发展方向和功能定位。根据日本学者赤松要提出的"雁行模式"理论，一国或地区的工业发展要经过进口、国内替代和出口三个阶段。因此，国内或某一地区的产业集群发展，不能完全依赖引入型产业集群发展模式，需要在外来技术消化吸收的基础上，逐渐形成和发展具有本地区特色的植根型产业集群。③ 位于产业链核心位置的大企业应实现关键环节自主可控，以自主创新和支撑高技术产业实现跨越式发展。进一步将科技政策聚焦关键技术领域，提高对技术人才的培养和引进，合理推动产业链中心度和中介度提升。④

　　我国应坚持集约化、集群化发展，按照"产业发展园区化，园区发展集群化"的思路，以骨干企业、产业园区和龙头产品为依托，培育和建设一批有影响的基地、园区和产业集群，促进企业向园区集中，实现集聚效益。通过对产业园区进行统一规划，有效整合，不断完善产业园区能源动力、给排水、交通通信、防灾减灾系统及生态环境建设，引导相关企业向园区聚集，促进优势产业相对集

① 张跃. 政府干预、经济集聚与城乡收入差距 [J]. 广东财经大学学报，2020，35（01）：4-15+56.

② 张艳，胡志强，苗长虹. 不同集聚类型与中部地区新企业动态的关系 [J]. 经济地理，2020，40（05）：155-164.

③ 刘洪彬. 基于集群理论的统筹城乡发展研究 [M]. 北京：经济科学出版社，2008：114.

④ 庞磊，阳晓伟. 中国产业链关键环节自主可控何以实现？——对高新技术企业集聚效应与技术创新的考察 [J]. 南方经济，2023（05）：107-126.

中，发挥聚集效应；围绕优势企业和龙头产品，延伸产业链，增强产业配套能力，不断壮大产业实力，整合各种资源，形成稳定、持续的竞争优势集合体；将产业规划、城市规划与空间功能分布相结合，以产业园区建设促进产业集聚和产业化，进而促进工业化，使工业化成为提高我国综合经济实力的主导要素。

5.2.3 空间优化

农民向城镇流动的过程，也是城乡空间优化、融合的过程。城乡空间结构是一个具有物质、能量、信息交换的耗散结构系统，乡村为城镇提供自然资源、农副产品、劳动力和生态空间，城镇为乡村提供科技文化、资金和工业消费品。城乡发展不协调，不是简单的经济现象，而是人口、经济、资源环境之间的空间失衡；城乡融合发展是经济结构转换过程，更是原来城乡空间结构再组织过程。土地要素配置承载着其他可流动性要素，它们的组合效率决定现代化进程的演进效率。[①] 城乡空间优化旨在改善城乡地域系统的有机构成，形成城乡优势互补的生产、生活和生态空间结构，使城乡利益共享、风险共担，从而降低经济社会发展成本，促进生产要素自由流动和资源的有效配置。城镇化、工业化和农业产业化加速推进，城乡生产、生活和生态空间相互作用日益增强。由于经济社会发展还处于相对较低的阶段，以城镇为增长极的极化效应大于涓滴效应，乡村发展的资源如资金、土地和人才等迅速流入城镇和非农产业，造成城镇的相对繁荣和乡村的迅速衰退，城乡发展差距日益拉大。

科学技术高度发展，并在国民经济以及城乡建设、国土开发与保护等方面得到广泛的应用。经济增长率大大超过人口增长率，社会成员收入达到很高的水平。现代化的交通和通信系统深入城乡生产和生活的各个领域，经济发展的区位因素大大下降，过疏过密问题逐步解决，城乡、地区间的就业、收入、消费水平和机会选择的差异逐渐消失。生态文明理念受到高度重视，各地区的空间和资源得到更加合理的利用，城镇、乡村居民点，生活服务设施及其影响范围都形成了区域等级体系，"点—轴"空间系统逐步完善，等级差别越来越小，整个空间结构重新恢复到"平衡"之中。

经济发展从"低水平有序"走向"高水平有序"的非均衡过程，经济增长

---

① 王德起．城镇国土空间优化配置机制及路径［J］．南开学报（哲学社会科学版），2021（01）：24-32.

与不平衡发展之间存在明显的"倒U形"关系。在漫长的农业社会，社会经济的空间结构在理论上是"平衡"的；随着社会经济的发展，"集聚经济"效应开始出现，空间不平衡加剧；随着科学技术的发展和交通通信技术的提高，"集聚经济"发展超过了所能允许的边界，形成了所谓的"集聚不经济"；到了工业化的后期或后工业化时期，空间结构又重新回到"平衡"状态，城乡空间关系由共生、分离、对立逐步走向城乡空间融合，也就是城乡、区域空间一体化阶段。

因此，把握城乡经济、社会发展态势，转变经济增长方式，调整城乡产业布局、城镇规模等级结构和区域基础设施网络，促进人口在城乡之间有序转移、公共资源在城乡之间均衡配置、生产要素在城乡之间自由流动，努力实现人口、资源与环境的空间均衡，形成以大中城市为主体、小城镇和村庄集聚发展为特征的城乡空间系统，促进城乡空间融合就显得尤为重要（见图5-5）。以大中城市为核心、以城镇网络为框架、以城乡联系为纽带的城乡融合空间，是未来我国城乡空间的理想状态和目标图景。

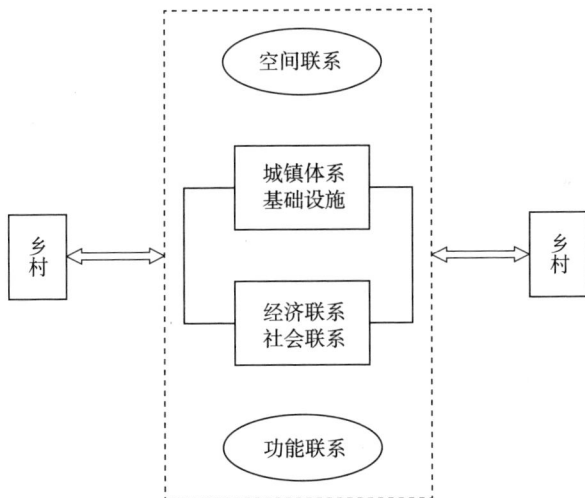

图5-5 城乡联系

5.2.4 政府主导

（1）政府统筹城乡发展机理

"新制度经济学"的命名者、2009年诺贝尔经济学奖获得者威廉姆森于1965

年在其发表的《区域不平衡与国家发展过程》一文中提出了区域经济差异的"倒 U 形"理论，揭示了区域之间的经济发展由非均衡到均衡的发展过程。① 他通过实证分析指出，无论是截面分析还是时间序列分析，结果都表明发展阶段与区域差异之间存在"倒 U 形"关系（见图 5-6），也就是说经济活动的空间集中式极化是国家经济发展初期不可逾越的阶段。在经济发展初期阶段，作为区域发展中心的城镇极化效应大于涓滴效应，虽然城乡之间的发展差距在不断扩大，但为了把"蛋糕"做大，此时还是应当集中人力、物力、财力进行发展，增强极化效果。在经济发展成熟期，城镇极化效应逐渐减弱，外围乡村地区经济发展加快，区域间的差距逐渐缩小并趋于平衡，此时应调整布局，由重点发展向全面发展转变，由不平衡发展向平衡发展转变，这样城乡经济差异会随着经济发展的成熟而最终消失。②

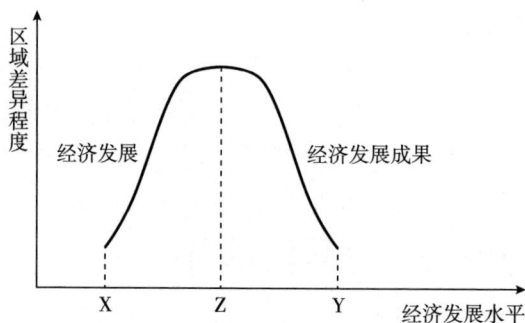

图 5-6　威廉姆森"倒 U 形"理论曲线

由此可以得出结论：在经济快速发展阶段出现的城乡非均衡发展格局，往往是在国家阶段性发展战略实施过程中形成的；城乡之间非均衡发展问题不会因为经济总量的提高而自动解决，依靠国家力量，树立公平理念、构建公平机制、营造公平氛围，使"公平—均衡发展"成为国家意志、公民意志，才是解决问题的关键。③

①　Williamson J G. Regional Inequality and the Process of National Development：A Description of the Patterns ［J］. Economic Development and Cultural Change，1965，13（4）：1-84.

②　刘洪彬. 基于集群理论的统筹城乡发展研究 ［M］. 北京：经济科学出版社，2008：99.

③　陈伯君. 西部大开发与区域经济公平增长 ［M］. 北京：中国社会科学出版社，2007：201.

　　因此，统筹城乡协调发展的主体显然是政府，而不是企业或市场。市场遵循的是效率原则，资本与财富向效率高的地方集中，即所谓的"马太效应"。城镇工业、服务业产出效益高于乡村农业，资源自然不断向城镇集中，劳动力素质与管理水平不断提高，资本逐步丰裕，正向富裕循环机制发挥正反馈作用。乡村地区因发展所需优质要素资源流失而越发落后，形成负向贫困循环机制，城乡差距逐步拉大。由此可知，市场这只"看不见的手"只关注效率，不注重公平，无法自动消除城乡差距。萨缪尔森（Paul A. Samuelson）将政府的职能概括为经济调节、市场监管、社会管理与公共服务四个方面。市场是效率的最佳代言人，而政府能对市场失灵进行有效纠正，是促进社会公平的责任承担者。缩小城乡差距需要以政府为主导，促进公平与效率协调发展。

　　随着乡镇企业、第三产业的迅速发展和城镇建成区的无序蔓延，农村耕地面积逐年减少，土地的社会保障功能日渐式微，城乡之间的经济差距在相当长的时期内一直存在，这就要求政府发挥"看得见的手"的作用，对不同地区、区域的公共服务需求规模和需求结构进行精准预判，加快完善公共服务资源供给、配置相关政策。[1] 正如约翰·罗尔斯所说，政府能够管的是制定符合"正义"原则的政策，政府的职能是减少无序、冲突，保障人民切身利益；在市场发育不成熟，即市场化程序较低的发展阶段，就需要政府驱动和体制驱动，市场驱动是第三位的。[2]

　　（2）地方政府协调机制构建

　　经济发展的压力，加剧了不同政府之间的博弈（见表5-1）。不同政府各自为政、重复建设造成巨大的资源浪费；短期行为使政府无法把精力放在企业长期发展和规模扩大上；政府之间的博弈还造成不同城市之间功能重叠，千城一面现象严重，协作互补协调机制难以显现。古典区位理论中的农业区位论、工业区位论和市场区位论很好地诠释了这方面的内容，如农业布局的自然区位指向、初级加工业的原材料指向、轻工产业的消费市场指向等。近年来，我国社会阶层（城乡、区域、行业）不断分化，各种社会问题日趋凸显。因此，有必要建立相应协调机制，逐步淡化政府主导的行政区经济，处理多而复杂的跨区域经济社会发展的外溢问题。在经济全球化、经济区域化日益发展的今天，资源禀赋不同的区域

---

　　① 孙志燕，侯永志. 对我国区域不平衡发展的多视角观察和政策应对［J］. 管理世界，2019，35（08）：1-8.

　　② 顾朝林. 城市管治——概念·理论·方法·实证［M］. 南京：东南大学出版社，2003：59-63.

只有立足本地实际，错位发展，才能实现整个地区的资源优势互补和经济社会发展的"帕累托最优"。

表 5-1 地方政府之间的博弈分析

分析方法	游戏结构	参与方最高利益	对其他参与方利益的认识	参与者的行为与利益分配		
				先发行动者利益	其他参与者利益	其他参与者的回应
竞争	零和游戏	完全不一致	完全不考虑	有所得	有所失	对抗
合作	正和游戏	完全一致	充分考虑	基于长期互信来分配额外价值		合作
竞争	正和但可变的游戏	不完全一致	双方认知和行为的互动	有所得	溢出效应大于直接损失	倾向合作

5.3 城市规模均衡

5.3.1 城市规模经济

城市规模，这里特指城市人口规模，即生活在一个城市中的实际人口数量。一个国家在达到中等收入水平之前，必然出现大量人口涌入城市的现象。邱德荣与陈建军（2016）从居民主体行为出发，结合城市生产率、城市税负等因素，利用残差分离、门槛回归技术进行实证分析，发现中国城市人口规模与城市生产率呈正向关系，与居民税负呈负向关系。[①] 毛渊龙与姜国刚（2023）运用系统GMM方法检验城市规模对技术效率的内在影响路径，研究结果表明大城市对技术进步的促进更加显著。[②] 陈飞等（2022）研究发现，学习效应和厚劳动力效应

---

① 邱德荣，陈建军.城市内部因素对中国城市人口规模扩张的影响［J］.重庆大学学报（社会科学版），2016，22（01）：40-49.

② 毛渊龙，姜国刚.城市规模与城市经济绿色增长关系的实证检验［J］.统计与决策，2023，39（06）：155-160.

是发挥城市集聚经济效应的两个重要途径。[①] 刘超（2022）发现，城市规模与非正规就业收入是正相关的，城市工资的溢价在行业类型、户口类型及技能水平方面都存在显著差异。[②] 蒙昱竹等（2021）实证分析发现，城市规模与城镇化区域发展协调性间的关系满足"U形"曲线关系，在城市规模扩大初期应更加强调宏观调控的作用以促进小城市的充分发展，而在城市规模超过一定程度后，更强调市场机制的自发调节作用。[③]

5.3.2　均衡作用机制

（1）工资曲线

根据规模经济效应，城市劳动力工资随着城市劳动力规模（N）的增加而增长，工资递增的强度通过工资曲线的斜率来衡量[④]（见图5-7），工资曲线的形状因行业及城市的自然环境不同而不同。较大城市具有较高的生产率，进而通过高工资，吸引更多人才，这也解释了为什么大城市优先发展，经济活动总是发生在少数地方，而不是在空间均匀传播。

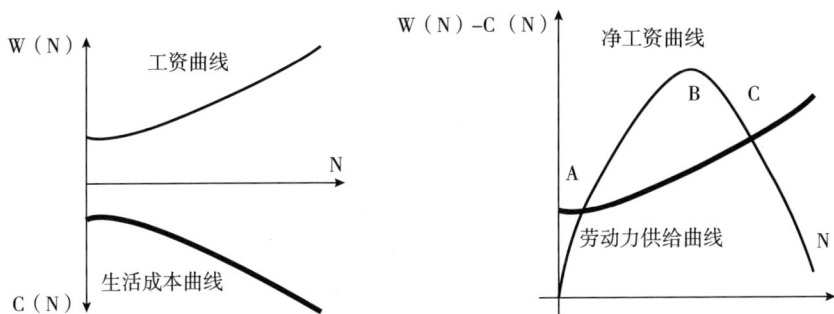

图5-7　城市人口规模均衡的初始状态

① 陈飞，任清志，苏章杰. 城市规模与迁移劳动力工作贫困 [J]. 财经问题研究，2022（12）：24-35.

② 刘超. 城市规模对非正规就业收入的影响研究 [J]. 财经问题研究，2022（08）：41-52.

③ 蒙昱竹，赵庆，肖小虹. 城市规模对城市化区域发展协调性的影响 [J]. 财经科学，2021（08）：106-118.

④ Henderson, Vernon J. The Sizes and Types of Cities [J]. American Economic Review, 1974, 64（04）：256-257.

（2）生活成本曲线

Thomas（1980）[①]、Richardson（1987）[②]、Henderson（1988）[③]发现，生活成本随着城市人口规模的扩张而增长。生活成本包括交通、住房及其他消费品的花销。更多的人口意味着更长的通勤时间和更拥挤的道路，增加了机会成本；更多的人口抬高了有限的土地价格，住房价格节节上升；土地价格上升，商务场所水涨船高，意味着更高的商业和服务租金，零售商品、服务产品价格上升；人口过多也会带来环境脏乱差、街头暴力、犯罪集中和疾病快速传播等社会和政治问题，生活成本随着人口增加而增长的趋势显而易见（见图5-7）。像工资曲线一样，生活成本曲线因城市的自然环境、土地性质的不同而不同。

（3）净工资曲线

规模经济与拥挤和污染成本相互对抗，即工资与生活成本的差值形成一种近似的"倒U形"曲线，构成净工资曲线的最终形态。在一定临界值，即图5-7的B点之前，工资曲线一定比生活成本曲线陡峭，工资增长超过生活成本增长速度，净工资呈上升趋势，城市呈规模经济状态，B点对应的劳动力数量，也可理解为城市人均净工资最高的城市规模；在超过临界点B后，工资增长幅度小于生活成本增长幅度，净工资曲线呈下降趋势，城市处于规模不经济状态。

（4）劳动力供给曲线

劳动力供给曲线，即对应于任何级别的净工资，城市提供的劳动力数量。劳动力供给曲线的位置与形状和城乡工资差及人口流动性障碍相关。城乡工资差决定劳动力供给曲线的位置，工资差越大，曲线位置越低。人口流动性障碍决定劳动力供给曲线形状，人口流动性障碍越大，曲线越陡峭；完全消除流动性障碍后，劳动力供给曲线将会变成一条水平直线。由于存在劳动力转移障碍，劳动力供给曲线一般向上倾斜（见图5-7），一条平缓的劳动力供给曲线意味着完美的流动性。在一个还未完全城镇化的国家，劳动力流动主要意味着乡村劳动力向城市迁移。另外，城市的特殊效应，如便利的交通设施、清新的空气可降低劳动力供给曲线，因为人们愿意享受方便、安全，而接受较低的净工资，实质上等于间

---

① Thomas V. Spatial Differences in the Cost of Living ［J］. Journal of Urban Economics, 1980, 8（02）: 145-158.

② Richardson H W. The Costs of Urbanization: A Four-Country Comparison ［J］. Economic Development and Cultural Change, 1987, 35（03）: 44-47.

③ Henderson J V. Urban Development: Theory, Fact and Illusion ［M］. Oxford: Oxford University Press, 1988: 99-101.

接扩大了城乡工资差。

静态均衡状态。在外部环境不变的前提下，劳动力供给曲线和净工资曲线的交点决定城市静态均衡状态的人口数量。在图5-7中，劳动力供给曲线与净工资曲线相交于A、C两点。A点处于不稳定状态，因为人口增长会提高净工资，吸引更多劳动力进入城市；虽然净工资到达极值点B开始下降，但城市有自我膨胀惯性，人口增长过程会一直持续到C点。同样，A点人口小小的下降，会导致净工资趋向于0，小城市人口可能向大城市迁移，这也从另外一个侧面说明了小城市人口易于流动的特性。在C点，劳动力增加，净工资下降得很快，城市吸引力减小，阻碍人口进入；劳动力减少，净工资上升，吸引人口进入，因而C点是稳定的均衡状态。

不同的工资和生活成本曲线导致不同的净工资曲线，人口的流动性和城乡工资差导致不同的劳动力供给曲线。一个更高的净工资曲线和较低平缓的劳动力供给曲线意味着城市更大的人口平衡。

5.3.3 推动城市经济发展

（1）提升工资曲线

阻碍城市内部收益递增的微观经济基础与市场失灵相关。垄断及对某些产业、行业的限制性进入等，带来了生产上的不完全竞争，整个城市创造的社会盈余就会减少；不完善的知识产权保护制度，抑制了公司对知识创新的投入热情；员工忠诚度的缺失导致专业人才流失过快，使公司不愿意培训他们。上述问题导致经济效率低下，城市整体平均工资水平上升缓慢。

因此，要提升工资曲线，就要放松无关国计民生安全的产业、行业的限制性进入，增加企业数量，进行充分竞争，增加社会盈余；充分保护知识产权，使知识创新成为主流意识，促进产业结构转型升级，驱动中国制造向中国创造转变；建立社会诚信制度，培养员工忠诚度，提升企业培训员工热情。

（2）降低生活成本曲线

考虑到政策对提高工资曲线的有限可能性，降低生活成本曲线成为政府更有希望的一个领域。随着人口的增多，无法估计的交通拥挤意味着城市生活的高成本低效率。生活成本存在市场失灵现象。土地市场受明显的摩擦支配，增加的土地价值没有用于公共事业，定义不清的产权也会妨碍城市的集聚效果。一个城市的低生活成本依赖于当地大量的公共产品。道路和公共交通设施的供应对于缓解交通压力非常必要；其他具有更少的资本密集性质的公共产品，如安全或清新空气的供给，也很重要。

城市经济的成功会导致低收入群体涌入城市，薄弱的基础设施会加剧城市拥挤，影响城市的最优规模，导致当地老居民感到不适，因为他们将面临更为激烈的竞争和有限的公共资源，因此需要加大基础设施等公共物品供给。从经济视角看，城市规模不足比规模过大的成本更高，在最优规模下某一数量人口减少的成本是超过最优规模时增加同样人口数量成本的 3 倍。[①] 如果担心城市变得过大而忽视对城市基础设施的投资，这样的政策代价将会非常高昂。因此，当试图分散大城市中的生产活动时，谨慎考证是应该的；比起向竞争对手转移生产要素，一个城市更容易应付拥挤成本。在改革开放的早期，中国对沿海城市的战略支持得到了经济快速增长的回报，但后来在"小城镇，大战略"的政策导向下，对小城镇的投资多数是徒劳无功的。

与制造业相比，基础设施建设周期长且对利率敏感。基础设施投资有很高的社会回报，但私人回报率却很低，国家应成为基础设施等公共产品供给的主导者。金融危机使钢材、水泥等建筑材料价格下跌，可显著降低城镇化建设成本；国际石油、天然气价格下降，也使得市民的生活成本降低。因此，当下大力推进基础设施建设，融合绿色城市、安全城市理念，是应对外部需求严重萎缩的理想出路，是国家去库存战略的正确选择。

一个更高的工资水平曲线、一个更低的生活成本曲线，意味着一个更高的净工资曲线（见图5-8）。随着市场失灵和生活成本的消除，净工资曲线及劳动力供给曲线相交于点 D 和 F，而不是 A 和 C 点。净工资在 E 点而不是在 B 点达到最大。与 A 点一样，D 点表示一个不稳定的均衡，唯一稳定点在 F。在新的均衡点，净工资和人口都比 C 点要高，生产的高效与生活成本的减少使城市更具吸引力，更多的人口迁到了城市。

（3）拉平劳动力供给曲线

Williamson（1990）借助一般均衡模型进行计算，认为城乡之间劳动力自由流动障碍造成工业革命时期英国损失了 3% 的 GDP。[②] Au 与 Henderson（2006）

---

① Au Chun-Chung, Henderson J V. Are Chinese Cities Too Small？［J］. Review of Economic Studies, 2006, 73（03）：278-279.

② Williamson J. Coping with City Growth during the British Industrial Revolution［M］. Cambridge：Cambridge University Press, 1990：66-71.

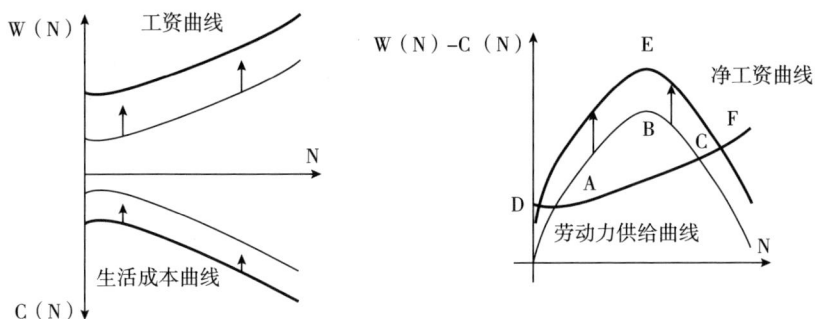

图 5-8 效率提升后的城市人口规模均衡

发现，中国政府对劳动力迁移施加强大壁垒、约束城市扩张这一事实，认为中国劳动力供给曲线较陡峭，多数城市较小，导致巨大的经济损失①。

要促进人口向城市集聚，就要加大城乡工资差及消除流动性障碍，使劳动力供给曲线更低更平（见图 5-9）。农业劳动生产率的提高为城市制造业和服务业提供了闲置劳动力，通过消除流动性障碍，均衡点由 A 点移动到 B 点，意味着一个更大的人口规模和一个更低的净工资。净工资减少是因为流动性障碍减少使新来人口更容易在城市安居下来，但新移民的涌入也会降低原有居民的福利，城镇化进程并不总是受到民众的欢迎。因此，消除流动性障碍只能由中央政府统筹实施，任何单方面增加劳动力流动性的大城市都会遭到当地居民的反对。如果再加大城乡工资差，那么均衡点将会移到 C 点，城市人口更多，工资更低。2014年，我国城乡收入比为 2.91，较大的城乡收入差距，既是城镇化发展的主要推力，又是社会矛盾冲突的主要因素。在构建和谐社会的今天，只有消除人口流动性障碍，才是推动城镇化发展的现实选择。

（4）构建城市协调机制

阈值效应表明城市存在越来越大的趋势，而不是保持在最优规模，虽然拥挤成本超过了规模经济带来的益处。解决工资和生活成本曲线的市场失灵及消除流动性障碍并不能使一个城市达到最优的人口规模，即净工资曲线极值点 E 对应的人口数量（见图 5-9）。相对于最优规模，在现有技术条件及基础设施约束下，一些城市规模太大，均衡点 B 与极值点 E 相比，居民净工资较少，社会福利并未达到最优。

---

① Au Chun-Chung, Henderson J V. Are Chinese Cities Too Small? [J]. Review of Economic Studies, 2006, 73 (03): 18-26.

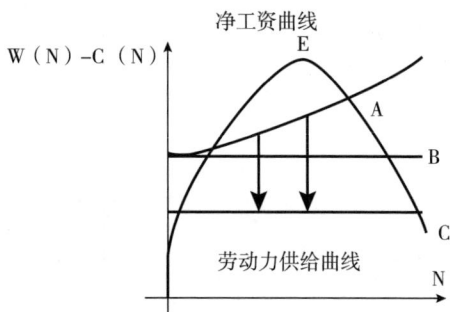

图 5-9　增加城乡工资差及消除流动性障碍后的城市人口规模均衡

使居民福利达到最优有两种方法。第一，在城市成长过程中直接限制城市人口数量。这意味着拒绝一部分人口来到这个城市，并把他们送到更差的地方。其中一些进入其他城市，会拉低进入城市的居民福利水平，因而会受到抵制；另一些被限制在乡村，城乡收入差距进一步被拉大。政策优先考虑的应是防止或抑制城镇化过程中最严重的空间失衡，而不是试图减缓或逆转它。现阶段我国鼓励农村人口进入中小城市，而对过大城市采取严格的落户政策，这一方面提升了中小城市的集聚效益，另一方面也保护了过大城市原居民的利益不受太大损失，是理性的政策选择。

第二，创造新城市，并协调居民向新城市迁移。新城市的创造意味着大城市人口的减少和剩余居民福利的提高；此外，新城市也可吸引一部分乡村人口，提升剩余乡村人员福利水平。由于规模经济效应，新城人口不应太少，并且生产生活设施完善，这样才能提升移入人员净工资水平，没人愿意来到一个非常小、设施落后而又没有前途的小城市，我国多数小城镇发展缓慢是缺少集聚效应的正常反应。随着大城市人口向新城分流，原城市居民福利不断提高，劳动力供给曲线不断上升，直到与净工资曲线交于 E 点（见图 5-10）。就城市的集聚效应来看，城市有专攻的倾向。如果集聚效应大部分发生在部门内部，城市应该专业化；如果集聚效应大部分发生在部门之间，城市应该多元化。多样化的大城市可以更好地发挥孵化器的功能，一旦公司发现了理想的生产过程，工业最终会搬迁到有较低生活成本的专业化小城市。另外，健全的基础设施和贸易自由化，可以大大降低商品交易成本，引诱在中心城市外围建立一群功能互补的卫星城市。

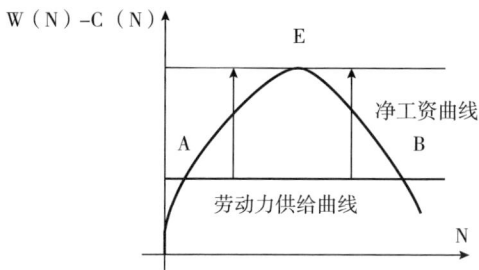

图 5-10 城市协调机制下的城市人口规模均衡

5.4 产业结构调整

5.4.1 产业组织原则

（1）政府引导与市场调节相结合

我国产业结构整体效益逐步提高，结构水平不断优化，劳动力逐步从第一产业转出流向第二、第三产业，人民生活水平逐步提高。但由于各种体制、机制惯性、风俗、习惯影响，利益集团阻挠，产业结构调整依然任重道远。由于目前制度供给不足以及制度安排上的缺陷，使得地方政府在地方经济的发展和管理过程中，具有强烈的利益驱动。地方政府要从长期的可持续发展的竞争优势战略出发，谋划中长期发展战略目标，明确产业近期目标，提出具有可操作性的对策；中央政府要重新设计地方政府激励导向，建立科学绩效考核机制和区域政府之间协调机制，把地方政府从热衷于上新项目、铺摊子及"大而全"的发展模式中解放出来；紧紧围绕提高企业经济效益、社会效益和生态效益核心环节，通过联合、兼并、股份制合作等形式，着重解决产业布局趋同、产业规模偏小问题，促进区域性企业集团形成，形成做大做强与持续、稳定相统一的发展道路，提高行业集中度，增强企业的规模效应和市场竞争力。

充分发挥市场资源配置作用，加强产业政策的合理引导，鼓励竞争，促进优胜劣汰，实现资源优化配置，对发展速度、规模、结构比例等进行调节，实现经济的持续、稳定、健康增长。积极培育以企业为主体、市场为导向、产学研相结合的学习型技术创新体系，提高创新能力，加快发展新产品和先进工艺技术。把增强自主创新和发展能力作为调整产业结构的中心环节，大力提高引进消化吸收再创新能力和集成创新能力，培育原始创新能力，提升产业整体技术水平。通过创新发展，淘汰落后技术，实现结构优化和产业升级。大力发展私有经济和边境贸易解决轻重工业比例失调问题，引导民众充分就业。针对轻工业资金需求相对较少、劳动相对密集的特点，应充分利用民间资本，创造公平竞争平台，鼓励和引导民营及个体经济健康发展，给予民营企业更多的自营出口权，发展外向型轻工业。

（2）充分就业与经济效益相结合

不同地区基于自身资源禀赋，加强教育和职业培训，避免产业转型升级中资本、技术挤占劳动，劳动力结构性失业现象，正确处理好资本、技术和劳动密集型产业的关系，选择合适的主导产业，带动制造业和服务业发展，推动区域产业和劳动力梯度转移。按照存量调结构腾空间、增量优结构扩空间的原则，加快培育壮大战略性新兴产业，积极承接国内外产业转移，引进增量，促进产业结构优化升级，同时积极发展先进制造业，提高服务业比重和水平，加强基础设施建设，优化城乡区域产业结构和布局，努力扩大就业，推进经济社会协调发展。在优势产业领域加快培育功能互补、协作有序的产业集群，促进生产要素有机结合，形成适应产业发展、分工明确、协作配套的产业集聚区，培育大型企业集团茁壮成长的土壤。从产业发展与生产力地域空间配置等方面引导生产要素的合理流动，促进城乡产业融合，打破城乡二元结构，统筹城乡协调发展，促进产业结构与就业结构转型升级。开辟人与自然和谐相处，工业化、城镇化与农业现代化协调发展的可持续发展之路。

5.4.2 三次产业结构调整

推进产业结构调整是加快经济发展方式转变的重要途径和内容，对实现全面协调可持续发展具有重要意义。产业结构高级化及合理化不仅能促进本地区农民增收，还可以通过溢出效应促进邻近地区增收。[①] 因此，加快结构调整和发展方

---

① 谭昶，吴海涛，黄大湖．产业结构、空间溢出与农村减贫［J］．华中农业大学学报（社会科学版），2019（02）：8-17+163.

式转变是贯彻落实科学发展观的重要举措，是夺取应对国际金融危机最终胜利的根本途径，是长时期内保持经济平稳较快发展的必然要求。产业结构变化的一般规划是从"一、二、三"结构到"二、三、一"结构，再到"三、二、一"结构，逐步形成以高新技术产业为主导，基础产业和制造产业为支撑，服务业全面发展的产业格局。2021年，我国三次产业产值结构比例为7.3∶39.4∶53.3，已形成"三、二、一"产值结构，说明我国正处于工业化中期向后期转化阶段。为推动产业持续升级，我国加强产业规划指导，明确鼓励、限制和淘汰产业，实现以往主要依靠工业带动增长的方式向由工业、服务业、旅游业、文化产业和农业共同带动增长方式转变，着力构筑高端化、高质化、高新化的产业结构。

（1）第一产业

在农业产业配置中，我国要以发展实施循环经济为契机，坚持"稳粮、优果、兴牧、强菜"的指导思想，构筑以生态农业为主体的农业生态系统。由于消费结构转型升级，我国要腾出较多耕地和农业用水来发展效益较高的经济作物，即大力发展果业、蔬菜、花卉、畜牧等现代农业，实施名牌和龙头带动战略，推进市场化、产业化进程，提高商品率和国际化竞争力。大幅度降低农药、化肥使用量，调整优化农业内部结构，逐步实现由传统农业向现代农业、生态农业和特色农业的转变，使农（种植业）、林、牧、渔业协调发展。以户籍制度改革为切入点，增加农村公共物品供给，破解城乡二元结构，打通居民在乡城之间迁徙、就业、居住、医疗、教育、社保等一系列制度性障碍，推动农村剩余劳动力向第二、第三产业转移，消除隐性失业现象。加强职业培训，引导农民由体力型向技能型、专业型和知识型转变，增强农民走向市场的自信心和决心，培育农民自我积累、自我发展、自我创业和自主经营的市场主体意识。

按照要素禀赋选择适用技术，加快土地承包权流转，使农业规模化、集约化、生态化经营，提高土地生产率和劳动生产率，实现农民增产增收和农村生态环境的改善。加强农田水利设施建设，加强田间基础设施、良种选育、土壤改良、整理复垦和地力培肥建设，大规模改造中低产田，建设高标准农田，大幅度提高吨粮田比重。继续加大对粮食主产区投入补助力度，探索建立更加有效的利益补偿机制，创造条件推进粮食规模经营，提高粮食主产区和种粮农民的积极性。面对日益严重的生态环境危机，要全面实施退耕还林、天然林保护等重点工程，形成以生态建设为主体、产业发展为动力、重点工程为载体、发展与保护相协调的林业发展布局，严厉打击无证经营和破坏森林资源的违法犯罪活动，恢复和增加植被面积，减轻水土流失和风沙灾害。在平原区，以片、路、河和农田林网人工植树造林为主，建立以保护农田、防风固沙为主的防护林体系；在城郊区，实施大绿、防护林和湿地保护区建设工程，集中建设片、点、面、线四位一体的高标准生态景观林，建成城市生态保障系统。同时，整合森林景观资源，提高服务质量和经营水平，增加林业销售、旅游收入。转变畜禽养殖方式，由一户多品种、无规模的散养方式，向专业化、适度规模的养殖大户转变，达到养殖业的专业化、规模化、标准化、科学化，最终实现高效化。

（2）第二产业

加强体制机制改革。加快国有企业改革，从体制、机制、观念、意识等发展理念方面创新，建立系统有效的产业服务体系和创新机制，加快发展先进制造技术研发孵化产业，地域性优势资源深精加工产业，加快资源型城市转型升级；建设企业急需的生产力促进中心、投资咨询中心、产权交易中心、人力资源开发中心及投融资机构等；调整重化工业与轻工业比例关系，建立军转民平台、科研院所与市场（企业）对接平台，以科技优势促进产业结构升级，形成产学研良性互动机制，使生产要素合理流动，劳动者充分就业；在优势产业领域加快培育功能互补、协作有序的产业集群，促进生产要素有机结合，形成适应产业发展、分工明确、协作配套的产业集聚区，培育大型企业集团茁壮成长的土壤。工业聚集带动教育、娱乐、文化、商贸、住宿、餐饮等生产生活性服务业发展，推动进城农民充分就业。

培育壮大战略性新兴产业。战略性新兴产业主要包括航空航天、新材料、新能源及新能源汽车、新一代信息技术、生物技术、节能环保产业。瞄准世界科技前沿，顺应技术发展趋势，发挥政府引导作用，加大政策支持力度，重点发展航空航天、新材料、新能源、生物技术等环境友好型、知识密集型产业，着力突破芯片、半导体等信息通信关键核心技术，科学规划城市布局和功能定位，构建战略性高新技术产业集群，促进产业集聚和产城融合发展。

改造提升传统产业。传统产业主要包括有色冶金、食品加工、纺织服装、建筑材料等产业。采用先进适用技术改造冶金、建材、纺织等传统产业，提高工艺装备水平，调整产品结构，增强产业核心竞争力。加强工业污染治理，整顿名不副实的工业园区，通过"上大关小"淘汰水泥、焦化、钢铁等高能耗、高污染、低效益、低附加值落后产能。培育骨干企业开拓优势产品，运用新材料、新工艺、新装备发展环境友好型、资源节约型、知识密集型产业。依托县域经济和工业园区，科学布局居民区、商业区，引导工业企业向园区集中，提高用地集约化水平；支持技术含量高、协作配套能力强的中小微企业发展壮大，承接城市和发达地区产业转移。

（3）第三产业

第三产业的迅速增长是现代经济的重要特征。我国正经历三个转变，即从农业社会转向工业社会，从计划经济转向市场经济，从中等收入地区转向发达地区。随着工业化的发展，在工业产品附加值构成中，纯粹的制造环节所占的比重越来越低，而服务业特别是现代服务业中物流与营销、研发与人力资源开发、软件与信息服务、金融与保险服务、财务法律中介等专业化生产服务和中介服务所占比重越来越高。服务业不仅带动就业，生产性服务业还可以为工业的转型升级提供动力和支持，新型消费性服务业可以提高城乡居民的生活水平和精神文化生活。我国农村第三产业发展比较落后，农业的专业化水平低，农村社区建设、农村城镇化建设滞后，社会化服务体系尚未形成，自给自足、自我服务的状况尚未从根本上改观。

适应产业结构优化升级新需求，把推动服务业大发展作为产业结构升级的战略重点，坚持服务发展与扩大内需、培育新的经济增长点、扩大就业相结合，实现社会化、市场化、产业化发展；大力发展物流、金融、研发设计、科技信息等生产性服务业，加快培育保险、文化传媒、会展等现代服务业，运用高新技术和现代经营方式改造商贸、餐饮等传统服务业；抓好国家级和省级服务业综合改革试点，加快发展总部经济，打造服务业新亮点，实现生产性服务业功能明显增强。在产业优化升级的过程中，应发展与当地比较优势及新型城镇化发展水平相匹配的产业，注重产业价值链的提升，全面提高城市综合承载力，以带动农村三次产业优化升级。[①]

加快发展生产性服务业，促进产业结构优化升级。生产性服务业主要包括现代物流业、金融业、科技信息服务业、服务外包业、会展业，地方应建立和完善金融资信评估、信用担保、金融咨询、保险评估等中介机构，加强金融服务，扶持地方金融机构发展；完善保险服务网络，开拓农村市场，促进城乡协调发展。适应社会主义新农村建设，加快推进农村金融体系创建；大力发展第三方物流，

---

① 王芳，田明华，秦国伟. 新型城镇化与产业结构升级耦合、协调和优化［J］. 华东经济管理，2020，34（03）：59-68.

加强城乡商业网点和农副产品交易中心、批发市场建设。

优化提升生活性服务业，满足城乡居民消费需求。生活性服务业主要包括文化产业、旅游业、商贸流通业、房地产业、家庭服务业、中介服务业、社区服务业。①文化产业。通过加强文化产业发展，增强民族自信。②旅游业。旅游是物质生活与精神生活的结合，是国民经济的战略性支柱产业，更是人们对美好生活的承接载体，发展旅游业能有效促进区域经济增长并有显著的空间溢出效应。① ③商贸流通业。以开拓市场、扩大消费为主线，改造提升商贸服务业，构建便利化服务体系，大力发展连锁经营、物流配送、电子商务、多式联运等新型服务业态，积极实施"万村千乡"市场工程，加快商业网点向小城镇和农村延伸，建立健全农村流通网络。继续鼓励发展便民诚信的零售、餐饮及修理等城乡商贸服务业。④房地产业。城市经济的持续发展，往往带动住宅、商业、办公等不动产价格的快速上涨，从而吸引房地产领域投资的增加和生产投资的减少，最终导致产品成本和劳动力再生产成本增加，进而丧失成本优势，造成投资选择的游离。② 为保持国民经济健康稳定增长，应保持房地产经济的合理增长③，针对当前房地产行业出现的非正常状况，要加大立法力度，让法律法规规范房地产市场的公平合理竞争和正常发展；还应严格控制对当前房地产行业的投资动向，打击投机"热"钱随意进出房地产市场。⑤家庭服务业。不断完善社区家政、养老、安保、医疗、维修等基础服务设施，培育家庭社区服务市场，引导家庭服务规模化、网络化、品牌化发展。⑥中介服务业。建立公开、公平、规范的行业准入制度，规范中介市场管理，大力发展会计、法律、职介、咨询、信息、评估、担保等中介机构，形成一批具有较高知名度和影响力的中介服务骨干企业。另外，加强建立和完善农村社会化服务体系。围绕农业增效、农民增收，大力发展各类中介服务组织、民营科技组织、农业产业化龙头企业，开展产前、产中、产后服务，推进农业、农机、林业、畜牧等服务产业化；加强农业市场建设，发展特色产品经营，提高农村流通业发展水平；加强农产品市场信息网络建设，为农业生产和农产品销售提供准确及时的信息咨询服务。⑦社区服务业。加快社区信

---

① 鲁欣，周成，夏骑鹏．旅游业发展对资源型地区经济增长的空间效应［J］．经济问题，2023（03）：122-129.

② 吴良镛．京津冀地区城乡空间发展规划研究二期报告［M］．北京：清华大学出版社，2006：106-107.

③ 许宪春，贾海，李皎，等．房地产经济对中国国民经济增长的作用研究［J］．中国社会科学，2015（01）：84-101+204.

息化建设，推进社区公益性服务市场化，扩大服务范围，增强服务功能。加快发展养老托幼、家庭医疗、家庭教育、清洁卫生、保养维护、商业餐饮、文化娱乐、家政等便民利民的社区服务。

5.4.3 构建现代产业体系

（1）城乡职能分工

以人为本，以工业化推动城镇化和农业现代化发展，发展符合资源禀赋和比较优势的产业，不断提升产业附加值和竞争力，推动产业优化升级。立足现有企业和产业基础，充分发挥科技对产业发展的支撑作用，加强技术改造、兼并重组、新产品开发，推动产业链整体升级。促进技术、资本等要素有机融合，加速科技成果产业化，培育壮大战略性新兴产业。

统筹考虑城乡产业布局，按照优势互补、突出特色、错位发展的思路来进行产业聚集，加强各城市的有效交流合作，形成明确分工的专业化生产组织体系；全面推进智慧城市建设，加强城市间信息交流，推动城市间协同互动，促进要素自由流动。大城市重点发展先进制造业、战略性新兴产业和现代服务业，中小城市重点发展制造业、资源性产品加工业和物流业，县城和重点镇发展农副产品加工业和传统制造业，构建特色鲜明、优势互补的产业发展格局。加大招商引资力度，积极承接国内外高端产业转移，提高外向型经济水平。

（2）推进新型工业化

新型工业化是经济增长的新方式。我国工业综合发展水平在不断提高，总体实力已经进入中等发展国家水平。但客观审视，我国工业发展仍然面临不少困难和问题：一是工业结构不够合理，资源类和初加工类占比较大；二是非公经济发展不足，中小企业发展缓慢，行业协会、中介机构等社会化服务体系建设滞后。在经济快速发展初期，主要以消耗资源、环境来拉动经济发展，发展惯性导致我国污染治理能力较弱，节能环保产业发展滞后。[①]

我国要坚持以信息化带动工业化，以工业化促进信息化，走出一条科技含量高、经济效益好、资源消耗低、环境污染少、人力资源优势得到充分发挥的新型工业化道路。工业化与信息化之间是一种前提与发展、载体和动力、基础及对基

---

① 史丹. 绿色发展与全球工业化的新阶段：中国的进展与比较 [J]. 中国工业经济，2018 (10)：5-18.

础之改造的关系。信息化是工业化过程中生产力发展到一定阶段的产物，工业生产对信息技术的需求推动了信息化的发展，坚实的工业基础、完整的工业体系和成熟的制造技术为信息产品和信息传播提供了物质载体和设备依托。同时，工业生产的集聚效应加快了信息技术在企业间的流动和应用，促进了信息技术快速发展，而信息化一旦发展起来就会反过来改造传统工业，推动工业生产方式、管理方式和产业结构的调整，促进工业生产向高附加值化发展。信息产业及相关产业的发展也为工业、制造业提供了新的市场空间和经济增长点（见图5-11）。

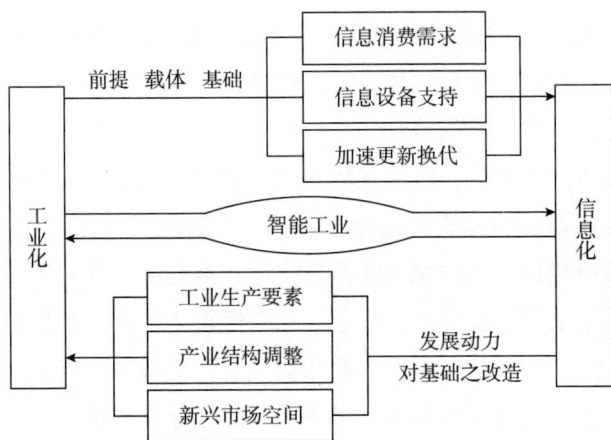

图5-11　工业化与信息化的互动关系

从国际经验比较，信息化的发展并不必然地以工业化完成为前提；相反，根据后发优势和经济赶超战略，发展中国家完全可以在继续完成工业化的同时就着手于信息化工作，通过采取两步并作一步走的并行发展方针，实现工业化、信息化的跨越式发展。在微观企业层面，特别是工业制造领域，无非是两种提升手段：一为提高技术水平，对应提高毛利率；另一为提高管理效率，对应降低三费比例，总体上提高企业效率，增加企业盈利。如果从全产业或是整个经济体看，就是提高社会生产效率，促使产业升级（见图5-12）。[①]

① 段禄峰，张鸿，张利，等.陕西"四化"同步发展模式及推进路径研究［R］.西安：西安邮电大学，2015.

手段   内涵   表现   结果

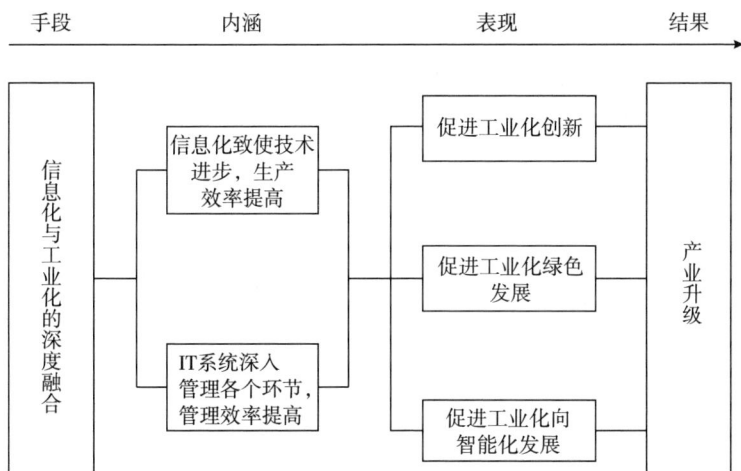

图5-12 信息化和工业化融合促进产业升级

我国以扩大产业规模、优化产业结构、增强自主创新能力为重点，以降低消耗、减少污染、保证安全为方向，充分发挥自然资源、存量资产和科技教育等比较优势，引导生产要素向优势领域集中。在做大做强高新技术、装备制造、现代服务业的同时，用高技术和先进适用技术改造传统产业，形成一批拥有自主知识产权和知名品牌、竞争力较强的企业集团、骨干企业和产品，加快构建产业集群，全面提高工业整体素质和市场竞争力。

（3）发展循环经济

循环经济以生态经济系统的优化运行为目标，以资源的高效利用、循环利用为核心，以减量化、再利用、资源化为原则，以低消耗、低排放、高效率为特征，是对大量生产、大量消费、大量废弃的传统增长模式的根本变革。发展循环经济是解决经济高速增长与生态环境日益恶化之间矛盾的重要途径。

我国要充分发挥科教优势，坚持开发与节约并重、节约优先的方针，按照减量化、再利用、资源化原则，以信息化带动工业化，围绕增加品种、改善质量、节能降耗、防治污染主体，鼓励采用高新技术和先进技术改造传统产业，提高工业产品开发和深加工能力，带动产业结构优化升级。大力推进节能节水节地节材，加强资源综合利用，全面推行清洁生产，完善再生资源回收利用体系，积极探索"资源—产品—废弃物—再生资源"的发展模式，使生态工业、生态农业、生态旅游成为区域发展的重点。积极开发推广资源节约、替代和循环利用技术和产品，推进重点行业节能降耗技术改造，依法关闭破坏环境和不具备安全生产条件的企业。调整降低高耗能、高污染产业规模，强化对水资源、土地、森林、草地等的生态保护。利用市场约束和资源约束增强的"倒逼"机制，坚持产业政策引导、信贷政策支持、财税政策调节，严格执行环保、安全、技术、土地和资源综合利用等市场准入条件，引导市场投资方向，有序推进产能过剩行业的结构调整，建设循环经济政策技术支撑体系，探索以绿色 GDP 为核心的政绩考核制度，改变过去重经济指标、忽视环境效益的评价方法，促进经济持续快速健康发展。精心构筑工业聚集平台，按照区域产业布局和城市空间布局，建设一批产业聚集度高、开发机制灵活、管理科学、服务高效的产业园区，提高资金、人才和技术等生产要素的整合能力。

（4）发展数字经济

增强产业发展对缓解相对贫困的内在动力，需要不断强化产业链韧性。① 国际贸易摩擦、新冠疫情等不稳定性因素增多，迫使政府与学者不断审视中国产业链的抗风险能力，底层逻辑将更加重视产业链安全稳定与自主可控。数字经济突破物理空间限制促进资源优化配置，强化产业环节之间技术经济联系与紧密度，推动产业链上下游协同发展增加产能，在刺激产业链韧性提升进而缓解相对贫困方面的作用凸显。② 作为复杂生态系统的产业链具有多样性、动态性等特征，系统内各节点间的互动关系决定系统经济效率③，进而影响经济发展与贫困治理。

提升产业链韧性重点是增强产业链抵抗力与恢复力。④ 抵抗力主要受产业链自身发展的影响，如链条完整度、产业基础能力、资源配置能力等。恢复力是链上组织节点面对冲击时对资源要素、技术水平、政策制度等的自我调整能力及发现新路径实现动态演进能力。⑤ 数字经济生态中的各类数字因素多元复杂互动，

① 杨肃昌，杨移．新时代相对贫困与资源分配不平等相关性研究［J］．上海经济研究，2022（03）：31-47.

② Efimova V V. Digital Strategies for Improving Global Supply Chain Resilience and Agility［A］//Ashmarina S I. Proceedings of the International Scientific Conference：Smart Nations—Global Trends in the Digital Economy［C］. Berlin：Springer, Cham, 2022（08）：98-113.

③ 单媛，李红梅．加快打造长三角新型更具韧性的产业链［J］．宏观经济管理，2021（12）：57-62+70.

④ 陈晓东，杨晓霞．数字经济可以实现产业链的最优强度吗？——基于 1987-2017 年中国投入产出表面板数据［J］．南京社会科学，2021（02）：17-26.

⑤ 李胜会，戎芳毅．知识产权治理如何提升产业链韧性？——基于国家知识产权示范城市政策的实证检验［J］．暨南学报（哲学社会科学版），2022（05）：92-107.

能显著提升资源的匹配质量与匹配效率，加速新知识与新技术的生产和传播①，主要形成补链、强链、延链与固链等组态效应，推动产业链抵抗力与恢复力提升②③，进而提高经济的运行效率。

在数字经济驱动产业链韧性提升过程中，通过收入分配效应或收入增长效应直接或间接缓解相对贫困。④ ①收入分配效应。根据中心外围理论，发展中国家并不具备均衡发展的条件，只能将有限的资源投入到一些地区和部门，形成规模经济效应后再辐射带动欠发达地区发展。⑤ 数字经济通过加速疏通产业链中的断点、堵点与卡点，叠加其公共物品属性，直接扩大落后地区受到的经济辐射影响，缩小贫富差距。⑥ 数字技术催生的数字新业态，促进产业链纵向、横向全方面延伸⑦，通过直接创造就业来提高国民收入、降低贫困水平。⑧ ② 收入增长效应。内生经济增长理论认为，物质资本和人力资本的积累能够促进区域经济增长，避免地区陷入"贫困陷阱"或发生贫困代际转移。⑨ 数字经济能够加速构建物质资本和人力资本体系，促进区域经济增长加速，如数字经济叠加交通运输的快速发展，极大地降低了产业跨区域转移成本，推动产业链以加速实现生产效率提高和生产成本降低为导向进行空间重构；数字设施促进产业链上主体转变传统的生产周期和方式，提升产出效率，推动生产规模扩大⑩；数字金融实现了资金"直达"，发挥资金流对产业链的稳固作用。⑪

数字经济重构整合要素资源引发生产范式改进和产业联动效应，推动经济效

① Njihia J M, Merali Y. The Broader Context for ICT4D Projects：A Morphogenetic Analysis [J]. MIS Quarterly, 2013 (03)：881-905.

②⑦⑩ 陈晓东，杨晓霞. 数字经济可以实现产业链的最优强度吗？——基于1987—2017年中国投入产出表面板数据 [J]. 南京社会科学，2021 (02)：17-26.

③ Michael R, Romana R, Müller C, et al. Digitalization and its Influence on Business Model Innovation [J]. Journal of Manufacturing Technology Management, 2018, 75 (02)：532-593.

④ 艾小青，田雅敏. 数字经济的减贫效应研究 [J]. 湖南大学学报（社会科学版），2022, 36 (01)：50-56.

⑤ 郑路. 不平衡增长理论的文献综述 [J]. 知识经济，2012 (11)：10.

⑥ 柳卸林，张文逸，葛爽，等. 数字化是否有利于缩小城市间发展差距？——基于283个城市的实证研究 [J]. 科学学与科学技术管理，2021, 42 (06)：102-113.

⑧ Skiter N N, Ketko N V, Rogachev A F, et al. Institutional Poverty as One of the Main Threats to the Digital Economy [J]. International Journal of Sociology and Social Policy, 2020 (05)：15-23.

⑨ 周婷. 广东连南瑶族自治县经济增长的内在动力研究——基于内生经济增长理论 [J]. 特区经济，2020 (05)：100-103.

⑪ 石建勋，卢丹宁，徐玲. 第四次全球产业链重构与中国产业链升级研究 [J]. 财经问题研究，2022 (04)：36-46.

率提升①，数字经济、产业链韧性与收入增长是经济生态系统中天然互动的单元。数字经济生态缓解城乡相对贫困效应不同，城乡需制定差异化相对贫困治理路径，以切实缩小城乡差距。应大力推进数字组织、数字金融与数字基础设施的城乡一体化建设，城镇地区重点突破数字技术攻关，乡村地区强化数字业态培育。第一，公共数字组织应以优化营商环境为导向，加快自身数字化转型，推动数字产业化与产业数字化以促进经济增长；私人数字组织应以市场为导向，构建形成突破物理空间的组织网络，即以龙头数字企业为核心，本地领军型、创新型数字企业为重要节点，促进形成高效的市场响应机制。第二，依托数字金融对社会资本的撬动作用，引导社会资本投入资金密集型的数字基础设施建设，改变当前数字基础设施资金来源与主体单一的局面，加快推进基础设施建设。第三，依托云上平台进行技术联合攻关，打破行政性、地域性壁垒，加快基础领域、关键领域的技术创新突破。第四，根据地区比较优势发展数字业态，形成优势互补、错位发展的空间格局，进一步细化产业分工，从而持续增强产业链韧性。

5.5 公共物品供给

改革开放以来，中国农业人口比重下降但绝对数量依然较多，因此财政直补个体农民难以保证其收入持续增长，增加乡村公共产品供给就成为现实政策选择。② 发展的含义是经济社会的全面进步，绝不仅指经济增长；政府资金的目的并不在于追求最大程度回报，更重要的是提供公共物品，创造社会公平。城乡差距并不是城乡经济总量的差异，而是城乡间公共服务、人民生活水平和质量的差异。中国发展面临着经济持续增长同城乡区域发展不平衡的矛盾，全社会对公共产品需求同公共服务不到位、公共产品短缺的矛盾。我国已进入经济高质量发展阶段，根据马斯格雷夫和罗斯托的"经济成长阶段理论"，公共支出结构应转向公共服务领域。均等化的公共服务不仅可以缓和城乡区域矛盾，维护社会稳定，而且可以更快地促进经济发展。城乡工程性基础设施与城乡服务型基础设施均属

① Goldfarb A, Tucker C. Digital Economics [J]. Journal of Economic Literature, 2019, 57 (01): 3-43.
② 赵聚军. 反哺模式的选择与现代化进程的"缓冲带"——当代中国农民阶层分化的相关政策效应分析 [J]. 求实, 2008 (09): 87-90.

于典型的市场失灵领域，政府提供公共物品可以促进资源配置优化。加强基础设施建设不仅可以改善投资环境，为经济开发奠定良好的基础，而且对落后地区的经济开发起着先导和带动作用。

在构建和谐社会、推进共同富裕的背景下，政府由担当经济发展"主体力量"向更多担当社会发展"推进力量"转变，从"发展推进型"政府转向"公共服务型"政府成为历史必然。中国城镇化发展不但要注重交通、通信等生产性基础设施建设，更要注重生活及文化性服务设施建设。按照主体功能定位调整、完善区域政策和绩效评价，实现区域发展从"以经济总量为重点"向"以基本公共服务均等化为导向"的转变。基础设施规划将以基本公共服务均等化为重点，加快建立社会保障体系，完善义务教育、公共医疗与社会救济体系等。公共基础设施由城市向农村延伸，深刻改变社会生产方式、人们生活方式和价值实现方式。通过体制机制变革所激发出的社会潜能，为社会经济的发展供给源源不断的内生动力。①

5.5.1　教育

教育作为人力资本投资，能促进全社会生产效率提高。教育能够推动技术创新、启动消费和扩大内需。技术进步源于人力资本投资，人力资本投资促进报酬递增。②"终身之计，莫如树人"，教育关系到个人命运和国家前途。教育投入收益不能单以直接产出结果度量，教育使多数人拥有更多的就业和致富机会。③政府应聚焦人民群众期盼，着力构造优质均衡的基本公共教育服务体系，降低普通家庭教育支出，促进教育公平。④

农村劳动力文化素质普遍较低，在推进城乡共同富裕进程中，"治穷先治愚"应成为乡村振兴的基本国策。由于受眼前经济利益驱动，农村青少年辍学、外出打工现象严重；农村留守人员多为老人、儿童、妇女，沿袭传统农业种养技术和模式，而高质量发展约束下的城镇产业，对从业者技能要求越来越高，严重制约了农民阶层向城镇转移的速度。政府应深化教育公平体制改革，优化调整教

---

①　中国行政管理学会课题组，张定安，鲍静. 深化"放管服"改革建设人民满意的服务型政府［J］. 中国行政管理，2019（03）：6-12.

②　吴敬琏. 中国增长模式抉择［M］. 上海：上海远东出版社，2006：39.

③　［英］马歇尔. 经济学原理［M］. 陈良璧，译. 北京：商务印书馆，2005：233.

④　张志勇. "双减"格局下公共教育体系的重构与治理［J］. 中国教育学刊，2021（09）：20-26+49.

育网点布局，推进乡村学校标准化建设和农村社区教育，消除城乡教育差距；以农村中等职业教育为重点，建立农民工培训基地和再就业培训基地；将农民工子女教育纳入城镇教育规划，逐步实现农民工子女在流入地参加中考和高考制度。

5.5.2　就业

就业是民生之本，是缩小收入差距、实现共同富裕的保障。虽然一定失业人口有利于提高生产效率，但失业人口比重过大将会引发严重的社会问题。我国就业市场饱受农村剩余劳动力、国有企业隐性失业释放、社会转型制度性失业、产业调整结构性失业、有效需求不足周期性失业五重叠加影响，就业增长弹性不断下降，"高增长低就业"已成为共同富裕和经济增长的重大议题（见图5-13）。

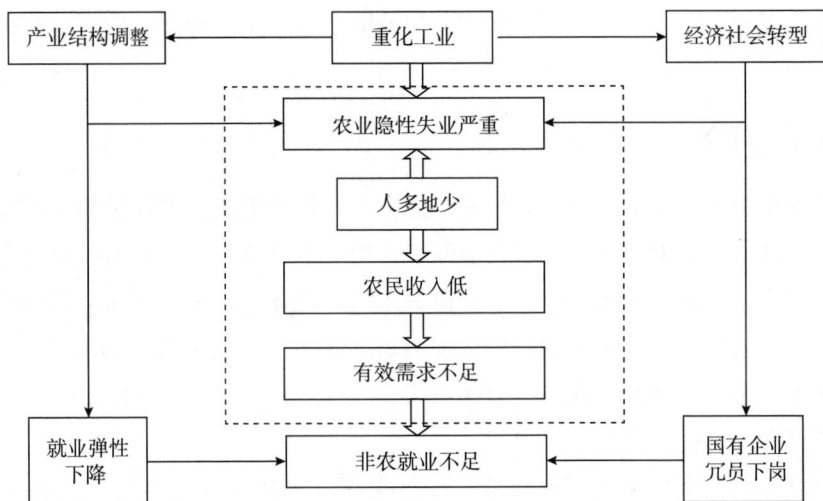

图 5-13　非农产业就业不足框架

进城农民长期稳定就业，才能解决自身及其子女生存及教育、医疗等问题。"三权分置"背景下，流转土地经营权农民的重新再就业，是政府推进城镇化、消解城乡二元结构、实现乡村振兴和共同富裕的重要难题。由于城镇偏向政策，大量农民工在低等级非正规行业就业，社会矛盾不断激化。顶层设计要消除劳动力流动性制度障碍，建立面向全体城乡劳动者的就业供需数据库，提供免费就业信息和政策咨询，加强劳动合同管理和法律援助，实施劳动力培训"阳光工程"，解决农村劳动力就业"市民待遇"问题。在乡镇集体企业整体萎缩的情况下，民营企业依托当地农业资源，创造的就业机会远远大于外企。国家可通过扩权强县、扩权强镇，改善投资环境和人居条件，建设农民创业基地和创业园，大力培育小微企业、为民本创业构筑平台支撑；把就业同市场化进程与体制创新、产业结构调整优化、人口流动与迁移、土地经营权流转和城镇化等紧密结合起来，大力发展劳动密集型产业和服务业，千方百计促进土地经营权流出的农民就业。

5.5.3 社会保障

（1）社会保障促进城镇化发展

社会保障制度是实现二次分配的重要手段，高水平的社会保障能够增加社会福利、化解市场风险、防止两极分化，被称为社会发展的"稳定阀"和"安全网"。19 世纪 80 年代至第二次世界大战前，是发达国家城市化快速推进的时期，也是社会经济发展最不稳定的时期，同时也是发达国家社会保障制度形成时期。这一时期对社会保障制度有着深刻影响的是英国经济学家贝弗里奇，他于 1942 年出版《社会保险及有关服务》一书，全面阐述社会保障理念，以至于在英国、瑞典等国家形成了包括"从摇篮到坟墓"的全套社会保障体系。

乡村富余劳动力是否选择进入城镇取决于成本—收益比较和市场风险。完善的社会保障制度，会降低劳动力向城镇迁移的流动成本。进城农民完全依靠工资生活，生活方式和生活资料发生很大变化，各种事故和风险威胁着他们的正常劳动和生活。如果存在失业、工伤或者老年丧失劳动力而老无所依的风险，那么迁居行为就会倾向于短期化，农民甚至放弃"城市梦想"；陷入困境的进城农民，可能会发生与社会对抗行为。因此，建立并扩大社会保障，使劳动者免遭各种事故和风险袭击，成为促进经济发展的关键因素。医疗保险能够保证劳动者改善和恢复健康，提高工作效率；养老保险既可以减少在职者的赡养负担，也可以打消在职者对自身养老问题的担忧，提高其工作积极性和主动性；失业保险为失业者提供寻找工作时间和进修提高劳动技能条件，对社会稳定有不可磨灭的贡献；工伤保险、生育保险也同样重要。社会保障制度的健全与否，还会影响未来投资、储蓄和消费。社会保障是推动实现共同富裕的重要制度安排，不仅具有调节收入分配作用，而且与共同富裕目标具有价值统一性。① 我国社会保障制度取得了一定进展，但依然问题很多，表现为农村社会保障覆盖面窄，制度"碎片化"突出，城乡社会保障不平衡、不衔接等问题。②

（2）建立统一的社会保障体制

全面建设小康社会、实现共同富裕的难点在农村。一是农村社会保障仍然非常薄弱，低收入农民的基本生活保障还有待完善；二是新型农村合作医疗制度配套资金不到位，保障水平过低；三是新农村社会养老保险制度尚处于理论探索阶段。城镇化进程和非农化发展使农民人均耕地越来越少，土地的保障功能逐步退化；另外，农村人口老龄化和农村家庭小型化也导致家庭保障功能大为削弱。当前，农村医疗、教育费用支出过高，抵制了农民的消费意愿，导致经济发展过多依赖投资。建立完善的城乡一体化社会保障制度，不仅有助于贫困农民增强消费能力，拉动经济增长，而且有助于农村剩余劳动力有序转移和城乡生产资料的合理流转，进而促进经济发展和社会和谐。

我国直至 2007 年，才在全国范围内开始建立农村最低生活保障制度。政府要加大财政投入，全面扩大社会保障覆盖范围，探索建立农村养老保险制度、新型农村合作医疗制度、农村社会救助制度等，逐步提升农村社会保障水平和标准。国家构建政府、企业、个人合理分担的可持续筹资机制，加快推进农民工参加城镇社会保险，合理确定社会保险最低缴费基数，鼓励农民工尽早在城镇参保并连续参保，实现农民工与城镇职工平等参加工伤、失业、生育等保险并享受相应待遇；理顺农民工社会保险的衔接，保证已进入城镇社会保障系统的农民工养老、医疗个人账户的可转移性和便捷性；整合城乡居民基本养老保险制度、基本医疗保险制度，逐步实现社会保障"一卡通"制。省级政府负责制定省域农业转移人口市民化政策，加大对吸纳外来农业转移人口较多市县的财政转移支付。市县政府负责制订本行政区城市和小城镇农业转移人口市民化的具体方案和实施细则，提供基本公共服务，承担相应的财政支出。

5.5.4 转移支付

财政转移支付制度，以不同政府财力差异为基础对国民收入进行再分配，按

---

① 鲁全. 社会保障扎实推动共同富裕中的重要关系研究［J］. 中国高校社会科学，2023（02）：102-111+159.

② 谭永生，关博."十三五"时期建立更加公平可持续的社会保障制度［J］. 宏观经济管理，2014（08）：17-20.

照社会公众意愿提供公共产品和服务，矫正市场缺陷和市场失灵，以实现城乡区域公共服务均等化，具有公共性、非营利性和法制性的特征。现阶段，城市工业导向的财政分配格局，使得农村农业发展资金匮乏。城市公共产品全部由国家提供，乡村公共产品主要靠农村集体经济组织和农民自己解决。乡村公共产品供给不力，也是城乡财政系统不协调、不统筹的综合反映。城乡异化的二元财政体制，变相地从农村吸取资源用于城市发展，造成整体国民经济活动的低效率。我国存在显著的税收竞争，并且以"竞次"特征为主，而转移支付制度能够有效缓解政府间的税收竞争行为。①

根据边际效用递减规律，均等化的资金安排有利于提高资金使用效率。国家通过财政转移支付，增加落后地区公共产品供给，产生的效用远大于投向财力充裕地区。均等化的基本公共服务有助于生产要素按照市场规律在地区间、城乡间流动，有助于形成统一市场，促进区域、城乡经济社会协调发展。经济活动具有外部性，一个地区的公共设施、生态环境可以被其他地区分享；一个地区的工业污染等经济成本，也可给其他地区带来危害。没有政府间的财政转移支付，跨区域的经济活动将不可持续。②我国城乡、区域发展差距较大，应加大均衡性转移支付力度，完善生态保护、农田保护补偿政策等，使全体人民共享改革开放成果。③

---

① 龚锋，陶鹏．财政转移支付与地方税收竞争——来自中国县级层面的证据［J］．经济评论，2022（03）：39-55.

② 邓玲，杜黎明．主体功能区建设的区域协调功能研究［J］．经济学家，2006（04）：60-64.

③ 苏明，韩凤芹，付阳．"十二五"时期西部大开发财税政策效果评估及"十三五"时期政策建议［J］．经济研究参考，2015（13）：3-17+37.

6 城镇化高质量发展协同机制

6.1 城镇化与工业化协调发展

6.1.1 城镇化与工业化相互促进

世界银行在《2020 年的中国》中开宗明义："当前的中国正经历两个转变，即从指令性经济向市场经济转变和从农村、农业社会向城镇、工业社会转变"①，社会阶层不断发生嬗变。工业化是一个国家由落后农业国向先进工业国转型的必由之路，是社会生产力提升的必然产物，是国民经济运行的支柱，工业化已经成为国家综合竞争力的重要标志。② 工业化一般被定义为一个国家或地区的工业产值在国民生产总值中的比例以及工业就业人数在总就业人数中的比例不断上升的过程。从资源配置角度看，工业化过程是产品来源和资源去处从农业领域转向非农业领域的过程；从产业结构角度看，工业化是以服务业为主的第三产业产值比重超过第一产业和第二产业比重之和，劳动力人数比重从农业部门向工业部门和服务业部门流动的过程。③ 城镇化伴随着经济增长、产业结构非农化引发生产要

---

① 世界银行.2002 年的中国 [M]．北京：中国财政经济出版社，1997：13．
② 蒋治，孙久文，胡俊彦.中国共产党工业化实践的历史沿革、理论探索与经验总结 [J]．兰州大学学报（社会科学版），2022，50（06）：13-27．
③ 刘瑞.中国产业转型升级：国际比较与前景展望 [J]．人民论坛·学术前沿，2023（07）：47-59．

素由农村向城市流动和集中，社会从业人员由第一产业向第二、第三产业转移的过程。该过程首先表现为城市及其人口数量的增加和规模的扩大，进而表现为城市资源的更为合理的利用和城市空间形态的不断优化，进而带动农村的快速发展，从而最终实现城市（城镇）和农村的一体化发展。中华人民共和国成立以来，已经建立起了完整的工业体系和强大的工业基础，大片的地域空间被工业化、城镇化，地域空间急剧变迁。现有的城镇化模式，无论是城市承载的内容，还是城市自身的组织方式，很大程度都是传统工业化模式的产物。① 作为世界上最大的发展中国家，也是世界上自然地理与资源分布、经济技术等生产力布局和经济社会发展最不平衡的国家之一，面对城镇化与工业化的迅猛发展，中国正以历史上最脆弱的生态环境承载着历史上最多的人口，担负着巨大的资源消耗，同时也面临着空前的环境挑战。今后，中国既不能沿袭传统的高能耗、高污染、低效率的苏联的重工业化模式，也不能模仿和采用高消费、高消耗、高排放的发达国家的现代化模式。中国是世界上二氧化碳排放量最多的国家，工业是二氧化碳排放量最大的领域，在发展中要注重工业化与绿色发展相协调，尽快实现碳达峰并推动碳中和。②

在经济发展的历史进程中，工业化与城镇化犹如同胞兄弟，同生同长。工业化是城镇化的经济内容，是城镇化发展的前提和基础；城镇化是工业化的空间落实，是推动工业化进程的加速器。城镇化与工业化同步发展是现代化建设的核心内容，工业化为城镇化提供产业支撑，城镇化为工业化提供空间载体。③ 工业化滞后，城镇化缺乏供给保障；城镇化滞后，工业化缺乏市场需求。城镇化与工业化协调发展模式也被称为城市—工业导向模式，由阿瑟·刘易斯于20世纪50年代首次提出，用以解决经济落后或发展中国家严重的城乡二元经济结构问题。城镇化与工业化协调发展，强化产业结构对就业结构的带动作用，能为从乡村分化出来的农民提供更多的就业岗位。工业部门相比与农业部门有着更高的劳动生产率，当由传统农业社会转向工业社会时，越来越多的农村富余劳动力离开农村，由农业转向工业、服务业等非农产业，导致原先分散居住在广大农村的人口向不

① 张永生．城镇化模式：从工业文明转向生态文明［J］．城市与环境研究，2022（01）：79-87．
② 中国社会科学院工业经济研究所课题组，史丹．工业稳增长：国际经验、现实挑战与政策导向［J］．中国工业经济，2022（02）：5-26．
③ 张慧慧，胡秋阳，张云．新型城镇化建设与工业化协调发展研究——基于城市化与城镇化的二元视角［J］．经济体制改革，2021（04）：66-73．

同规模的城镇集聚，城镇居住人口占总人口的比重不断上升，工业化进程诱导城镇化进程；城市基础设施的完善及良好的生活环境，吸引高素质人才、资金、科技创新等生产要素不断向城市集聚，城镇化反过来又促进了工业化进程，推动工业不断向更高层次发展。[①] 通过发展城市工业，引导农村富余劳动力向城市集聚，农民边际收入逐渐与工人边际收入持平，城乡社会由对抗逐步走向融合，二元经济结构转化为一元经济结构。在城镇化的初级阶段和中级阶段前期，工业化是城镇化的主要动力，到了城镇化的高级阶段，第三产业成为城镇化的主要动力。在初级阶段，工业化率高于城镇化率，而到了城镇化的高级阶段，则会形成城镇化率高于工业化率的格局。如果一个国家的城镇化与工业化协调发展，那么在工业社会的中前期，城镇化率、工业化率与非农化率几乎是三条平行上升的曲线，如图 6-1 所示。城镇化与工业化的关系分为城镇化滞后于工业化，城镇化超前于工业化和城镇化与工业化协调发展三种情况，判断我国及我国不同区域城镇化与工业化的关系，需要用科学的方法和精确的数据进行度量。[②]

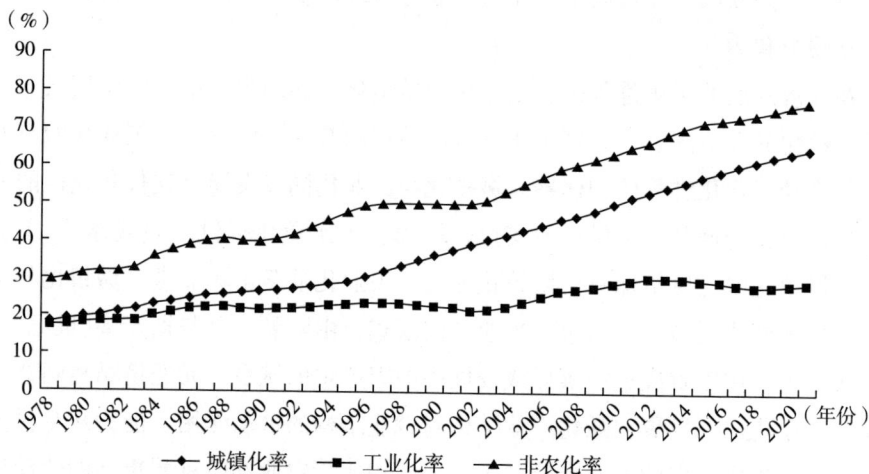

图 6-1　我国城镇化、工业化与非农化的数量对比关系（1978~2021 年）

---

① 罗胤晨. 工业集聚视角下的城镇化路径选择——以长江三角洲地区为例 [J]. 社会科学, 2015（02）：67-77.

② 段禄峰, 张沛. 我国城镇化与工业化协调发展问题研究 [J]. 城市发展研究, 2009, 16（07）：12-17.

城镇化与工业化的协调发展，是在目前我国外部市场需求趋于衰减的情况下，增加内需、保证经济可持续增长的需要，是解决"三农"问题、构建和谐社会的重要保障。要在中国城镇化与工业化快速发展阶段确保其健康发展，必须掌握城镇化与工业化发展现状和特点以及对未来的可能趋势进行预测，这样才能顺应经济社会发展规律，才能采取有针对性的政策措施进行科学引导，不断提高城镇化与工业化的可持续发展水平。

6.1.2 城镇化与工业化发展关系测度

人们通常用 IU 比和 NU 比这两个指标来分析一个国家和地区的城镇化与工业化之间的发展关系。[①] IU 比是指劳动力工业化率与城镇化率的比值，NU 比是指劳动力非农化率与城镇化率的比值。1950~1980 年，无论是发达国家还是发展中国家，随着工业化、非农化和城镇化的协调发展，IU 比越来越接近 0.5，NU 比越来越接近 1.2，IU 比、NU 比的 0.5 和 1.2 国际标准值法也就成为判断一个国家城镇化与工业化是否协调发展的基本方法。下面就用 IU 比、NU 比的 0.5 和 1.2 国际标准值法及《中国统计年鉴》上的数据对我国城镇化与工业化之间的关系进行分析，如表 6-1 及图 6-2 所示。

表 6-1　我国城镇化率与 IU 标准、NU 标准的数量关系（1978~2021 年）

年份	U	I	N	IU 比	NU 比	IU 标准	NU 标准	U-IU 标准	U-NU 标准
1978	17.92	17.3	29.5	0.97	1.65	34.6	24.58	-16.68	-6.66
1980	19.39	18.2	31.3	0.94	1.61	36.4	26.08	-17.01	-6.69
1985	23.71	20.8	37.6	0.88	1.59	41.6	31.33	-17.89	-7.62
1990	26.41	21.4	39.9	0.81	1.51	42.8	33.25	-16.39	-6.84
1991	26.94	21.4	40.3	0.79	1.50	42.8	33.58	-15.86	-6.64
1992	27.46	21.7	41.5	0.79	1.51	43.4	34.58	-15.94	-7.12
1993	27.99	22.4	43.6	0.80	1.56	44.8	36.33	-16.81	-8.34
1994	28.51	22.7	45.7	0.80	1.60	45.4	38.08	-16.89	-9.57
1995	29.04	23.0	47.8	0.79	1.65	46.0	39.83	-16.96	-10.79

---

① 孔凡文，许世卫．中国城镇化发展速度与质量问题研究［M］．沈阳：东北大学出版社，2006：23-49.

续表

年份	U	I	N	IU 比	NU 比	IU 标准	NU 标准	U-IU 标准	U-NU 标准
1996	30.48	23.5	49.5	0.77	1.62	47.0	41.25	−16.52	−10.77
1997	31.91	23.7	50.1	0.74	1.57	47.4	41.75	−15.49	−9.84
1998	33.35	23.5	50.2	0.70	1.51	47.0	41.83	−13.65	−8.48
1999	34.78	23.0	49.9	0.66	1.43	46.0	41.58	−11.22	−6.80
2000	36.22	22.5	50.0	0.62	1.38	45.0	41.67	−8.78	−5.45
2001	37.66	22.3	50.0	0.59	1.33	44.6	41.67	−6.94	−4.01
2002	39.09	21.4	50.0	0.55	1.28	42.8	41.67	−3.71	−2.58
2003	40.53	21.6	50.9	0.53	1.26	43.2	42.42	−2.67	−1.89
2004	41.76	22.5	53.1	0.54	1.27	45.0	44.25	−3.24	−2.49
2005	42.99	23.8	55.2	0.55	1.28	47.6	46.00	−4.61	−3.01
2006	43.90	25.2	57.4	0.57	1.31	50.4	47.83	−6.50	−3.93
2007	44.94	26.8	59.2	0.60	1.32	53.6	49.33	−8.66	−4.39
2008	46.99	27.2	60.4	0.58	1.29	54.4	50.33	−7.41	−3.34
2009	48.34	27.8	61.9	0.58	1.28	55.6	51.58	−7.26	−3.24
2010	49.95	28.7	63.3	0.57	1.27	57.4	52.75	−7.45	−2.80
2011	51.83	29.6	65.3	0.57	1.26	59.2	54.42	−7.37	−2.59
2012	53.1	30.4	66.5	0.57	1.25	60.8	55.42	−7.7	−2.32
2013	54.49	30.3	68.7	0.56	1.26	60.6	57.25	−6.11	−2.76
2014	55.75	30.2	70.7	0.54	1.27	60.4	58.92	−4.65	−3.17
2015	57.33	29.7	72	0.52	1.26	59.4	60.00	−2.07	−2.67
2016	58.84	29.3	72.6	0.50	1.23	58.6	60.50	0.24	−1.66
2017	60.24	28.6	73.3	0.47	1.22	57.2	61.08	3.04	−0.84
2018	61.5	28.2	74.3	0.46	1.21	56.4	61.92	5.1	−0.42
2019	62.71	28.2	75.3	0.45	1.20	56.4	62.75	6.31	−0.04
2020	63.89	28.7	76.4	0.45	1.20	57.4	63.67	6.49	0.22
2021	64.72	29.1	77.1	0.45	1.19	58.2	64.25	6.52	0.47

注：①U 表示城镇化率；I 表示工业化率；N 表示非农化率。

②IU 标准＝2I；NU 标准＝N/1.2。

资料来源：根据《中国统计年鉴（2022）》计算整理。

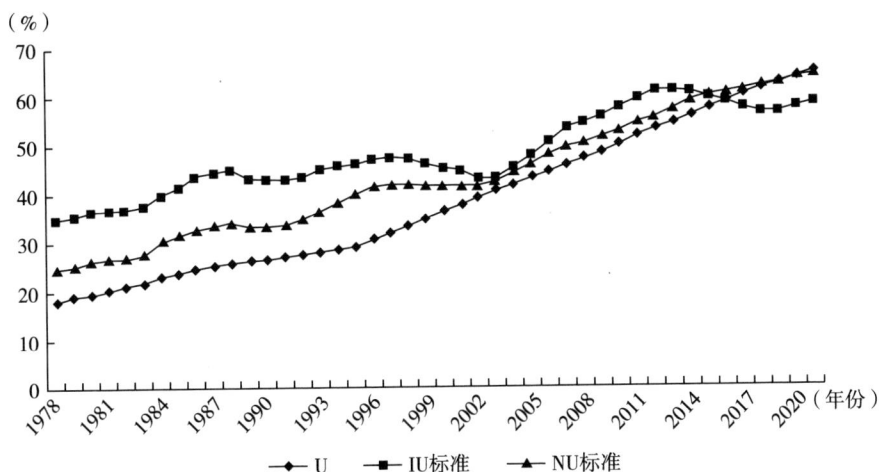

图 6-2 我国城镇化率与 IU 标准、NU 标准的数量对比关系（1978~2021 年）

（1）IU 标准数学分析

我们以 U-IU 标准变化趋势，把 1978~2021 年 44 年间我国城镇化与工业化的关系划分为五个阶段：第一阶段，1978~1995 年，城镇化滞后于工业化，且滞后现象基本保持不变；第二阶段，1996~2003 年，城镇化滞后于工业化，但滞后现象逐渐缩小；第三阶段，2004~2013 年，城镇化滞后于工业化，并且滞后现象又逐渐增大；第四阶段，2014~2016 年，城镇化滞后于工业化，但滞后现象逐渐缩小；第五阶段，2017~2021 年，工业化滞后于城镇化，且滞后现象基本保持不变。在 I/U 比大于 0.5 的情况下，可以对上述变化作如下分析：

$$|U-IU 标准| = |U-2I| = 2U|0.5-I/U| = 2U(I/U-0.5)\qquad(6-1)$$

1978~1995 年，U↑，I/U↓，且两者上升下降幅度相差不大，则｜U-IU 标准｜基本保持不变，城镇化滞后于工业化的现象没有太大变化；1996~2003 年，U↑，I/U↓，且 U 增大的幅度小于 I/U 减小的幅度，则｜U-IU 标准｜趋于变小，城镇化滞后于工业化现象逐步缩小；2004~2013 年，U↑，I/U↑，则｜U-IU 标准｜趋于变大，城镇化滞后于工业化现象逐步增大；2014~2016 年，U↑，I/U↓，且 U 增大的幅度小于 I/U 减小的幅度，则｜U-IU 标准｜趋于变小，城镇化滞后于工业化现象逐步缩小；2017~2021 年，U↑，I/U↓，城镇化上升幅度大于工业化变动幅度后，两者的上升下降幅度趋于平缓。｜U-IU 标准｜基本保持不变，城镇化的发展超过了工业化的发展。

（2）NU 标准数学分析

我们以 U-NU 标准变化趋势，也把 1978~2021 年 44 年间我国城镇化与工业化的关系划分为五个阶段：第一阶段，1978~1995 年，城镇化滞后于工业化，并且滞后现象逐步增大；第二阶段，1996~2003 年，城镇化滞后于工业化，但滞后现象逐渐缩小；第三阶段，2004~2013 年，城镇化滞后于工业化，并且滞后现象又逐渐增大；第四阶段，2014~2016 年，城镇化滞后于工业化，但滞后现象逐渐缩小；第五阶段，2017~2021 年，工业化滞后于城镇化，且滞后现象基本保持不变。在 NU 比大于 1.2 的情况下，数学分析如下：

$$|U-NU\text{标准}|=|U-N/1.2|=U\left|\frac{N/U}{1.2}-1\right|=U\left(\frac{N/U}{1.2}-1\right) \tag{6-2}$$

1978~1995 年，U↑，N/U 基本不变，则｜U-NU 标准｜↑，城镇化滞后于工业化现象逐步增大；1996~2003 年，U↑，N/U↓，且 U 增大的幅度小于 N/U 减小的幅度，则｜U-NU 标准｜↓，城镇化滞后于工业化现象逐步缩小；2004~2013 年，U↑，N/U↑，则｜U-NU 标准｜↑，城镇化滞后于工业化现象逐步增大；2014~2016 年，U↑，I/U↓，且 U 增大的幅度小于 I/U 减小的幅度，则｜U-IU 标准｜趋于变小，城镇化滞后于工业化现象逐步缩小；在 2017~2021 年，U↑，I/U↓，城镇化上升幅度大于工业化变动幅度后，两者的上升下降幅度趋于平缓。｜U-IU 标准｜基本保持不变，城镇化的发展超过了工业化的发展。

改革开放之初，我国城镇化滞后于工业化现象明显，这是由我国的特殊国情决定的，和我国的城镇化背景及相关政策的实施有着很大关系。中华人民共和国成立之初，城镇化率仅为 10.6%，改革开放前的 1978 年也仅为 17.92%，IU 比和 NU 比分别是 0.97 和 1.65，远远高于 0.5 和 1.2 的国际标准值，城镇化滞后于工业化的状况非常严重。改革开放后，随着国民经济的快速发展，我国城镇化率稳步提高，IU 比和 NU 比总体趋势不断下降，城镇化滞后于工业化的态势逐渐缩小，2003 年我国城镇化与工业化最为协调，IU 比、NU 比为 0.53 和 1.26，与国际标准（0.5、1.2）基本相符。值得注意的是，自 2003 年后情况却出现了逆转，城镇化滞后于工业化的态势又有逐步增大趋势，至 2007 年，我国 IU 比、NU 比为 0.60 和 1.32，2007 年后我国 IU 比、NU 比虽有波动，但总体处于下降趋势。至 2021 年，我国 IU 比、NU 比为 0.45 和 1.19，与国际标准（0.5、1.2）基本相符。

城镇化滞后于工业化会导致一系列的负面效应：由于从事非农产业的农民没

有成为市民，导致土地规模经营难以全面展开，大大延缓了农业的现代化进程；越来越多的农村人口仍然靠日趋减少的土地度日，土地的超强度利用致使土地板结，草原沙漠化，森林水源涵养力降低，洪涝灾害日趋频繁，生态环境日益恶化；占人口多数的农民是低消费群体，限制了我国消费品和服务业的市场扩张，最终体现为消费品全面过剩，服务业发展缓慢；小城镇建设落后，加剧了乡镇企业的分散布局，导致企业缺乏外部规模经济效益，企业职工的素质也难以提高，也增加了我国治理企业污染的难度。

党的十八大以来，我国新型城镇化建设取得了巨大的成就，2021年末城镇的常住人口达到64.72%，户籍人口城镇化率提高到46.7%，分别比上年提高0.83个和1.3个百分点。城镇化发展水平不断提高，城镇基础设施不断完善，城镇接纳更多务工人员，创造更多就业岗位，人民生活水平和幸福指数不断提升。传统农业有细碎化及小规模的特点，造成我国长期以来农业生产的"内卷化"。随着农村人口不断向城镇流动，农村人口与农业土地分离，造成土地承包权及经营权的空间分离。进入城市的农村人口不再囿于地域限制，减少了大规模的"民工潮""孔雀东南飞"现象。同时，可以引入社会资本进入农村进行土地规模经营，促进城乡生产要素双向流动，盘活农村土地资源①，通过效率提升提高农民消费能力，促进城乡融合发展。

我国基本实现了工业化，但是各区域在工业发展的过程中还存在不平衡不充分的问题，并且近年来工业的增加值以及工业就业比重存在下降趋势，呈现出过早的"过度去工业化"的特征。而工业是吸纳农业剩余劳动力的重要产业部门，"过度去工业化"不仅会影响农业劳动力的转移，同时会对城镇化的进程产生影响。在新的发展阶段，要实现工业经济的高质量发展，就要深化工业化阶段的质量变革、效率变革、动力变革，在价值链升级过程中保持强大的生产能力和技术创新水平，针对不平衡不充分发展问题，对东中西及东北地区实施差别化工业转型升级战略。②

分析2021年各省（区、市）域城镇化与工业化的关系可以发现，全国层面城镇化超前于工业化（见表6-2和图6-3）。就四大地区而言，以IU标准来看，

① 谢地，李梓旗. 城镇化与乡村振兴并行背景下的城乡人口流动：理论、矛盾与出路［J］. 经济体制改革，2020（03）：39-45.

② 魏后凯，王颂吉. 中国"过度去工业化"现象剖析与理论反思［J］. 中国工业经济，2019（01）：5-22.

西部、中部及东北地区城镇化超前于工业化，东部地区城镇化与工业化最协调；以NU标准来看，东北地区、中部地区城镇化超前于工业化，西部地区城镇化略超前于工业化，东部地区城镇化与工业化协调发展。但无论以哪种标准，东北地区、中部地区及西部地区城镇化都超前于工业化，东部地区城镇化与工业化最为协调。

表 6-2   我国四大地区城镇化率与 IU 标准、NU 标准的数量关系（2021 年）

项目	全国	东部地区	中部地区	西部地区	东北地区
U	64.72	71.39	78.43	58.25	68.24
I	29.1	35.38	29.41	21.72	18.77
N	77.1	86.26	75.96	66.64	67.55
IU 比	0.45	0.5	0.37	0.37	0.28
NU 比	1.19	1.21	0.97	1.14	0.99
IU 标准	58.2	70.76	58.82	43.44	37.54
NU 标准	64.25	71.88	63.3	55.53	56.29
U–IU 标准	6.52	0.63	19.61	14.81	30.7
U–NU 标准	0.47	−0.49	15.13	2.72	11.95

注：①U 表示城镇化率；I 表示工业化率；N 表示非农化率。

②IU 标准＝2I；NU 标准＝N/1.2；钱纳里标准是根据各个区间的最大值、最小值用内插法求出。

资料来源：根据《中国统计年鉴（2022）》计算整理。

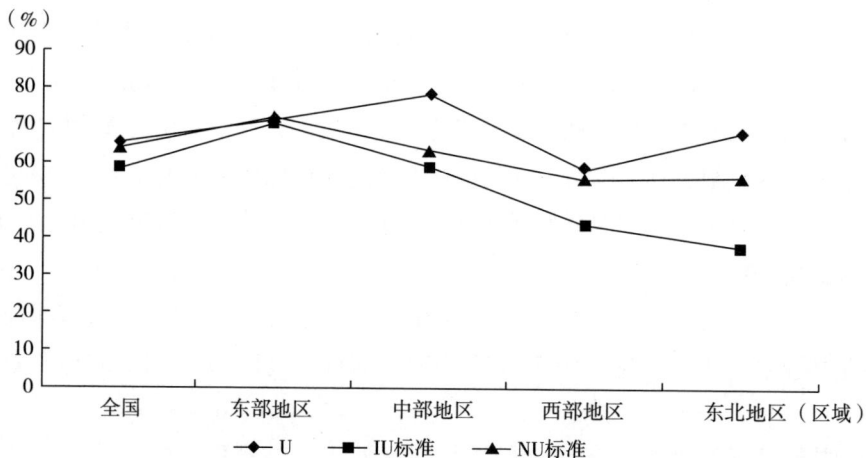

图 6-3   我国四大地区城镇化率与 IU 标准、NU 标准的数量对比关系（2021 年）

6.2 城镇化与经济协调发展

6.2.1 城镇化与经济增长的互动机制

城镇化是在城乡空间系统下的一种经济转换过程，聚集经济和规模经济推进农业人口和经济不断向城镇集中。因而，城镇化的快速推进对经济发展起着重要的促进作用，同时，也对空间的组织优化提出了更高的要求。世界城镇化的历史表明，城镇化与经济发展水平的关系最为密切，城镇化与经济发展之间存在正相关关系，经济发展是城镇化的基础，城镇化对经济发展有着巨大的推动作用。[1] 瑞诺（1981）基于 111 个国家数据分析发现，一国经济发展与城镇化水平紧密相关：当人均 CNP 从 250 美元增加到 1500 美元时，人口的城镇化水平一般会从 25% 上升到 50%，当人均达到 5000 美元时，城镇化水平会上升到 75% 以上。[2] 城市经济学家维农·亨德森（1999）计算出世界各国城镇化率与人均 GDP（对数）之间的相关系数是 0.85。[3] 美国经济学家 H. 钱纳里曾对 1950~1970 年 101 个国家的经济发展水平数据与城镇化数据进行过回归分析，证明在一定的人均国民生产总值水平上，一定的生产结构、劳动力配置结构与城镇化水平相对应。世界银行的世界发展指数体系也表明，一个城镇或地区城镇化率与当地人均国内生产总值有显著的正相关关系，经济越发达城镇化率越高（见表6-3）。[4] 国家应把推进城镇化放到社会发展与经济增长的首要位置，不仅是解决城乡二元经济矛盾、缩小城乡差距的需要，更是目前外部市场需求趋于衰减的情况下，增加内需、保证经济可持续增长的需要。

---

① 杨振，张小雷，李建刚，等. 中国地级单元城镇化与经济发展关系的时空格局——基于2000年和2010年人口普查数据的探析［J］. 地理研究，2020，39（01）：25-40.

② Renaud B. National Urbanization Policy in Developing Countries［M］. Oxford：Oxford University Press，1981：17-18.

③ Henderson V. How Urban Concentration Affects Economic Growth［M］. Oxford：Oxford University Press，1999：106-108.

④ Kern M. Future of Agriculture, Global Dialogue EXPO 2000, the Role of the Village in the 21st Century：Crops［M］. Germany：Hanover Press，2000：56-58.

表6-3 世界各国（地区）人均 GDP 与城镇化水平的关系

人均 GDP（美元）	290 以下	499	606	990	3318	7868	10461	16841
城镇化率（%）	20 以下	20~29	30~39	40~49	50~59	60~69	70~79	80 以上

　　我国学者也对城镇化与经济发展之间的关系进行实证分析，得出了大致相同的结论。北京大学周一星教授对 1977 年世界 157 个国家和地区的资料进行分析，发现除其中 20 个国家两种水平之间互不匹配外，其余 137 个国家和地区的这两个指标的对数曲线关系为：y=40.62lg（x）-75.83。式中，y 表示城市人口占总人口的比重（%），x 表示人均国民生产总值（美元/人），相关系数 R=0.9079，标准差 S=9.8。[①] 许学强教授根据美国人口普查局公布的 1981 年 151 个国家的资料，证明了城镇化水平与人均 GNP 之间也存在对数曲线相关，相关系数达 0.81；人均 GNP 低的欠发达国家城镇化水平随着 CNP 增加而提高的速度最快，人均 CNP 中等水平的国家城镇化水平随着 GNP 增加而提高的速度较快，人均 GNP 高的发达国家城镇化水平随着人均 CNP 增加而提高的速度变慢，并趋于稳定；城镇化水平随着人均 GNP 的增长而提高，但提高的速度又随人均 GNP 的增加而减缓。[②] 成德宁选择 76 个国家作为大国样本进行分析，根据世界银行公布的 2002 年 76 个国家人均 GNP（按 PPP 方法计算）和城镇化率资料，画出散点图，再根据散点图的分布形状，选配了对数曲线，证明城镇化水平与人均 GNP 之间也存在对数曲线相关，其对数曲线为：y=15.312lg（x）-74.107，相关系数为 0.82，标准差为 15.1。[③]

　　（1）经济增长推动城镇化发展

　　城镇化就是一个国家或地区的人口由农村向城市转移、农村地区逐步演变为城市地区、城市人口不断增长的过程。聚集经济和规模经济推进人口和经济不断向城镇集中，经济增长对城镇化的影响机制主要表现在三个方面，即收入效应、规模效应和结构效应。

　　收入效应。城镇化的核心是以人为本，本质是农村转移劳动力的市民化，而以人为本纲领的实施和市民化的实现则需要稳定的经济增长环境和经济增长率。根据传统经济学理论和经济社会发展实践，经济增长可以创造就业机会、增加政

① 周一星. 城市地理学 [M]. 北京：商务印书馆，1995：93-95.

② 许学强，朱剑如. 现代城市地理学 [M]. 北京：中国建筑工业出版社，1998：62-63.

③ 成德宁. 城市化与经济发展——理论、模式与政策 [M]. 北京：科学出版社，2004：81-82.

府财政收入，最终表现为提高居民收入水平，即居民收入效应。并且能使转移劳动力在医疗、卫生、公共设施、教育、社会保障等方面享受与市民相同的待遇，实现真正意义上的市民化。经济增长的收入效应为转移劳动力实现市民化提供了基本前提和保障，避免了"虚假城镇化"的出现。

规模效应。城镇化发展体现在经济、社会、文化和生态等方面。经济增长在提升居民收入水平的同时，还会促进城市公共服务水平的提升，体现在社会、文化和生态三个方面，使得公共服务行业在两个方面呈现一定的规模效应。一方面，就政府层面而言，经济增长有助于政府加大在公共产品和公共服务领域的投资额度和力度，实现公共服务水平的提高和均等化，提高城镇化的质量；另一方面，公共服务行业私人投资和消费的增多，在很大程度上形成了规模发展效应，实现产品和服务集中生产、规模化和市场化。

结构效应。经济增长微观层面的资源优化配置和提高劳动生产率的作用，表现在宏观层面就是经济体产业结构、消费结构和劳动力资源结构的优化升级。经济增长引导社会有效需求不断升级，社会需求结构决定产业需求，进而决定产业结构的变化，产业结构的调整会促进经济结构的转型，最终对劳动力资源进行有效配置优化。另外，文化软实力的提升也是经济增长的内在动力和表现形式，对于城镇化发展进程中不合理体制和机制的破除具有重要意义。

推进城镇化是体制改革和制度创新的过程。国家首先是保持宏观经济基本稳定，降低国际金融与贸易危机的影响；其次是转变经济发展方式，强化节能减排约束，改变目前主要由投资带动的经济发展模式，调低税率，刺激和鼓励国内消费，启动巨大的乡村消费市场；再次是调整优化产业结构，大力发展服务业，改变目前经济主要依靠工业带动为三次产业协调拉动；最后是改革垄断行业，加快事业单位改革，鼓励民营企业参与国有企事业单位改革、改制，促进民营经济发展。

（2）城镇化发展促进经济增长

世界城镇化的历史表明，城镇化与经济发展水平的关系最为密切。国内外许多学者对于城镇化与经济增长的关系以及两者之间的中介因素进行了实证研究，一致认为城镇化的发展会促进经济的增长。"十四五"新型城镇化实施方案指出，城镇化是现代化的必由之路。近年来，我国新型城镇化发展取得了巨大的进步，中心城市和城市群为带动全国高质量发展的动力源，城市规模得到优化，可持续发展能力进一步增强。我国城镇化持续发展动力强劲，推动城镇化速度和质量发展有利于转变城市经济发展方式，满足人民日益增长的美好生活的需求。以城市群的辐射作用带动整个区域的发展，实现要素的充分流动，促进地区间协同发展，缩小区域间、城乡间经济发展差距。

党的十九大报告强调，我国经济增长已由高速增长阶段转向高质量发展阶段，经济发展进入新时代是遵循目前经济发展规律的必然选择。尽管我国经济长期向好的基本面没有改变，经济韧性强、长期以较高的速度增长，但目前不稳定的国际外部环境以及内需不足、预期转弱的内部环境仍使经济稳定运行面临较多挑战。在国内外需求较为疲软的现实约束下，城镇化是稳定我国经济增长的重要动力。相较于城市居民，农村居民消费水平低、消费潜力更大。

6.2.2 城镇化与经济协调发展关系测度

城市规模与劳动力、文化、产业多样化成正比，城镇化发展中人口和经济在城市聚集有利于区域经济的增长。[①] 根据 1978~2021 年我国城镇化率与 GDP 和人均 GDP 的数据进行分析，发现城镇化率与 GDP 和人均 GDP 都存在明显的正相关关系。其中，城镇化率与 GDP 的对数相关曲线为：$y = 7.7066 \ln(x) - 48.846$。式中，$y$ 表示城镇化率（%），x 为 GDP（亿元），相关系数 $R^2 = 0.9403$。即当 GDP 增加 1% 时，城镇化率增加 7.71 个单位（见图6-4）；城镇化率与人均 GDP 的对数曲线关系为：$y = 8.2506 \ln(x) - 34.375$。式中，$y$ 表示城镇化率，x 为人均 GDP（元），相关系数 $R^2 = 0.9438$，即当人均 GDP 增加 1% 时，城镇化率增加 8.25 个单位（见图6-5）。

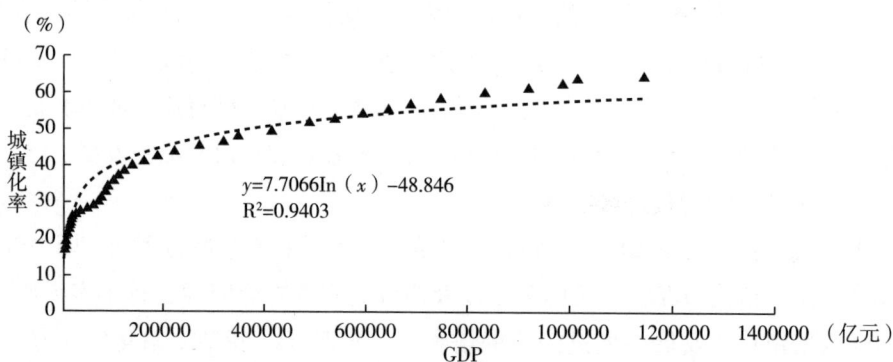

图6-4 我国城镇化率与 GDP 总量的对数曲线（1985~2021年）

---

① 丁成日，朱佳星，陈灿. 城镇化和城镇化模式对经济增长的影响分析 [J]. 城市发展研究，2022, 29 (12): 12-20.

· 150 ·

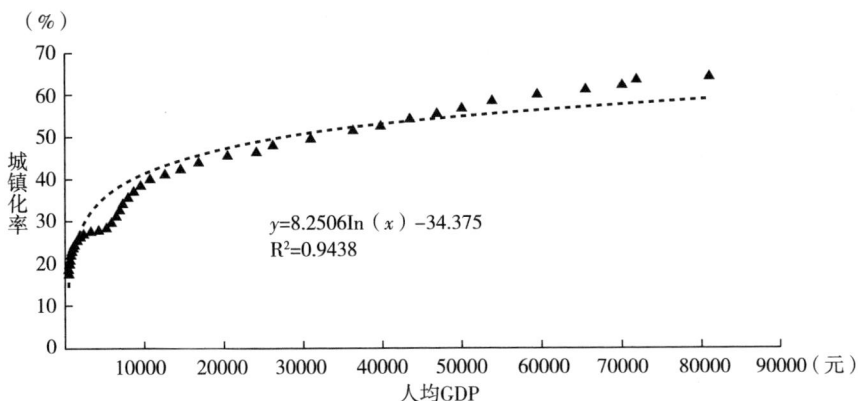

（%）

$y=8.2506\ln(x)-34.375$
$R^2=0.9438$

城镇化率

人均GDP

图6-5 我国城镇化率与人均 GDP 的对数曲线（1985~2021 年）

图 6-5 意味着当以人均 GDP 为指标衡量经济是否增长时，城镇化水平提高能够增加人均 GDP。一般而言，经济发展较差地区城镇化水平提高较快，能够快速带动经济增长，有利于缩小地区间收入差距。

长久以来，农村剩余劳动力受城市更多就业机会、更稳定收入的影响迁往城市。为城市的建设做出贡献的同时，也提升了个人的实际收入水平，改变了其消费结构和消费水平。随着人口和产业的不断集聚，区域内的基础设施完善，产业链条更加完整，吸引更多高素质的人才流入。高素质的人力资本改变了劳动力结构，促使劳动生产率提升，城镇化通过物质、人力、技术、土地和消费等中介因素对经济增长产生正向影响。[①] 从表 6-4 中的数据来看，改革开放至 2021 年我国城镇化率平均每年增长 1.06%。2021 年我国城镇化率为 64.72%，城镇常住人口达到 9.14 亿人，农村剩余劳动力向城市转移助力城市建设，刺激了中国经济增长，人均国民生产总值达到 80976 元。虽然受疫情影响，我国近两年经济增速放缓，但仍处于正增长水平。2021 年我国户籍人口城镇化率仅为 46.7%，与居住人口城镇化率相差 18 个百分点，在城镇生活的人们仍有 2.5 亿非城市户口，"以人为本"城镇化发展质量仍有较大提升空间。

---

① 陈俊梁，史欢欢，林影，等. 城镇化对经济增长影响的路径分析——基于长三角城市群的研究[J]. 经济问题，2022（04）：49-57.

表 6-4 我国城镇化与国民生产总值、人均国民生产总值的关系（1978~2021 年）

年份	城镇化率 （%）	城镇人口 增长率（%）	世界城镇人口 增长率（%）	GDP （亿元）	PGDP （元）	DGDP （%）
1978	17.92	3.48	3.48	3678.7	385	10.56
1979	18.96	5.26	3.40	4100.5	423	11.47
1980	19.39	5.16	3.59	4587.6	468	11.88
1981	20.16	5.13	3.48	4935.8	497	7.59
1982	21.13	5.30	3.34	5373.4	533	8.87
1983	21.62	4.47	3.34	6020.9	588	12.05
1984	23.01	4.32	3.34	7278.5	702	20.89
1985	23.71	4.34	3.31	9098.9	866	25.01
1986	24.52	4.44	3.28	10376.2	973	14.04
1987	25.32	4.53	3.26	12174.6	1123	17.33
1988	25.81	4.51	3.14	15180.4	1378	24.69
1989	26.21	4.40	3.02	17179.7	1536	13.17
1990	26.41	4.31	2.80	18872.9	1663	9.86
1991	26.94	4.60	2.62	22005.6	1912	16.60
1992	27.46	4.43	2.62	27194.5	2334	23.58
1993	27.99	4.30	2.48	35673.2	3027	31.18
1994	28.51	4.25	2.32	48637.5	4081	36.34
1995	29.04	4.16	2.27	61339.9	5091	26.12
1996	30.48	4.09	2.40	71813.6	5898	17.07
1997	31.91	4.01	2.36	79715	6481	11.00
1998	33.35	3.91	2.27	85195.5	6860	6.88
1999	34.78	3.77	2.19	90564.4	7229	6.30
2000	36.22	3.65	2.15	100280.1	7942	10.73
2001	37.66	4.06	2.18	110863.1	8717	10.55
2002	39.09	4.20	2.21	121717.4	9506	9.79
2003	40.53	4.08	2.18	137422	10666	12.90
2004	41.76	3.98	2.17	161840.2	12487	17.77

年份	城镇化率（%）	城镇人口增长率（%）	世界城镇人口增长率（%）	GDP（亿元）	PGDP（元）	DGDP（%）
2005	42.99	3.88	2.20	187318.9	14368	15.74
2006	44.34	3.67	2.26	219438.5	16738	17.15
2007	45.89	3.51	2.21	270092.3	20494	23.08
2008	46.99	3.43	2.25	319244.6	24100	18.20
2009	48.34	3.34	2.18	348517.7	26180	9.17
2010	49.95	3.26	2.09	412119.3	30808	18.25
2011	51.83	3.12	1.99	487940.2	36277	18.40
2012	53.1	3.13	2.02	538580	39771	10.38
2013	54.49	3.05	2.06	592963.2	43497	10.10
2014	55.75	2.95	2.04	643563.1	46912	8.53
2015	57.33	2.84	2.01	688858.2	49922	7.04
2016	58.84	2.78	1.95	746395.1	53783	8.35
2017	60.24	2.74	1.87	832035.9	59592	11.47
2018	61.5	2.50	1.86	919281.1	65534	10.49
2019	62.71	2.29	1.84	986515.2	70078	7.31
2020	63.89	2.08	1.74	1013567	71828	2.74
2021	64.72	1.84	1.59	1143670	80976	12.84

注：①GDP 表示国民生产总值；②PGDP 表示人均国民生产总值；③DGDP 表示年均 GDP 增长率，该值通过当年 GDP 增加值/上年 GDP 总值得到。用以反映不同年份的经济实力和增长速度。

资料来源：《中国统计年鉴（2022）》、世界银行数据库。

从图 6-6 中可以看出，我国城镇人口增长率与世界城镇人口增长率大致走向趋于一致，随着城镇化水平的不断提高，城镇人口增长趋缓。城镇化发展既包括发展速度，也包括发展质量，我国城镇化水平已经超过国际平均水平。探究城镇化发展质量就不能只关注城镇人口比例，还应考虑城镇经济发展、社会进步、人民生活幸福和制度建设等方面。提高城镇化发展水平，发挥其对经济发展的推动作用，应结合我国地域实际探索合理发展路径。

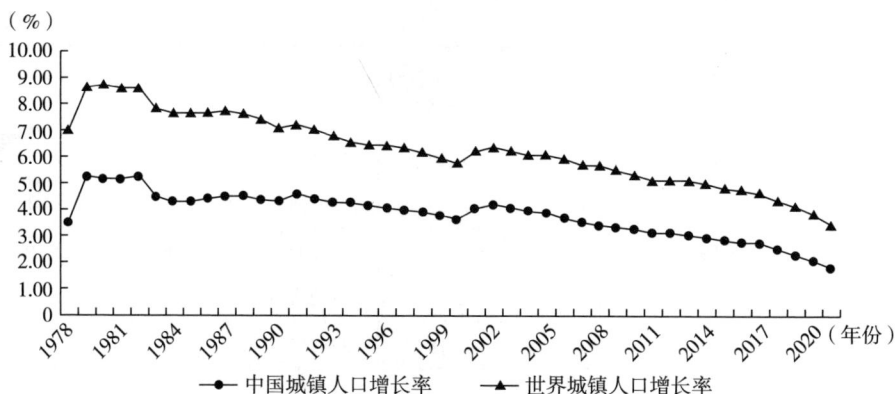

图 6-6　中国城镇人口增长率与世界城镇人口增长率的对比（1978～2021 年）

6.3　人口城镇化与土地城镇化同步发展

6.3.1　人口城镇化与土地城镇化同步发展的背景和意义

（1）人口城镇化与土地城镇化同步发展的背景

人口城镇化与土地城镇化同步发展，即人口和土地两种生产要素在城镇化进程中的有效配置，是推动产业发展和集聚效应提升、实现经济和社会效益帕累托改进的先决条件。1994 年的分税制改革、1997 年的土地储备制度建立、1998 年的住房制度私有化改革、2003 年的土地"招拍挂"制度的实施等，发展背景的嬗变推动中国特色"土地财政模式"不断完善，地方政府迅速积累起城市建设的原始资本，驱动原有城市空间不断扩张、新兴城市迅速崛起。《中国统计年鉴2022》及《中国城乡建设统计年鉴 2021》相关数据显示，2000～2021 年，中国人口城镇化率由 36.22%上升至 64.72%，城镇常住人口数量由 45906 万人增加到91425 万人，年均增长 2.81%；城镇建成区总面积由 22113.70 平方千米增加到62420.53 平方千米，年均增长 5.06%。城镇化发展的两个基本维度，即人口城镇化与土地城镇化的不同步发展，引发城镇空间无序扩张，导致建设用地低效、优质农田大量流失、生态环境恶化等问题。①

为促进人口城镇化与土地城镇化良性互动，学者针对二者同步性展开实践和理论探索，主要体现在两个方面：一是内涵研究。针对人口城镇化与土地城镇化同步性内涵，已有文献指出应从城镇化质量视角考量，综合考虑经济、社会、环境、人口、土地等多种因素。② 二是度量方法研究。部分学者计算一定时期内人口城镇化与土地城镇化发展速度，并进行简单比较③；也有学者构建较为复杂的测度指标体系，计算人口城镇化与土地城镇化发展指数，并在此基础上计算发展度、协调度，进而得到人口城镇化与土地城镇化的协调发展度，并在时间维度上进行自我纵向比较，或同一时点上进行区域横向比较。④ 相关研究得出大致相同的结论，即我国（省域、流域、城市等）土地城镇化超前于人口城镇化，并提出土地管控、户籍改革、产城融合、财政改革等对策。

综上所述，现有研究建立在人口城镇化速度与土地城镇化发展速度或发展指数应保持一致假说上，但这一假说并不成立。城镇化是一个渐变进程，单纯的"速度"与"指数"并不能体现城镇化发展的丰富内涵。⑤ 虽然乡村人口转移与城镇建成区面积扩张存在显著的正相关关系，但受制于政治体制、自然环境等因素，人口城镇化与土地城镇化的发展起点及所处阶段并不一致，二者发展速度不同才应是常态，因而基于速度一致或呈线性关系的假说并不成立。此外，建立评价指标体系测度人口城镇化与土地城镇化发展指数，受制于指标选取和权重量化方法，虽然权重量化方法越来越客观，但指标的选取却受制于主观因素，通过人口城镇化指数与土地城镇化指数比较得出人口城镇化超前、同步或滞后于土地城镇化的结论并不科学；而基于上述两个指数基础上计算出来的协调发展度，并不能明确量化人口城镇化与土地城镇化的发展关系，只能在时间维度和空间维度上进行纵横向比较，并进行主观上的类型划分。本研究推导城镇化发展的 Logistic

---

① 焦晓云，王金. 共享发展理念下我国推进人的城镇化的理论逻辑 [J]. 当代经济管理，2018（08）：10-13.

② 孙丽萍，杨筠. 中国西部人口城镇化与土地城镇化协调性的时空分析 [J]. 地域研究与开发，2017（03）：55-58+65.

③ 朱高立，邹伟，王雪琪. 经济结构调整对人口城镇化与土地城镇化协调性的影响差异 [J]. 中国人口·资源与环境，2018（05）：93-104.

④ 张鹏岩，杨丹，李二玲，等. 人口城镇化与土地城镇化的耦合协调关系——以中原经济区为例 [J]. 经济地理，2017（08）：145-154.

⑤ 刘琼，杜晓航，盛业旭. 基于阶段对比的中国人口城镇化与土地城镇化协调关系 [J]. 中国人口·资源与环境，2018（01）：26-34.

模型，解析人口城镇化与土地城镇化的发展特征；通过城镇人口的实际数量推导理论上的城镇建成区面积，并与实际城镇建成区面积相比较，进而得出较为科学的结论，旨在创新人口城镇化与土地城镇化同步发展模式，促进我国新型城镇化健康、可持续发展。

（2）人口城镇化与土地城镇化同步发展的意义

中国正面临结构调整、社会转型、资源约束等突出矛盾和问题，城镇化是新时期推进我国经济高质量增长的新引擎。乡村人口迁往城镇，必然对城镇基础设施和住宅用地产生需求，人口城镇化推动土地城镇化；而城镇空间的拓展又为非农产业提供用地支撑，促进城镇就业和乡村劳动力转移，土地城镇化推动人口城镇化。人口城镇化超前于土地城镇化，会导致交通、教育、医疗等公共资源紧张和生态环境压力；人口城镇化滞后于土地城镇化，引发建设用地低效、耕地流失等资源浪费问题。

城镇化发展有其自身规律，具有明显的阶段性特征。2021年我国人口城镇化率为64.72%，已进入城镇化快速发展的中期阶段。现阶段土地城镇化迅速扩张，既有对人口城镇化的阶段性追赶，又与国家的产业政策、财政政策息息相关，有其合理性的一面。基于数据的可获得性，从宏观层面测度全国人口城镇化与土地城镇化的同步性，并得出土地城镇化已超前人口城镇化的结论，但并不排除个别地区土地城镇化滞后于人口城镇化的现实。因此，各地区要根据地域实际，完善行政管理体制机制，促进城乡人口自由流动，合理配置城镇建设用地，矫正因人口城镇化与土地城镇化不同步发展而引发的"空间失衡"现象，最终实现"一方水土"与"一方人口"相协调的发展目标。

6.3.2 城镇化发展的 Logistic 模型推导

（1）基于城乡生产要素比的指数模型

城镇化，即乡村人口、土地等生产要素不断向城镇转移的过程，包含经济社会变革、地域景观更替、文化观念传播等内涵。城乡人口、土地的演进过程在一定条件下服从异速生长定律。[①] 设 u 表示一个地区的城镇人口或土地，r 表示乡村人口或土地，a 表示一个区域的城镇人口增长率或土地增长率，b 表示乡村人

[①] Naroll R S, Bertalanffy L von. The Principle of Allometry in Biology and Social Sciences [J]. General Systems Yearbook, 1956（01）：76-89.

口增长率或土地增长率，则这个区域的城乡人口或土地增长速度分别为：

$$\frac{du(t)}{dt}=au(t)，\frac{dr(t)}{dt}=br(t) \tag{6-3}$$

由式（6-3）得：

$$\frac{du(t)}{u(t)dt}-\frac{dr(t)}{r(t)dt}=a-b=k \tag{6-4}$$

其中，k 为城乡人口增长率或土地增长率之差，对上式积分，得到：

$$\int\frac{du(t)}{u(t)}-\int\frac{dr(t)}{r(t)}=k\int dt \rightarrow \ln u(t)-\ln r(t)=kt+C \tag{6-5}$$

其中，C 为积分常数。设城乡人口比或土地比为 $X(t)=u(t)/r(t)$，则有：

$$\ln u(t)-\ln r(t)=\ln\frac{u(t)}{r(t)}=\ln X(t)=kt+C \tag{6-6}$$

设初始时刻 $t=t_0$，$X(t)=X_0$，则由式（6-6）推出：

$$\ln X(t)-\ln X_0=kt-kt_0 \rightarrow \ln\frac{X(t)}{X_0}=k(t-t_0)，进而得出：$$

$$X(t)=X_0e^{-kt_0}e^{kt}=\eta e^{kt} \tag{6-7}$$

式（6-7）为基于城乡人口比、土地比的城镇化演进指数模型，其中 $\eta=X_0\exp(-kt_0)$，通过指数模型可进一步推导城镇化发展的 Logistic 模型。借助《中国统计年鉴（2022）》中的数据，计算出我国 2000～2021 年的城乡人口比 $X(t)$，通过 Excel 做散点图，并添加指数趋势线，可得到 $X(t)=3E-50e^{0.0568t}$，其中 $R^2=0.999$，画出城乡人口比与年份的指数坐标图，可以看出 $X(t)$ 与年份基本呈现线性变化趋势（见图 6-7）。

（2）城镇化发展的 Logistic 模型

一个国家或地区的人口城镇化水平（人口城镇化率）通常用城镇常住人口占总人口比重来表征；而土地城镇化水平（土地城镇化率）并没有明确定义，学者多从土地权属、空间范畴、利用效率等角度阐释土地城镇化的内涵。[①] 本书采用市镇建成区面积占区域总面积的比重来表征土地城镇化水平。设人口城镇化、土地城镇化水平为 $Y(t)$，则有：

$$Y(t)=\frac{u(t)}{u(t)+r(t)}=\frac{u(t)/r(t)}{u(t)/r(t)+r(t)/r(t)}=\frac{X(t)}{X(t)+1} \tag{6-8}$$

---

① 王兴芬，杨海平. 中国土地城镇化与人口城镇化协调发展研究述评［J］. 企业经济，2017，36（01）：166-173.

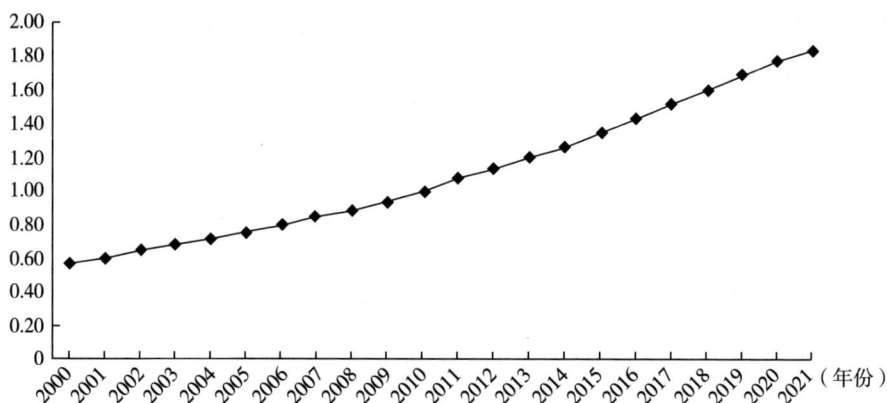

图 6-7　中国城乡人口比的指数坐标图（2000～2021 年）

对式（6-7）求导，可得：

$$\frac{dX(t)}{dt}=k\eta e^{kt}=kX(t) \tag{6-9}$$

对式（6-8）求导，并将式（6-9）代入，得到人口城镇化或土地城镇化发展速度：

$$\frac{dY}{dt}=\frac{dX(t)/d(t)\times[X(t)+1]-X(t)\times dX(t)/d(t)}{[X(t)+1]^2}=\frac{kX(t)}{X(t)+1}-\frac{kX^2(t)}{[X(t)+1]^2}$$

$$=kY-KY^2=kY(1-Y) \tag{6-10}$$

由式（6-10）求导可知，当 $Y=0.5$ 时，城镇化发展速度达到极大值，城镇化发展呈现"中间快、两头慢"的发展趋势。对式（6-10）进一步推导：

$$\frac{dY}{dt}=kY(1-Y)\rightarrow\frac{dY}{Y(1-Y)}=kdt\rightarrow\frac{dY}{Y}+\frac{dY}{1-Y}=kdt \tag{6-11}$$

对式（6-11）积分得：

$$\ln\frac{Y}{1-Y}+\ln C=kt\rightarrow Y=\frac{1}{1+Ce^{-kt}} \tag{6-12}$$

这就是著名的城镇化发展的 Logistic 方程，其中 C 为积分常数。随着时间的推移，人口或土地城镇化水平都呈现一条被拉长的 S 型曲线（约瑟姆曲线）形状，这一结论已被国内外学者证实和广泛接受。

6.3.3　人口城镇化与土地城镇化同步关系测度

（1）人口城镇化与土地城镇化同步性测度依据

随着城镇化进程的推进，人口城镇化水平与土地城镇化水平虽然都有增大趋势，但二者之间并没有确定的数量关系，其同步性难以有效比较。

依据《城市用地分类与规划建设用地标准（2012）》规定的人均城镇建设用地最大值115平方米为城镇用地宽松方案，以《国家新型城镇化规划（2014—2020）》规定的人均城镇建设用地最大值100平方米为城镇用地严控方案，并用实际人均城镇建成区面积与之比较，构建直观、简单的人口城镇化与土地城镇化同步性比较模型。

（2）人口城镇化与土地城镇化同步性测度

严格管控标准。2000年，我国实际人均建成区面积与严格管控人均建成区面积之差为-51.83平方米，土地城镇化严重滞后于人口城镇化；之后，随着人均建成区面积的增加，差值不断缩小；到2021年，该值下降到-31.72平方米（见表6-5和图6-8）。虽然人口城镇化与土地城镇化的协同程度有一定提升，但人口城镇化发展速度始终快于土地城镇化发展速度。我国城镇化水平的提高对经济有着正向的促进作用。推动人口城镇化与土地城镇化协同发展，能更好地发挥城镇化促进经济社会发展的潜力。

表6-5　我国实际人均建成区面积与规划人均建成区面积的数量关系（2000~2021年）

年份	城镇建成区面积（万平方米）	城镇人口（万人）	实际人均城镇建成区面积（平方米）	宽松管控人均建成区面积（平方米）	严格管控人均建成区面积（平方米）	实际人均建成区面积-宽松管控人均建成区面积（平方米）	实际人均建成区面积-严格管控人均建成区面积（平方米）
2000	2211370	45906	48.17	115	100	-66.83	-51.83
2001	2419270	48064	50.33	115	100	-64.67	-49.67
2002	2683260	50212	53.44	115	100	-61.56	-46.56
2003	2830802	52376	54.05	115	100	-60.95	-45.95
2004	3040619	54283	56.01	115	100	-58.99	-43.99
2005	3252072	56212	57.85	115	100	-57.15	-42.15
2006	3365980	58288	57.75	115	100	-57.25	-42.25
2007	3546965	60633	58.50	115	100	-56.50	-41.50
2008	3629530	62403	58.16	115	100	-56.84	-41.84
2009	3810726	64512	59.07	115	100	-55.93	-40.93
2010	4005801	66978	59.81	115	100	-55.19	-40.19

续表

年份	城镇建成区面积 （万平方米）	城镇人口 （万人）	实际人均 建成区面积 （平方米）	宽松管控人 均建成区 面积 （平方米）	严格管控 人均建成区 面积 （平方米）	实际人均 建成区面积- 宽松管控 人均建成区 面积 （平方米）	实际人均 建成区面积- 严格管控 人均建成区 面积 （平方米）
2011	4360323	69927	62.36	115	100	-52.64	-37.64
2012	4556576	72175	63.13	115	100	-51.87	-36.87
2013	4785528	74502	64.23	115	100	-50.77	-35.77
2014	4977263	76738	64.86	115	100	-50.14	-35.14
2015	5210231	79302	65.70	115	100	-49.30	-34.30
2016	5433147	81924	66.32	115	100	-48.68	-33.68
2017	5622538	84343	66.66	115	100	-48.34	-33.34
2018	5845566	86433	67.63	115	100	-47.37	-32.37
2019	6031245	88426	68.21	115	100	-46.79	-31.79
2020	6072132	90220	67.30	115	100	-47.70	-32.70
2021	6242053	91425	68.28	115	100	-46.72	-31.72

注：城镇建成区指城市行政区内实际已成片开发建设、市政公用设施和公共设施基本具备的区域。

资料来源：根据《中国统计年鉴2022》及《中国城乡建设统计年鉴2021》相关数据计算整理。

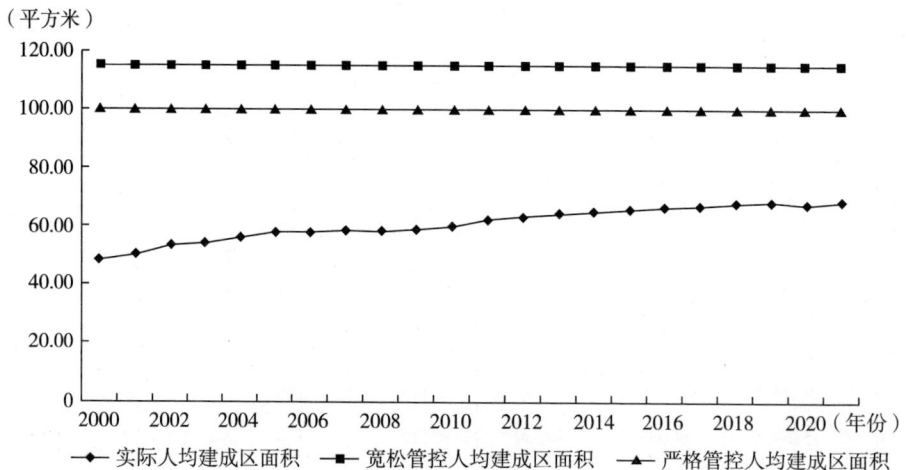

图6-8 我国实际人均建成区面积与规划人均建成区面积的数量对比关系（2000~2021年）

宽松管控标准。2000 年，我国实际人均建成区面积与宽松管控人均建成区面积之差为-66.83 平方米，土地城镇化严重滞后于人口城镇化；之后，与严格管控标准一样，人口城镇化发展速度总体而言快于土地城镇化发展速度；到2021 年，实际人均建成区面积与宽松管控人均建成区面积仍有 46.72 平方米的差距，较我国实际人均建成区面积与严格管控人均建成区面积之差相比有更大的差距（见表6-5与图6-8）。

（3）人口城镇化与土地城镇化发展态势分析

在城镇化演变进程中，虽然人口城镇化与土地城镇化发展均呈 Logistic 曲线形状，但受制于经济发展、政治体制、自然环境等多重因素影响，在某一时点或某一阶段二者曲线形状并不一定能够重合或平行，人口城镇化与土地城镇化在时间维度上不同步发展才是常态，通常表现为：

第一，城镇化发展初期，人口城镇化通常快于土地城镇化。由于经济发展水平低，虽然乡村人口在城乡工资差的驱动下涌入城镇，但城市政府财政能力弱，不能有效支撑城镇基础设施建设，导致人口集聚快于土地扩张。中国改革开放伊始，分田到户大大提高了劳动生产率，使广大农民从劳动投入"过密化"的农业中释放出来，进入劳动密集型的乡镇企业。"短缺经济"时代助推了低技术含量的乡镇企业蓬勃发展，进而带动了小城镇建成区的快速扩张，但作为城镇化发展主体的大中城市，却因财政收入有限而导致建成区扩张缓慢，造成土地城镇化总体上落后于人口城镇化。

第二，城镇化发展中期，土地城镇化通常快于人口城镇化。经济的快速发展增强了城市政府的财政能力，各种超前规划导致土地扩张快于人口集聚。20 世纪 90 年代，我国"短缺经济"逐步结束，缺乏创新的乡镇企业经营困难，以重化工业为主的第二产业逐渐替代乡镇劳动密集型产业，资本替代劳动导致就业弹性逐渐下降；而户籍制度、土地制度改革的滞后，也对农民市民化进程产生显著的阻滞作用。地方政府片面追求城市空间扩张，忽视人口有效植入，导致土地城镇化速度过快，并对人口城镇化实现了反超。

第三，城镇化发展高级阶段，人口城镇化与土地城镇化同步发展。土地城镇化在持续高速推进后面临日益严峻的资源环境约束，城市边界、土地开发强度和总量受到多方管制，城镇空间扩张日渐式微。在数字技术引领下，各种规划将会有效衔接，强调空间优化、产城融合，人与自然和谐共生；城市群形成分工与合作并持续吸引乡村人口，城镇土地扩张与人口集聚不断耦合发展。

6.4 农村三化动力有效整合

农村由封闭走向开放并逐渐与现代城市融合，也是农民职业和生活空间转型的过程。中华人民共和国成立之初的主要经济工作是建立独立完整的工业化体系，因此确立了重工业优先发展的政策制度，片面强调向城市工业部门投资，忽视了农业部门发展。农业部门只是向工业部门提供粮食、原料和劳动力，削弱了农业自我发展能力，拉大了城乡发展差距。[1] 大规模的城镇化和工业化建设，使耕地越来越少。越来越多的农村人口依靠日趋减少的土地度日，土地的超强度利用致使土地板结，草原沙漠化，森林水源涵养力降低，洪涝灾害日趋频繁，生态环境日益恶化；占人口多数的农民是低消费群体，限制了消费品和服务业的市场扩张，最终体现为消费品全面过剩，服务业发展缓慢。城镇中人口增长带来的拥挤和失业问题，以及乡村中贫困人口的存在，是亟待解决的社会难题。只有对乡村的生产、生活、生态环境进行改造，推动城乡均衡协同发展，才能最终有效解决这些问题。因此，必须采取有效政策促进农村发展，以新兴产业带为依托，利用交通便利、城镇密集的技术密集区建设为重点，加快农村城镇化进程；以发展龙头企业为主导，加快农业产业化和工业化进程。积极发展与城市大工业相配套的加工制造业、生活服务业等，实现城乡空间融合。

6.4.1 农村城镇化

农村城镇化主要是指农村人口向小城镇转移，小城镇经济在广大农村地区占主导地位，农村生活方式逐步实现城镇化的过程。小城镇不同于城市的重要一点，在于其与乡土社会的联结更加密切。[2] 小城镇是农村工业、服务业发展的载体，对科技、教育、文化、娱乐等产业有明显的集聚作用，并且能为农村经济结构调整提供相应的交通、通信、金融、信息等服务，以及人才、技术支持；小城

---

① 胡海波，毛纯兵，黄速建. 新中国成立以来中国工业化制度演进逻辑与基本规律 [J]. 当代财经，2023 (06)：16-28.

② 王绍琛，周飞舟. 困局与突破：城乡融合发展中小城镇问题再探究 [J]. 学习与实践，2022 (05)：107-116.

镇社会、经济、技术、职业结构同农村劳动力的文化技术状况接近，农民实现身份转移的难度和风险较低。农产品需求价格弹性和需求收入弹性低，农业的大面积丰收却因为对农产品的市场需求不足（不扩大）而导致增产不增收的"谷贱伤农"现象出现。推进农村城镇化，在增加城镇人口的同时，也加快了以农产品为原料的农业产业化发展，为增加农民收入创造了市场空间。通过农村城镇化转化农业剩余劳动力，已经被国内外实践证明是一种极为有效的途径。我国尚不发达的经济水平以及巨大的人口基数导致城乡劳动力的同时过剩，多数大城市出现交通拥堵、环境恶化、用水用电紧张等社会问题，加重了城市政府负担，制约城市进一步发展。一方面，政府希望加快城镇化进程，为国民经济的发展提供持续的动力支持，从根本上解决"三农"问题；另一方面，政府也担心与城镇化进程相伴的城市失业和环境恶化等问题，会影响到社会稳定和经济发展的可持续性。因此，我国必须走一条城乡共同发展的道路，在大中城市不断优化发展的同时，大力发展小城镇，使大量农村人口主要向小城镇集中，使农村生活方式逐步向城镇过渡。

城镇化建设应充分发挥市场机制在人口迁移、要素集聚以及城镇内部结构调整和外部扩张等方面的基础性作用。城镇化的大力推进使建制镇数量迅速扩大，导致建制镇规模小型化与布局分散化，无法形成规模效益。因此，小城镇建设不能一哄而起，而应当因地制宜、相对集中、形成规模、增强特色，强化功能协调、产业集聚和治理能力[①]，充分吸取过去乡镇企业分散化发展教训，加快基础设施建设，完善设施配套水平，增强人口吸纳能力。通过遴选基础条件好、发展潜力大的建制镇，如靠近中心城市和交通枢纽等基础较好的地区，把推进重点镇建设与解决"三农"问题统筹考虑，提升建设水平和环境品质；建设文化旅游名镇、现代产业镇等特色示范镇，保持古风古韵，挖掘历史文化内涵；支持人口较少、自然条件较差的乡镇合并，逐步形成集中力量、收紧拳头、突出重点的小城镇建设发展态势。这样不但可以提高农村土地的整体连片开发能力，为土地规模化经营和农业机械化推广创造条件，而且可以通过集约用地增加农业耕作面积。

① 刘炳辉，熊万胜．县城：新时代中国城镇化转型升级的关键空间布局［J］．中州学刊，2021（01）：1-6.

6.4.2 农村工业化

农村工业化是在农村地区推进的工业化，在其发展进程中大量农村剩余劳动力被吸收到非农产业，农业就业比重不断降低；农业发展获取更多资金支持，农村劳动生产率逐渐提高，农民收入不断增加，工业与农业从隔离走向融合。农村工业化基本含义有：第一，农村工业化突出表现为对农村、农业资源的有效利用，农村工业化起点低于城市工业化；第二，农村工业化和城市工业化都是国家工业化的组成部分，随着农村工业化的持续发展，农村工业化最终与城市工业化融为一体；第三，随着农村工业化的推进，经济增长方式、农村人口分布、农民就业结构、农村产业结构等都将发生根本改变，最终实现从二元经济向一元经济转变。工业是三次产业发展枢纽，统筹城乡发展、实现共同富裕就要实现城市工业化和农村工业化协调发展；国家"以工促农"政策，不只是指城市工业对农业的促进作用，更强调乡镇工业对农业的促进和改造作用，夯实农村工业化是实现城乡共同富裕的重要途径。乡镇企业的蓬勃兴起，打破了城市搞工业、农村搞农业的二元经济空间格局。

家庭联产承包责任制不仅使部分农民手中有了一些剩余资金，也使农业劳动力从隐性剩余转向显性剩余；长期计划经济体制下积累的物资短缺，表现为巨大的市场需求。在国家政策鼓励或默许下，寻找市场需求、查缺补漏，发展劳动密集型集体经济和个体经济，为农民剩余资金寻找投资空间，为农村剩余劳动力寻找出路成为政策选择。改革开放之初应运而生的乡镇企业，在大大推进农村工业化的同时，也大大推进了农村城镇化，成为小城镇建设的主导力量。农村工业以农产品加工、资源开发为主，多为劳动密集型和轻型加工业，有助于改变轻、重工业不协调现状，使我国工业结构更符合经济发展规律和资源禀赋状况。

现今，由于国内市场绝大部分商品供大于求，国内外经济环境恶化，乡镇企业发展较为艰难。小城镇建设落后加剧了乡镇企业的分散布局，农村工业不仅缺乏规模效益和聚集效益，而且存在城乡工业产业结构类同、农村内部工业结构同质问题，没有形成城乡互补的工业系。大卫·李嘉图的比较优势理论认为，不论一个国家的经济处于什么水平，它都有自己的相对优势，即使总体上、大部分处于劣势，也可以从许多方面找到相对优势。① 我国已进入工业化中后期阶段，面

---

① ［英］大卫·李嘉图. 政治经济学及赋税原理［M］. 周洁，译. 北京：华夏出版社，2013：33.

临着发展经济和保护环境的双重责任。要根据主体功能规划理念科学布局城乡工业，充分发挥工业对农村经济的带动作用，同时注重工业空间拓展造成的耕地减少和环境污染问题。因此，调整农村工业企业结构，实行城乡合理分工、错位发展，是缓解城乡差距、实现城乡融合发展的必然选择。

优化农村工业布局，调整产业、产品结构。第一，针对农村工业布局分散，缺乏集聚效益问题，积极引导农村工业发展走出"村村办厂、户户冒烟"经营模式。农村工业对集聚效益和规模效益的追求，已成为农村空间由分散转向集聚的动力源泉。加大对有发展潜力小城镇建设的扶持力度，鼓励企业向优势小城镇搬迁，引导企业向园区集聚；加快工业产业改造升级、延伸产业链，加强企业集群建设实现空间聚集，解决分散布局引发的环境问题、规模不经济问题。第二，因地制宜调整产业、产品结构。依托本地优势资源，发展特色产业，提高农副产品加工比重；引进先进技术改造乡镇企业，扩大产品适用范围，抓好新产品开发。第三，不断优化企业结构。乡镇企业要走大、中、小并举，以大带小，以小促大，共同发展的路子，努力培植一批名、优、专、特、新企业。

实行城乡工业合理分工协作。乡镇企业的社区性使得小城镇与大中城市之间、小城镇与小城镇之间缺乏分工与协作，而小城镇规模过小又制约了人口集中、产业集聚和第三产业发展。一是要将农村工业纳入社会化大生产体系，发挥劳动力价格低、自然资源丰富优势，着重发展劳动密集型产业，与城市企业形成互为市场、相互依存、错位发展关系。二是要促进城乡双方资金、技术、人才、劳动力和设备等生产要素的合理配置，扩大生产规模，提高经济效益。乡镇企业是中国现代化建设和实现城乡共同富裕的重要依托，鼓励乡镇企业参与国有企业改革，增强经济发展活力。[①]

6.4.3 农业产业化

发达国家高水平的工业化、城镇化并没有完全消灭农业，相反，农业健康发展是推进工业化、城镇化高质量发展的基础。农业产业化推动农业企业不断壮大集中，进而促进小城镇空间规模扩大，加速农村城镇化进程；通过农产品物流服务、农用机械设备需求、农业企业金融与法律服务等加强了城乡联系，有效拉动

---

① 郑有贵.农村工业、乡镇企业在夹缝中发展的实现机制——着眼于促进农村产业融合发展启示的研究［J］.毛泽东邓小平理论研究，2022（01）：29-36+107.

城市非农产业发展。农业产业化概念诞生于计划经济体制向市场经济体制转轨期间，当时农业农村发展面临着一系列挑战，主要有分散化的农户提高了市场交易费用；农民难以获取市场充分信息，盲目模仿加大农业经营风险；农民子女多，土地无限细分制约了农业土地的规模经营。

农业产业化的本质是通过市场机制，对农业产供销实行专业分工上的协作经营，增强市场竞争力。其基本内涵主要有：以经济效益为中心，以主导产业、产品为重点，优化组合各种生产要素，实行区域化布局、专业化生产、规模化建设、系列化加工、社会化服务、企业化管理，形成种养加、产供销、贸工农、农工商、农科教一体化经营体系，使农业走上自我发展、自我积累、自我约束、自我调节的良性发展轨道。农业产业化通过龙头企业订单农业和建立各种农民行业协会和专业合作组织，把分散的一家一户式农民组织起来，提高农民市场谈判、议价与抗衡能力，解决农民种易卖难的后顾之忧；积极探索符合地方实际的组织形式，通过"公司+基地+农户""公司+农户""专业合作组织+农户""公司+合作组织+农户"等方式，发展农副产品粗加工、精加工、包装、保鲜、储藏、运输和销售业；延长农业产业链，逐步实现种养加一体化、产供销一条龙，降低农业自然风险和市场风险；积极培育一批知名品牌和竞争力强的龙头企业，通过提高产品质量和附加值提升农业综合效益和比较收益；支持农产品加工企业、销售企业和科研单位与农户形成利益共享、风险共担经营机制，确保农民分享产业化利润。

通过粮食单产提高工程、设施蔬菜建设工程、畜牧业倍增工程、果业提质增效工程搞好农田水利设施建设；推广标准化、专业化、规模化生产经营，实施品牌经营战略，发展生态、特色农产品，提高商品率和出口创汇能力。追求生活品质的城市市民，不仅需要优质农副产品，还需要休闲娱乐、劳动体验和清新空气等。都市农业应以设施化、景观化、休闲化为特征，以农业主题公园、生态休闲公园、农家乐等为内容，利用自然生态、田园景观资源，结合乡土文化及农林牧渔生产活动，为市民体验农业、了解农村、理解农民提供休闲场所。

7 城镇化高质量发展实证分析

7.1 县域空间成为共同富裕的主阵地

城镇化发展遵循着缩小贫富差距的渐进性制度改革，是缩小贫富差距的主导驱动力①，但中国地域广阔且发展不均衡，单一城镇化路径不足以支撑多元化的地域特征。早期城镇化发展更多强调"乡"到"大城"发展路径，随着大中城市人口膨胀、房价高涨、交通拥堵等问题日益严重，"乡"到"小城"的路径优势逐渐显现。②③ 我国多数村庄在县域范围内，县域城镇化已逐渐成为乡村振兴、城乡融合和实现共同富裕的前沿阵地。④ 随着各类涉农产业不断下沉，各类设施向乡村延伸，探究县域农业人口转移的更小地域单元，成为实现共同富裕的关键。陕西是西部先发地区的典型代表，县域城镇化发展较快，2020 年末陕西县域流动人口为 399.32 万人，县域城镇化率从 2010 年的 45.8% 提升至 2021 年的48.5%。⑤ 蓝田县产业和区位优势突出，县域承载能力较强，人口主要在县域流动，能为县域城镇化建设提供宝贵经验。基于此，笔者实地调研陕西蓝田县，收集 1997

① 李周. 中国走向共同富裕的战略研究 [J]. 中国农村经济, 2021 (10): 2-23.

② Nigussie A T, Abdusselam A. Modeling Urbanization of Istanbul under Different Scenarios Using SLEUTH Urban Growth Model [J]. Journal of Urban Planning and Development, 2017, 143 (02): 1943-1964.

③ 蔡悦灵, 林汉川. 中国城市群城市化对城乡居民收入差距影响的实证检验 [J]. 统计与决策, 2018, 34 (23): 138-142.

④ 苏红键. 中国县域城镇化的基础、趋势与推进思路 [J]. 经济学家, 2021 (05): 10-119.

⑤ 陕西省统计局: http://tjj.shaanxi.gov.cn/tjsj/tjxx/qg/202105/t20210512_2163369.html.

个有效样本数据，通过倾向值匹配法（Propensity Score Matching，PSM）推断不同县域城镇化路径与个体富裕水平间的因果效应，探讨县域城镇化路径选择差异对个体富裕水平的具体影响，并为完善县域城镇化路径体系提出相应建议。

相关研究集中在县域范围内县城、乡镇、新农村社区、就地转型村四类城镇化路径对个体"贫富"差距的影响上。[①] 县城城镇化路径可有效缩小城乡收入差距。通过县城劳动力竞争降低县城劳动力均衡工资，减少农村剩余劳动力、提高农村劳动生产率；将县城打工收入带回农村增加农业和基础设施投入，并通过拉动农产品需求促进农村经济发展。[②] 但也有学者认为，由于个体对县城生活条件期望过高，生活满意度反而降低了。[③] 乡镇城镇化路径有利于城乡整体经济效益提升。通过城乡互补产业转型发展吸收农村剩余劳动力，解决乡村产业空心化问题[④]；通过乡镇基础设施向农村延伸、基本公共服务向农村覆盖等，促进城乡和谐发展。[⑤] 新农村社区城镇化路径有利于缩小城乡公共产品差距。新农村社区以村为单位进行整体搬迁，是欠发达地区就地城镇化、实现城乡统筹发展的有益探索。[⑥] 缩小城乡公共产品差距是实现共同富裕的重要维度，相对于未城镇化个体，新农村社区个体能够享受较为完善的基础设施与公共服务设施，但也存在缺乏就业渠道的弊端。[⑦] 就地转型村城镇化路径有利于乡村人才培育。"淘宝村""旅游村"等就地转型村集聚了创新性和连接性，使乡村发展具有相对独立性，得以超越城乡分割的二元结构，并在要素的双向流动中相互建构。[⑧] 就地转型村有利于人才培养，而乡村人才机制建构对缩小城乡收入差距极其关键。[⑨]

---

① 杨传开. 县域就地城镇化基础与路径研究［J］. 华东师范大学学报（哲学社会科学版），2019，51（04）：114-122+187-188.

② 玉国华. 农村信贷投入、劳动力转移与城乡收入差距：理论与实证［J］. 农业技术经济，2021（11）：78-92.

③ Knight J, Gunatilaka R. Aspirations, Adaptation and Subjective Well-being of Rural-Urban Migrants in China［J］. Economics, 2012（01）：91-110.

④ 李志强. 特色小城镇空间重构与路径探索——以城乡"磁铁式"融合发展为视域［J］. 南通大学学报（社会科学版），2019，35（01）：50-57.

⑤ 许经勇. 城乡一体化视野下的小城镇发展战略研究［J］. 东南学术，2018（02）：105-111.

⑥ 蔡慧敏. 城乡一体化进程中农村社区发展的困境与出路——基于全国农村改革试验区河南省新乡市的调研［J］. 农业经济，2015（11）：43-44.

⑦ 李利宏，董江爱. 新型城镇化和共同富裕：资源型地区的治理逻辑［J］. 马克思主义研究，2016（07）：96-102.

⑧ 刘传喜，唐代剑. 浙江乡村流动空间格局及其形成影响因素——基于淘宝村和旅游村的分析［J］. 浙江农业学报，2016，28（08）：1438-1446.

⑨ 盛开. 以城乡融合发展推动乡村振兴战略［J］. 调研世界，2018（06）：62-65.

县域城镇化路径选择差异对缩小城乡差距，进而实现共同富裕会产生不同效应。但已有研究仍存在以下不足：一是鲜有关注县域城镇化路径选择与共同富裕实现之间的因果关系；二是由于样本特征与统计方法的客观局限，较少关注县域范围内"已城镇化个体"与"未城镇化个体"之间的富裕水平及社会境遇的差别。

7.2 县域城镇化路径数据选择与分析策略

7.2.1 数据来源与处理

数据来自"共同富裕视角下西安县域城镇化高质量发展研究"课题组于2021年在陕西蓝田县开展的专项调研，采取便利抽样与配额抽样相结合的方法获取调查数据。调查聚焦县域内农业人口转移问题，保留16~60岁且有工作能力的个体样本、排除县城外来务工者。问题项主要包含"近5年在县域内的工作生活地点是否发生变化""2020年个人全年总收入为多少万元"。为克服样本间差异，仅考察未城镇化村个体分别向就地转型村、新农村社区、乡镇、县城单方向转移的样本。通过删除问题个案、缺失值分析与处理，最终进入统计分析的样本数为1997个。

7.2.2 变量选择与描述统计

（1）被解释变量

总富裕水平为不直接观测的潜变量，参考相关研究①，选择收入水平、社会福利水平、生活水平、消费水平来测度总富裕水平。

1）收入水平。以2020年全年总收入作为测量指标，该变量取值与富裕水平为正相关关系，即该变量取值越大，个体富裕水平越高。

2）社会福利水平。以2020年全年缴纳社保额作为测量指标，该变量取值与富裕水平为正相关关系，即该变量取值越大，个体富裕水平越高。

3）生活水平。以受访者被调查时点居住面积作为测量指标，该变量取值与

---

① 陈丽君，郁建兴，徐铱娜．共同富裕指数模型的构建［J］．治理研究，2021（04）：5-16.

富裕水平为正相关关系，即该变量取值越大，个体富裕水平越高。

4）消费水平。以 2020 年每人每月平均消费金额作为测量指标，该变量取值与富裕水平为正相关关系，即该变量取值越大，个体富裕水平越高。

5）总富裕水平。采用验证性因子分析（CFA）方法检验总富裕水平的结构效度。经检验可得收入水平、社会福利水平、生活水平、消费水平因子载荷分别为 0.708、0.474、0.158 和 0.554，均通过显著性水平和检验；且模型的数据拟合性良好（见表 7-1），得到均值为 2.57、方差为 1.54 的总富裕水平因子得分变量。该变量值与富裕水平为正相关关系，即该变量值越大，个体富裕水平越高。

表 7-1　验证性因子分析（CFA）结果

指标名称	X^2	X^2／自由度（X^2/DF）	相对拟合指数（CFI）	修正指数（AGFI）	残差均方根（RMR）	渐进误差均方根（RMSEA）	规范拟合指数（NFI）	增值适配指数（IFI）	Tucker-Lewis 指数（TLI）
模型拟合值	9.243	4.621	0.998	0.989	0.012	0.043	0.986	0.989	0.967
结论	符合	符合	符合	符合	符合	符合	符合	符合	符合

（2）解释变量

选择农业人口在县域内的城镇化转移路径为解释变量，结合相关研究[1]，细分为"县城城镇化""乡镇城镇化""新农村社区城镇化""就地转型村城镇化" 4 个变量，并在匹配分析中作为处理组。把个体未进行转移，即始终在村庄工作生活且所在村庄未发生城镇化的样本命名为"未县域城镇化"，并作为参照组，分别探索四类路径对个体富裕水平的影响。

（3）协变量

协变量是在接受处理之前就确定的变量，应将影响解释变量与被解释变量的混杂因素均纳入模型以提高估计的精度。[2] 基于该原则，并借鉴相关研究，选择受教育程度、工作单位性质、流动经历与时长等作为协变量（见表 7-2）。

---

① 杨传开. 县域就地城镇化基础与路径研究 [J]. 华东师范大学学报（哲学社会科学版），2019，51（04）：114-122，187-188.

② Duckworth A L, Yeager D S. Measurement Matters: Assessing Personal Qualities Other Than Cognitive Ability for Educational Purposes [J]. Educational Researcher, 2015, 44 (04): 237-251.

表7-2 主要变量说明

变量类型	变量名称	变量说明
被解释变量	收入水平	虚拟变量。由2020年职业收入、经营收入与资本收入构成。2万元/年以下=0；2万（含）~3万元/年=1；3万（含）~5万元/年=2；5万（含）~8万元/年=3；8万元及以上/年=4
	社会福利水平	虚拟变量。以2020全年缴纳社保额衡量。0元/年=0；0（含）~200元/年=1；200（含）~400元/年=2；400（含）~800元/年=3；800元及以上/年=4
	生活水平	虚拟变量。以2020年居住面积衡量。40平方米以下=0；40（含）~70平方米=1；70（含）~120平方米=2；120平方米及以上=3
	消费水平	虚拟变量。以每人每月消费金额衡量。1000元/月以下=0；1000（含）~3000元/月=1；3000（含）~5000元/月=2；5000元及以上/月=3
	总富裕水平	连续变量（潜变量）。由收入水平、社会福利水平、生活水平、消费水平4个变量构成四因子总富裕水平模型，均值=2.57，方差=1.54
解释变量	县域城镇化路径	虚拟变量。未县域城镇化=0；县城城镇化=1；乡镇城镇化=2；新农村社区城镇化=3；就地转型村城镇化=4
协变量	性别	虚拟变量。女性=0；男性=1
	年龄	虚拟变量。16~30岁=0；30（含）~40岁=1；40（含）~60岁=2
	民族	虚拟变量。少数民族=0；汉族=1
	婚姻状况	虚拟变量。未婚=0；已婚=1
	户籍情况	虚拟变量。非农户口=0；农业户口=1
	受教育程度	虚拟变量。小学及以下=0；初中=1；高中=2；专科/本科=3；本科以上=4
	工作单位性质	虚拟变量。无单位=0；公共部门=1；私营部门=2
	就业合同情况	虚拟变量。无=0；有=1
	职业获得途径	虚拟变量。自主就业/创业=0；政府支持/帮扶就业=1
	职业培训	虚拟变量。无=0；有=1
	财产情况	虚拟变量。无=0；仅有车=1；仅有房=2；有车有房=3
	政府补助	虚拟变量。无=0；100（含）~300元/年=1；300（含）~1000元/年=2；1000元及以上/年=3
	宅基地	虚拟变量。无=0；有=1
	流动经历	虚拟变量。无流动经历=0；省内流动=1；省外流动=2
	流动时长	虚拟变量。0年=0；半年以下=1；半年（含）~1年=2；1（含）~3年=3；3年及以上=4

7.2.3 分析策略

（1）进行协变量选择及倾向值计算

依据条件独立性假设，将可能影响个体县域城镇化路径选择和富裕水平的相关变量纳入，运用 Logit 模型估计线性化倾向指数。计算公式为：

$$P(X_i) = \Pr[D_i = 1 \mid X_i] \qquad (7-1)$$

式中，X_i 代表协变量。

（2）进行倾向值匹配和匹配效果诊断

为使条件独立性假设得到满足，要求在控制协变量后，匹配后的个体仅在处理变量上存在差异，已控制协变量和未观测变量不会对参照组和处理组之间的差异产生影响。包括平衡性假设检验和共同支撑假设检验。

（3）估计处理效应

研究主要关注处理组平均处理效应（ATT），即县域城镇化路径的不同给个体带来多大程度的富裕水平变化。计算公式为：

$$ATT = \frac{1}{N_t} \sum m : D_m = 1 / \left[Y_m - \sum_{n \in Q_{n(m)}} W = (m, n) Y_n \right] \qquad (7-2)$$

式中，Y_m 代表处理组中第 m 个"县域城镇化"观测值，Y_n 代表参照组中第 n 个"未县域城镇化"观测值；$W = (m, n)$ 为权重函数，取值范围为 $0 < W = (m, n) \leqslant 1$，代表与处理组个体 m 相匹配的参照组个体的集合。

7.3 县域城镇化路径选择实证分析结果

7.3.1 县域城镇化路径在主要变量上的差异分析

（1）描述性统计与匹配前平衡性检验

对相关变量进行描述性统计，并采用非参数检验方法对匹配前的各组间变量进行显著性检验。结果表明，除民族外，参照组与各处理组在其他协变量及所有被解释变量上均存在显著性差异（p<0.01）。但上述检验并未揭示具体的差异程度，需通过 Logit 模型来做具体的计量分析。

（2）倾向值估计

采用递归方法确定引入模型的协变量，根据变量描述，首先将基本协变量引入 Logit 模型进行回归，结果显示影响个体县域城镇化路径选择的因素存在差异（见表 7-3）。结果表明，若采取传统的 OLS 进行回归分析，将导致回归结果出现有偏和不一致。因此，将具有显著差异的变量作为协变量计算倾向值，并以倾向值为依据进行匹配，以解决选择性偏误问题。

表 7-3 倾向值估计：Logit 模型估计

变量	"县城城镇化"与"未县域城镇化"		"乡镇城镇化"与"未县域城镇化"		"新农村社区城镇化"与"未县域城镇化"		"就地转型村城镇化"与"未县域城镇化"	
	系数	标准误	系数	标准误	系数	标准误	系数	标准误
性别	−0.081	0.213	0.379	0.196	0.528	0.288	0.176	0.174
年龄	−0.323**	0.145	0.814***	0.149	0.617**	0.248	0.256*	0.137
民族	−0.003	1.049	0.415	0.914	0.611	1.222	−0.695	0.736
婚姻状况	0.510	0.319	−0.081	0.281	0.261	0.435	−0.739***	0.269
户籍情况	−2.692***	0.559	−3.783***	0.536	−0.562	1.485	−0.760	0.679
受教育程度	1.103***	0.112	0.579***	0.101	0.065	0.177	0.692***	0.094
工作单位性质	0.25**	0.127	0.789***	0.123	−0.289	0.151	0.058	0.098
就业合同情况	−0.202	0.261	1.042***	0.226	0.338	0.377	−0.423*	0.246
职业获得途径	−1.213***	0.348	−1.508***	0.354	−0.368	0.471	−1.300***	0.374
职业培训	0.378*	0.222	−0.310	0.214	−0.463	0.364	−0.237	0.212
财产情况	−0.688***	0.115	−0.77***	0.126	0.259	0.283	0.603***	0.144
政府补助	−0.061	0.157	−0.484***	0.187	−0.118	0.207	−0.932***	0.201
宅基地	−2.260***	0.542	−2.915***	0.497	−6.533***	0.505	−1.721***	0.541
流动经历	−2.311***	0.346	−1.235***	0.286	1.292***	0.364	−1.253***	0.247
流动时长	0.884***	0.162	0.119	0.173	−0.687***	0.250	0.420***	0.121

注：*、**、***分别表示在10%、5%和1%水平上显著，下同。

7.3.2 县域城镇化路径对富裕水平的影响

（1）样本匹配效果检验

使用 1∶1 不重复降序最近邻匹配后，各匹配组的各协变量的标准平均值差异均小于10%。匹配后各协变量在组间均不存在显著性差异（t 检验中，组间差异在1%的水平上显著，p 值均大于0.01）。表明最近邻匹配较好地平衡了样本中各处理组与参照组之间的差异，平衡性假设满足。匹配后各处理组和参照组的倾向值均具有较大重合部分，各匹配组共同区间较大，共同支撑假设满足（见图7-1）。

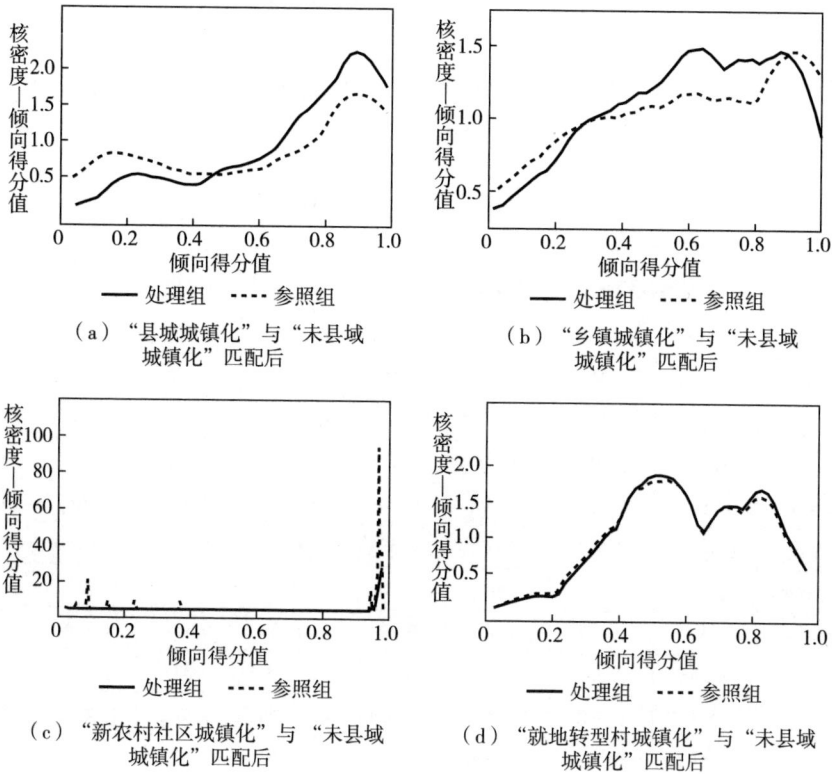

（a）"县城城镇化"与"未县域城镇化"匹配后

（b）"乡镇城镇化"与"未县域城镇化"匹配后

（c）"新农村社区城镇化"与"未县域城镇化"匹配后

（d）"就地转型村城镇化"与"未县域城镇化"匹配后

图7-1　匹配后的核密度函数

（2）"近似"因果关系及效应量

运用1∶1最近邻匹配法进行参照组与各处理组配对，并在计算参与配对的个体对应倾向得分值的基础上，得到处理组平均处理效应ATT（见表7-4）。

表7-4　处理效应估计结果（仅显示显著结果）

个体选择"县城城镇化"路径							
指标	匹配状态	处理组	参照组	调整前		调整后	
				ATT	t值	ATT	p值
收入水平	匹配前	1.869	1.037	0.832***	10.81		
	匹配后	1.860	1.181	0.679***	3.46	0.679	0.000

指标	匹配状态	处理组	参照组	调整前		调整后	
				ATT	t 值	ATT	p 值
个体选择"县城城镇化"路径							
社会福利水平	匹配前	1.624	1.052	0.571***	8.07		
	匹配后	1.594	1.248	0.345***	3.27	0.345	0.007
生活水平	匹配前	2.175	2.682	-0.506***	-8.89		
	匹配后	2.215	2.671	-0.456***	-2.76	-0.456	0.000
消费水平	匹配前	1.472	0.794	0.678***	14.22		
	匹配后	1.424	0.820	0.603***	4.26	0.603	0.000
总富裕水平	匹配前	3.248	2.096	1.152***	13.07		
	匹配后	3.207	2.304	0.903***	4.43	0.903	0.000
个体选择"乡镇城镇化"路径							
收入水平	匹配前	1.886	1.037	0.829***	11.18		
	匹配后	1.846	1.146	0.700***	4.18	0.700	0.000
消费水平	匹配前	1.602	0.794	0.807***	15.81		
	匹配后	1.561	0.890	0.670***	6.84	0.670	0.000
总富裕水平	匹配前	3.176	2.096	1.079***	14.30		
	匹配后	3.114	2.260	0.853***	5.80	0.853	0.000
个体选择"新农村社区城镇化"路径							
收入水平	匹配前	0.977	1.037	-0.059	-1.05		
	匹配后	0.974	1.513	-0.538*	-1.66	-0.538	0.111
生活水平	匹配前	1.907	2.682	-0.774***	-15.22		
	匹配后	1.907	2.625	-0.717***	-2.67	-0.717	0.003
个体选择"就地转型村城镇化"路径							
消费水平	匹配前	1.128	0.794	0.334***	7.85		
	匹配后	1.129	0.913	0.215**	2.08	0.215	0.058

由表7-4可知，在控制个体差异后，选择不同县域城镇化路径对个体的收入水平、社会福利水平、生活水平、消费水平及总富裕水平的效应有所不同。

1）回归调整前。对收入水平的影响。"县城城镇化"与"乡镇城镇化"路径对个体收入水平呈显著的正向影响（均在1%水平上显著），"新农村社区城镇化"路径对个体收入水平则呈显著的负向影响（在10%水平上显著），平均处理效应分别为 67.9%、70.0%、−53.8%。即相对"未县域城镇化"个体而言，"乡镇城镇化"个体提高收入水平的概率最高，为 70.0%，"县城城镇化"个体次之，而"新农村社区城镇化"个体不仅无法提高收入，反而产生极大抑制作用。"就地转型村城镇化"路径对个体收入水平的影响则不显著。

对社会福利水平的影响。仅"县城城镇化"路径对个体的社会福利水平呈显著的正向影响（在 1% 水平上显著），其他三类路径不显著。即相对"未县域城镇化"个体而言，仅有"县城城镇化"个体有可能提高社会福利水平。

对生活水平的影响。"县城城镇化"与"新农村社区城镇化"路径对个体生活水平则呈显著负向影响（均在 1% 水平上显著），平均处理效应分别为 −45.6%、−71.7%。即相对"未县域城镇化"个体而言，"县城城镇化"与"新农村社区城镇化"路径均降低了个体生活水平，"新农村社区城镇化"个体降低生活水平的概率高达 71.7%，"县城城镇化"个体次之。其他两类路径则不显著。

对消费水平的影响。"县城城镇化""乡镇城镇化"与"就地转型村城镇化"路径均对个体消费水平呈显著正向影响（分别在 1%、1%、5% 水平上显著），平均处理效应分别为 60.3%、67.0%、21.5%。即相对"未县域城镇化"个体而言，"乡镇城镇化"个体提高消费水平的概率为 67.0%，"县城城镇化"个体次之，"就地转型村城镇化"个体最低。"新农村社区城镇化"路径对个体消费水平的影响则不显著。

对总富裕水平的影响。仅有"县城城镇化"与"乡镇城镇化"路径能显著提高个体总富裕水平（均在 1% 水平上显著），平均处理效应分别为 90.3%、85.3%。即相对"未县域城镇化"个体而言，"县城城镇化"个体提高总富裕水平的概率高达 90.3%，"乡镇城镇化"个体次之。其他两类路径则不显著。

2）回归调整后。运用 Bootstrap 自助抽样（重复 500 次）检验估计效应的显著性和标准误，以提高估计精准度。由表 7-4 后两列显示的结果发现，经偏差调整后结果基本一致。

（3）稳健性检验

为验证 1∶1 最近邻匹配法的估计结果是否具有稳健性，进一步采用 1∶2 匹配法、核匹配法和半径匹配法对各处理组的 ATT 进行稳健性检验（见表 7-5）。

表7-5 稳健性检验（仅显示显著的结果）

个体选择"县城城镇化"路径

指标	匹配状态	1∶2匹配		半径匹配		核匹配	
		ATT	t值	ATT	t值	ATT	t值
收入水平	匹配前	0.832***	10.81	0.832***	10.81	0.832***	10.81
	匹配后	0.761***	4.22	0.653***	3.81	0.688***	4.56
社会福利水平	匹配前	0.571***	8.07	0.571***	8.07	0.571***	8.07
	匹配后	0.429***	4.27	0.438***	4.44	0.545***	6.00
生活水平	匹配前	−0.506***	−8.89	−0.506***	−8.89	−0.506***	−8.89
	匹配后	−0.503***	−3.32	−0.377***	−2.59	−0.468***	−3.68
消费水平	匹配前	0.678***	14.22	0.678***	14.22	0.678***	14.22
	匹配后	0.577***	4.45	0.607***	5.00	0.600***	5.65
总富裕水平	匹配前	1.152***	13.07	1.152***	13.07	1.152***	13.07
	匹配后	0.979***	5.20	0.943***	5.37	1.000***	6.43

个体选择"乡镇城镇化"路径

指标	匹配状态	ATT	t值	ATT	t值	ATT	t值
收入水平	匹配前	0.829***	11.18	0.829***	11.18	0.829***	11.18
	匹配后	0.666***	4.65	0.777***	6.21	0.781***	6.56
消费水平	匹配前	0.807***	15.81	0.807***	15.81	0.807***	15.81
	匹配后	0.707***	8.09	0.685***	7.83	0.719***	8.63
总富裕水平	匹配前	1.079***	14.30	1.079***	14.30	1.079***	14.30
	匹配后	0.847***	6.53	0.898***	7.36	0.936***	8.02

个体选择"新农村社区城镇化"路径

指标	匹配状态	ATT	t值	ATT	t值	ATT	t值
收入水平	匹配前	−0.059	−1.05	−0.059	−1.05	−0.059	−1.05
	匹配后	−0.595*	−1.70	−0.502*	−1.93	−0.502*	−1.66
生活水平	匹配前	−0.774***	−15.22	−0.774***	−15.22	−0.774***	−15.22
	匹配后	−0.729**	−2.51	−0.696***	−3.23	−0.697***	−2.67

个体选择"就地转型村城镇化"路径

指标	匹配状态	ATT	t值	ATT	t值	ATT	t值
消费水平	匹配前	0.334***	7.85	0.334***	7.85	0.334***	7.85
	匹配后	0.142	1.62	0.364***	4.17	0.351***	6.26

　　由表7-5可知，估算结果较为稳健。因此可以说，在控制了选择性偏误后，不同的县域城镇化路径选择会显著影响个体富裕水平的各个方面。

7.4 本章小结

7.4.1 本章研究结论

（1）县域城镇化路径能够独立影响个体富裕水平，且路径不同导致不同效应

在真实状态下，相比"未县域城镇化"个体，"县城城镇化"与"乡镇城镇化"路径能够显著影响个体富裕水平。同时也发现，选择"县城城镇化"或"乡镇城镇化"路径的个体在婚姻、城镇户口获得、公共部门就业、职业培训等方面更具优势。这表明若采用传统回归方法易产生选择性偏误问题，即无法得知个体富裕水平的变化是因县域城镇化路径本身，还是因个体在婚姻、落户、就业、培训等方面的差异。采用1:1最近邻匹配法，在控制个体在落户、就业等方面的条件后发现，"县城城镇化"与"乡镇城镇化"路径对个体富裕水平的影响至少一部分是由其本身造成的，即"县域城镇化"因素独立地影响个体的富裕水平。

具体来看，不同的县域城镇化路径对个体富裕水平的影响效应有所不同："县城城镇化"路径对个体产生显著影响的概率从高到低依次为总富裕水平（90.3%）、收入水平（67.9%）、消费水平（60.3%）、社会福利水平（34.5%）、生活水平（−45.6%）；"乡镇城镇化"路径对个体产生显著影响的概率从高到低依次为总富裕水平（85.3%）、收入水平（70.0%）、消费水平（67.0%）；"新农村社区城镇化"路径对个体产生显著影响的概率从高到低依次为收入水平（−53.8%）、生活水平（−71.7%）；"就地转型村城镇化"路径仅对个体的消费水平产生显著影响，概率为21.5%。在进行偏差调整及1:2匹配、半径匹配、核匹配后，上述结论依然成立，结果均有稳健性。

（2）不合意的县域城镇化路径对共同富裕目标的实现产生阻滞作用

县域城镇化路径能独立影响个体的富裕水平，使其变为利益分配机制。现行的县域城镇化制度可能会加剧城乡差距，进而对实现共同富裕目标起到阻碍作用。其原因在于：第一，县域城镇化路径体系可分为主动"选择性"路径（以"县城城镇化""乡镇城镇化"为主）与被动"政策性"路径（以"新农村社区

城镇化""就地转型村城镇化"为主)。政府部门着力推进"新农村社区""就地转型村"城镇化,但这两类路径对个体富裕水平提升有限,甚至起到抑制作用。而对于能够大幅提升个体富裕水平的"县城城镇化""乡镇城镇化"路径,虽对个体具有客观吸引力,但生活、社会福利等均等化服务与配套设施又相对缺乏。第二,在个体素质层面,"政策性"县域城镇化个体往往也是相对弱势的群体,"选择性"县域城镇化个体则在年龄、受教育程度、综合素质等方面更具优势,更有资本和主观能动性向县城、乡镇转移。第三,县域城镇化路径能独立提高或降低个体的富裕水平,且"马太效应"较为显著。通过效应叠加使得"富越富、贫越贫",在一定程度上拉大了县域城乡差距。

7.4.2 本章对策建议

(1) 分层次、分类型、多途径推进县域城镇化

农业转移人口规模大,县域城镇化面临诸多障碍,建议分层次、分类型、多途径推进县域城镇化。第一,"县城城镇化"与"乡镇城镇化"——县域城镇化发展的主导路径。政府发挥"看得见的手"的作用,推进社会福利均等化,缩小农业转移人口在公共服务上与城镇居民之间的"非收入"差距。第二,"新农村社区城镇化"与"就地转型村城镇化"——县域城镇化发展路径的补充与特色。将人口全部转移到县城或乡镇并不现实,"新农村社区城镇化"与"就地转型村城镇化"仍会对个体富裕水平有促进作用。如"新农村社区"可整体搬迁至距离县城(乡镇)中心不远的近郊区,共享城镇公共服务与就业带动力;或整体搬迁至禀赋较高的旅游资源或交通枢纽的周边,逐步向旅游村、电商村或工业村转型发展。对于弱势群体,要提高其转移到县城、乡镇的资本和能力,如因地制宜实施学历激励制度、培训激励制度等,激发弱势群体的"主动性"。但对于因病、因残群体,仍应探索"输血+造血"帮扶方式,如一方面定期给予满足其基本生活需要的补助,另一方面引入适合这类群体就业的产业入驻村屯等。

(2) 优化县域城镇化成本分担机制与地方政府激励手段

实施主体面临着财政能力及体制层面的双重约束,应科学推进县域城镇化发展。一方面,要明确中央政府和地方政府、流入地政府与流出地政府在县域城镇化上的支出和责任分配,建立县域城镇化专项财政预算平衡机制。另一方面,在市民化问题上中央和地方政府构成委托—代理人关系,中央政府可采取税收调整、控制预算、事权变动、转移支付、政治升迁等手段,激励地方政府推进县域

城镇化发展的积极性。

（3）以县域城镇化推进城乡一体化

①实现县域的"多规合一"规划，加强城乡规划的空间统筹。推动县域"多规合一"规划编制工作，实现一个县一本规划一张蓝图、各项事业相互协调的发展格局。统筹安排县域生态建设、农田保护、产业发展、重大设施和城乡建设等各类用地，确保全域空间得到合理有序利用。②推动城乡统一要素市场建设。加快建立城乡统一的人力资源市场，落实城乡劳动者平等就业、同工同酬制度，引导科技人员、大中专毕业生到农村创业，深入实施边远地区、民族地区和革命老区人才支持计划。逐步建立统一的建设用地市场，加快推进农村土地承包经营权确权登记颁证，保障农民公平分享土地增值收益。加快建立商业性金融、合作性金融、政策性金融"三位一体"的农村金融服务体系，引导各类金融机构提高涉农贷款比例。③推进城乡基础设施和公共服务一体化。统筹城乡基础设施建设，加快基础设施向农村延伸，强化城乡基础设施连接，推动水电路气和信息通信等基础设施城乡联网、共建共享。加快公共服务向农村覆盖，形成覆盖城乡、可持续的基本公共服务体系，推进城乡基本公共服务均等化。

8 研究结论与政策建议

8.1 研究结论

（1）农民符合西方经济学中"经济人"的理性

农业生产的内卷化、蛛网模型、向后倾斜的供给曲线成为指证农民愚昧落后的理论思想。其实，农民种种看似非理性的行为是在外部就业机会稀缺、缺乏对物质环境控制以及寻找就业机会成本过高的情况下做出的理性反应。经济发展落后，体制、机制的制约，使农民无法按照古典经济学中的利润最大化原则组织农业生产经营，农民选择安全第一，而不是追求效益最大化，是制度的缺陷，不应归罪于农民的保守。

（2）产城融合发展是城镇化高质量发展的关键

"安居才能乐业"，城镇化发展速度应与新增就业岗位保持一致。我国面临人口分布与就业空间分离、经济增速放缓、工业产能过剩、服务业发展滞后、技术进步替代劳动力等一系列问题，就业弹性逐年下降。地方政府要根据资源环境承载能力，从城镇化、工业化、农业现代化协调角度，探索人口分布、经济布局、国土利用和城镇化格局，统筹发展劳动密集型、资本密集型、技术密集型产业，千方百计解决百姓生计问题，破解经济社会发展与资源环境承载能力之间的矛盾。

（3）城镇化是实现乡村振兴、推动经济发展的重要手段

根据工业化"收敛假说"，我国模仿先进国家技术、组织模式，实现经济快

速发展与赶超的时代接近尾声，正面临创新不足、就业困难、"中等收入陷阱"、城乡二元经济显著等问题，经济增长进入新常态，增长模式由出口、投资驱动向扩大内需过渡。城市产生更多的生机和多样性，成为新思想和新企业的孵化器。城市效率没有达到帕累托最优并不意味着城市比农村更低效，政府过分强调城市失业率而忽视农村隐性失业的现实，只会导致乡村贫困和国家整体经济的低效率。在经济新常态下，城镇化将会成为拉动内需、结构转型，实现共享式和包容性增长的重要手段。

（4）大城市化是中国城镇化道路的理性选择

城市对经济增长的贡献来自城乡劳动生产率的差异及城市劳动生产率的更快增长。城市人口规模与经济增长之间存在明显的"倒U形"关系。由净工资曲线、劳动力供给曲线决定的城市人口规模均衡点，并不一定是最优的城市人口规模。而最优的城市人口规模也不是静止不变的，它随技术条件、基础设施、政府治理的改善而变化。大城市是资源节约、效率提升、自由与梦想充分施展的地方，不能以与集聚效应相伴共生的"城市病"为由，人为限制城市规模。城市出现交通拥挤、地价上升、环境污染等规模不经济问题，必然扩散城市空间范围，促使人口、商业和工业等由城市中心向郊区转移，以重新获取规模经济效益，因此大城市具有自组织空间扩大功能，即优先发展趋势。"城市病"的根本原因是管理和规划水平的滞后。发展小城镇，让农民"就地城镇化"，不符合城镇化演化的内在规律。只有进入逆城镇化时代，城市充分发展并产生"涓滴效应"，才能致力于终止仅够糊口的小农经济，才能真正有美丽、富饶、生态、文明的乡村和小城镇。现阶段，促进人口向城镇集聚，大城市应率先发展、小城镇宜适度培育。

（5）消除影响城镇化发展的流动性障碍应由中央政府统一实行

任何城市单方面增加流动性，都会使该城市人口增长过快，导致基础设施供给不足、拥挤效应凸显、原居民福利降低。因此，消除流动性障碍的任务只能由中央政府统一实行。空间流动性障碍充分消除后，城市也不会无限扩大，市场机制下的净工资曲线和劳动力供给曲线，可以调节并实现城市人口规模的均衡。

（6）完善的社会保障制度是人口自由迁徙的避风港

乡村人口迁往城市的过程，总是在农业与经济、自由与政治、理想与现实的撕扯下往返。农民多数属于风险厌恶型，即使已经在城市站稳脚跟，但由于城市不能为外来人员提供公共服务和社会保障，乡下土地就成为规避生活风险的"缓冲器"，被赋予养老、失业等社会保障属性。农民"离农"却没有"弃地"，"进城"却没有"迁徙"，土地规模经营难以有效展开，并对农村人口向城市迁移产生黏滞效应。政府需要破除土地经营权流转的制度藩篱，通过城乡基本公共服务均等化促进进城农民自由迁徙，推动"两栖化""半城镇化"的农民工群体彻底市民化。

（7）人口城镇化与土地城镇化同步发展，才能实现人与自然和谐共生

人口城镇化超前于土地城镇化，会导致交通、教育、医疗等公共资源紧张和生态环境压力；人口城镇化滞后于土地城镇化，会导致"空城""鬼城"现象，引发建设用地低效、耕地流失等资源浪费问题。现阶段土地城镇化超前发展，既有对人口城镇化的阶段性追赶，又与国家的产业政策、财政政策息息相关，有其合理性的一面。但只有让因人口集聚而产生的土地增值收益，回馈给进城择业的广大农民，才能全面降低城镇化的成本和门槛，消除因承载过多人口而带来的乡村贫困。各地区要根据地域实际，矫正因人口城镇化与土地城镇化不同步发展而引起的"空间失衡"现象，最终实现"一方水土"与"一方人口"相协调的发展目标。

8.2 政策建议

8.2.1 土地开发权成为财富分配的重要形式

中国正处于城镇化快速发展时期，乡村人口不断向城镇迁移，但以农民工为代表的阶层与母体并未彻底分离，产生一系列弊端的同时也为现代化平稳推进留下意义重大的"缓冲带"。人口集聚推动城镇空间扩张，土地产权和利用方式的转变导致巨大的土地增值收益。《中国家庭财富调查报告 2019》提出，房产净值增长是中国家庭人均财富增长的重要因素，城乡居民在财产构成方面的差异——城镇居民家庭房产占七成，农村居民家庭房产占五成——导致房产净值较高的城镇居民家庭从房产净值大幅增长过程中获得更多的财富积累。但城镇化带来的土地增值空间并非均匀分布，而是集中在城市及其周边地域，远离城市的土地并未增值或增值有限。土地开发权（也称发展权）是指政府为了维护公共利益，通

过土地规划赋予土地使用者改变土地使用性质和开发强度的权力。1974 年英国最早提出土地开发权概念，并制定了初始的土地开发权制度，之后西方国家纷纷效仿并根据自身实际设计开发权收益分配方案。① 源于公权力的干预，土地所有权与开发权相分离，土地由农业用地转为非农用地或非农用地增加开发密度，土地价值不断增值，土地开发权成为独立于所有权的重要权能和财富分配形式。②

农村土地与城镇土地的主要区别在于土地用途的规划管制即土地开发权的有无，而与土地所有制类型——国有、私有抑或集体所有并无直接关系。迄今为止，我国法律虽未明确界定土地开发权这一权能，但随着"城中村""合乡并村"中的房屋拆迁及城乡建设用地的重新规划，土地大规模开发已在全国如火如荼般展开。部分学者认为，政府掌控土地开发权是中国独特的城乡二元土地制度产物，农民由于缺失土地发展权能，导致其在土地增值收益分配中处于弱势地位。③ 城镇化进程中土地增值收益归属主体分歧明显，主要有"涨价归公""涨价归农""公农兼顾"三种观点。土地开发权赋予政府协调空间资源配置的核心抓手，有助于明确和保障私人部门的权利。④ 与传统农业社会不同，均田制已不是国民财富公平分配的尺度。土地是国民经济活动的载体，随着产权变更、用途转变、投资开发等，土地价值不断增值。日益"显化"的土地增值收益及其分配方式，必将影响乡村人口向城镇转移的规模和速度。只有让因人口集聚而产生的土地增值收益，回馈给进城择业的广大农民，才能全面降低城镇化的成本和门槛，乡村人口才能持续不断地向城镇迁移，农业土地规模经营才能有效展开，人口城镇化与土地城镇化才能同步发展，才能消除因承载过多人口而带来的乡村贫困。

我国建设用地并非总量不足，而是面临城镇扩张不断占用优质耕地、农民工炫耀性建房却不居住、农村建设面积不降反增问题。国内学者多从土地所有权形式或尊重农民土地财产权视角出发，呼吁乡村集体土地应与城市国有土地同权同

---

① 郝晓薇，兰婷. 土地发展权视角下的农民征地价值补偿研究［J］. 理论探讨，2018（06）：115-121.

② 梁流涛，李俊岭，陈常优，等. 农地非农化中土地增值收益及合理分配比例测算：理论方法与实证——基于土地发展权和要素贡献理论的视角［J］. 干旱区资源与环境，2018, 32（03）：44-49.

③ 彭建超，吴群，钱畅. 农村土地"增值"对农民市民化实现的贡献研究［J］. 人口学刊，2017, 39（06）：51-61.

④ 祝贺，林颖，闫博. 城市更新背景下的空间开发权探讨［J］. 城市发展研究，2022, 29（03）：1-7.

价，农民应当享有自行开发集体土地的权利。[1][2] 土地作为特殊商品，其开发利用具有极强的外部性，上述观点忽视了土地增值的关键因素——土地开发权的归属和分配问题，进而将广大进城农民排斥在土地增值收益分配之外，并成为城市建成区无序蔓延、乡村工业和旅游园区到处开花、城郊小产权房蓬勃发展的根源所在。在城镇化发展较早的西方国家，为避免因"市场失灵"而造成的"公地悲剧"发生，均以立法形式将土地所有权与开发权相分离，并严格限制土地的非农使用。国家以土地管理者身份参与土地开发增值收益的初次分配和二次分配，实现土地开发增值收益社会分享[3]；基于土地所有权与开发权相分离视角，构建城镇化进程中土地增值收益公平分配机制，规范不同地域失地农民补偿，避免社会的扭曲和对抗，使人们能够以自己的勤劳、智慧去追求财富[4]；探讨"共享发展"与"涨价归公"理念，以期为实现进城农民的安居梦想及乡村留守农民的土地适度规模经营提供理论支撑。

8.2.2 土地所有权与开发权相分离的历史沿革及争议

（1）土地开发权与所有权相分离的经济学原理

工业化推动城镇化发展，城镇空间不断扩张，土地用途规划变更不可避免。乡村人口减少导致一些村落衰败合并，农田、沟渠、道路等需要重新整理，而城镇人口增加又推动城镇更新改造和扩张发展。地理区位限制了土地的竞争性供给，土地价值不取决或较少取决于自然属性和开发投入，而主要取决于规划管制所带来的外部性，如周边基础设施、人口资源等。土地的开发方式（开发用途、容积率等）又进一步强化周边土地的外部性，如提高或降低一些房产的价值等。土地垄断与外部性相互叠加形成近邻效应，被认为是土地所有权与开发权相分离的经济学原理。[5] 土地开发权价值在不同城市之间、城市与乡村之间差距巨大，主要取决于人口密度、单位面积投资量，与原土地所有者或使用者无关。

---

① 李怀，朱邦宁."分配正义"视角下的土地增值收益分配制度创新［J］.理论探索，2016（06）：78-82+90.

② 刘元胜，胡岳岷.农民权益：农村土地增值收益分配的根本问题［J］.财经科学，2017（07）：40-49.

③ 崔文星.土地开发增值收益分配制度的法理基础［J］.政治与法律，2021（04）：122-134.

④ 华生.破解土地财政，变征地为分地——东亚地区城市化用地制度的启示［J］.国家行政学院学报，2015（03）：13-17.

⑤ 华生.城市化转型与土地陷阱［M］.北京：东方出版社，2017：88-90.

仅凭私人和市场无法保证土地资源得到有效配置，只要不限制开发权，理性经济人都会设法扩大生存空间。村中城农民将会违规搭建，外来农民将会抢占公共空间，绿地、农地会被开发占用。理性经济人的"理性行为"导致生态环境不断恶化、流行疾病迅速蔓延、人地关系空前紧张的"公地悲剧"。于是，关于土地开发权的法律法规陆续出台，推动土地用途规划管制。土地所有者要想改变土地用途，必须得到规划部门的批准许可，土地所有权与开发权逐步相互分离。

（2）土地开发权与所有权相分离的演进历程

在人多地少、资源环境压力显著的西欧，工业化、城镇化造成人地关系空前紧张，土地利用规划推行几乎没有受到挑战。作为先发工业国，英国社会普遍意识到仅凭市场无法保证稀缺的土地资源得到合理、有效的利用。早在中世纪时代，英国为了弥补公共开支缺口，已强制收回因公共设施建设而给私人土地带来的部分涨价。1909年，英国出台《住宅与城镇规划法》，首次授权地方制订土地开发规划方案，并明确指出："如果私有土地价值因规划而受到负面影响，土地所有权人有权要求政府补偿潜在损失；如果私有土地价值因规划而导致增值，政府与所有权人将对半分享增值收益。"1947年英国重新修订《城乡规划法》，确立土地开发权的申请许可及国有制。德国土地开发规划建立在法律基础之上，1875年普鲁士颁布《建筑法》，标志着德国规划法诞生。德国坚持"建筑不自由"的原则，遵循"无计划不开发"的管制方针，注重联邦到邦、县市、乡镇及不同规模区域、流域规划之间相互衔接补充，其舒适的都市风景、秀丽的风情小镇、优美的田园风光在国际上获得高度赞誉。

土地用途的规划管制对私人土地所有权提出严重挑战。然而，即使在以尊重私有财产为荣的移民国家——美国，从自由拓荒的农业社会转向人口集聚的城市社会，随着摩天大楼时代的到来，建筑高度限制、建筑规划管制也迅速推行开来。1924年，美国颁布《土地使用分区规划标准授权法案》，规定土地所有者要改变土地用途、兴建建筑物，必须得到当地政府批准。土地价值主要由规划管制决定，市场只发挥辅助调节作用。之后，美国在部分地区实施开发许可捆绑政策，要求开发者承担相关公共设施建设费用。

东亚地区人口稠密，土地资源尤为紧缺。日本、韩国在历经土地开发探索与挫折后，纷纷借鉴西欧特别是德国的土地管理制度，对私有土地开发权进行严格限制。日本借鉴德国"建筑不自由"的法治精神，确认私有土地也有公益性质，对未经规划许可擅自将耕地转为住宅用地的，除终止建筑工事、地面建筑拆除及复垦费用由本人负担外，还视其情节轻重判处有期徒刑或罚款；并运用财政及金融手段防范商住建筑中的寻租空间，保证劳动创造财富的主导激励机制。韩国于20世纪80年代推出"土地公有"概念，强制对私有土地开发增值进行社会分配。

（3）土地开发权与所有权相分离在我国的实践探索

我国土地开发权属于国家，即农村集体自行开发农地面临一般性禁止。土地开发权是权力，不是权利，土地开发权与土地所有权相分离并高于所有权。① 改革开放之前，国家机关、学校、团体、企业的建设用地，实行政府审批、无偿划拨、谁使用谁管理的原则。改革开放后，非农土地使用大大加快，过去隐藏的土地开发权问题迅速彰显。一方面，计划经济体制下建设用地的无偿划拨，造成土地资源的巨大浪费。另一方面，蓬勃发展的乡镇企业对工业用地需求巨大，而富裕起来的农民也纷纷扩大住房需求，不断蚕食优质耕地。

在此背景下，1986年颁布的《土地管理法》对建设用地实行分级限额审批，但对当时占GDP较大份额的乡镇企业用地却采取宽松尺度。1987年12月，深圳公开拍卖一宗土地50年的使用权，拉开了我国土地拍卖转让的序幕，计划经济下长期潜伏的土地价值得以释放。随着社会主义市场经济方向的确立，建设用地使用权的转让已越来越普遍。同时，国家对建设用地总量和农转非用地指标实行严格控制，并制订以行政级别为基础的层层分解用地指标分配方案。土地管理制度从强调土地所有权性质转移到注重土地使用权或建设权，即土地开发权的控制和分配上来。1994年分税制特别是1998年住房私有化改革后，地方政府加速了"经营城市"步伐。国土资源部于2002年颁布《招标拍卖挂牌出让国有土地使用权规定》，决定废止协议购地、实行土地公开"招拍挂"制度。

随着农民外出打工，农村"空心化"严重，而城镇扩张却需新增大量建设用地。2006年我国开展城乡建设用地增减挂钩试点工作，将农村闲置的集体建设用地，其中主要是宅基地复垦为农田后，用于城镇建设。城乡建设用地增减挂钩把乡村土地开发权转移到城镇，其实质是乡村土地开发权的剥离和转让，打破了城乡隔绝的建设用地市场，给原本不具有市场价值的乡村土地人为增加了"开发价值"，成为行政性分配建设用地指标的有效补充。重庆、成都的"地票试验"，把偏远乡村土地开发权货币化，调动了农民主动释放宅基地的积极性。但

---

① 崔文星．权力抑或权利：中国土地开发权性质辨析［J］．广东社会科学，2020（04）：243-253.

土地增减挂钩并未脱离土地征收制度框架，其经济激励受制于计划指标的总量控制及增减两地间的土地价值差异。[①]

8.2.3 土地增值收益公平分配机制构建

（1）土地增值收益回归城镇化主体

土地增值源于供求变化、用途改变和土地投资[②]，各贡献主体理应按贡献份额取得相应收益。[③] 面对耕地保护与城镇化建设的需要，各地在现有土地制度下开展了城乡建设用地置换实践。[④] 外来人口激发城镇土地开发需求，进而引起规划变更和公共投资。因此，土地增值是社会因素使然而非个人资本或劳动所致，是个别规划地块而非普遍现象，理应"共享发展"与"涨价归公"。

为保护耕地和生态环境、促进城镇繁荣的打工和在村农民，理应通过转移支付分享土地增值收益，这符合归属的逻辑性、共同富裕的公正性。因此，让土地增值收益真正回馈城镇化推动主体——广大进城农民及其家属。政府要扮演好独立仲裁者角色，妥善处理各种利益纠葛。失地农民理应得到公平合理补偿，但不应因天然区位优势而过度享受特权；开发商的高质量增值服务理应受到回报，但不应因非法寻租而抬高进城农民安居成本；原城市居民的合法权益理应受到保护，但不应因占有过多住房而挤占他人生存空间。地方政府应逐步把用于工业用地补贴的土地增值收益，转移到针对农民工群体先租后售的保障房建设上。[⑤]"有恒产者有恒心"，外来人口一旦拥有不断增值的房产，就有了向上攀升的持续动力，能够较快打破向中产阶级过渡的天花板，避免社会阶层固化。

（2）依法规范失地农民利益诉求

规模经济、公共产品和外部性使得土地开发和利用不再是土地所有、占有或使用者的私人事务。为了公共使用而对私人财产的征收，必须得到等额市场价值的回报，市场经济的灵魂在于调动人类内心深处的竞争基因，逼迫惰性的人勤勉

① 李怀，万佳．"赋权—限权"视角下农村土地增值收益分配：演进脉络与基本经验［J］．当代经济研究，2023（07）：120-128.

② 周诚．关于我国农地转非自然增值分配理论的新思考［J］．农业经济问题，2006（12）：4-7+79.

③ 靳相木，陈阳．土地增值收益分配研究路线及其比较［J］．经济问题探索，2017（10）：1-5.

④ 孙建伟．如何解决城乡建设用地置换中的"元问题"——基于新型权利视角的分析［J］．探索与争鸣，2021（03）：160-167+180.

⑤ 李济广．论房地产土地增值收益分配应坚持的原则［J］．中州学刊，2018（03）：32-37.

奋斗以求生存和发展。基于城市规划造成土地价值改变和转移，即提高一部分土地价值而又降低另一部分土地价值的事实，要想破解"意外收益与受损"困境，地方政府必须收缴土地所有、占有或使用者的增值收益，而为土地价值受损人提供公正补偿。公正补偿为土地征收前原用途的市场价值，并不包括因征收预期或开发后而造成的价值增值，其内在本质体现为被征收者财产权利与公共资金（纳税人负担）之间的一种平衡。

基于土地价值的社会性和外部性，对失地、拆迁农民既不廉价剥夺，也不任凭其漫天要价。房产增值是附着土地的增值，建筑物只会不断折旧贬值。地方政府应借鉴国际成熟经验，对土地按市场价值补偿，对建筑物按成本扣除折旧补偿，对违法抢建不予补偿且给予罚款惩戒。现在，一次性货币补偿已成为常态，这种缺乏跨期公平与效率、缺乏能力支撑与就业保障的短视做法，并未考虑农民的长远生活。多数农民并不能让骤然增加的货币财富保值、增值。因此，引入市场机制和谈判机制，调控区域和城乡收益分配关系，建立土地发展基金形成代际分配格局；对失地农民宜采取人员安置、宅基地换住房、农地换公租房等方式，真正实现土地增值收益的全民共享。①

（3）推动税收财政

普通民众以税收形式分享土地增值收益，具有充分的正义性、合法性和普适性。主要做法有：①征收个人所得税。对天价征地拆迁补偿款给予一定豁免额度后征收个人所得税，使土地增值收益大部分收归社会。②构建累进税收调节机制。一是打击土地投机行为。以土地现值与购买成本差值为依据，征收累进增值税，并通过限期开发盘活存量土地、增加房产供给，打击开发商坐享其成的财富增长方式。二是打击住房投机行为。在住房流转、持有、继承环节征收高额累进税，抑制房价过快增长。投资房产者多为高收入家庭，房价过快上涨会产生"马太效应"，引领财富从低收入家庭转移到高收入家庭。科学界定存量房产和新增房产以划定征税范畴，用逐年征收的房产税替代一次性的土地出让收入。对自住小型住房应降低或免交交易税，以方便普通民众改善住房条件；对大型或多套住房则应征收累进交易税、不动产税、闲置税、遗产税等，来抑制投机或奢华性需求，湮灭供求失衡和房价上涨因素，恢复房产居住功能。③引导进城落户农民放

---

① 邹旭，石晓平，马贤磊.中国共产党建党百年来的土地增值收益分配：政策演进、理论辨析与改革逻辑［J］.中国土地科学，2021，35（08）：15-22.

弃宅基地。一个人不能同时享受城、乡两份福利待遇。当农民落户城镇并申请保障住房时，有必要处置老家的宅基地；当农民落户城镇并购买商品房后，农村宅基地及住房应纳入不动产税征收范畴。

（4）推进农业土地适度规模经营

农业发展不仅取决于技术进步，也取决于规模扩大。《中国统计年鉴（2022）》数据显示，2021年我国乡村常住人口49104万人，减少731万人。而与中国耕地禀赋相近的日本、韩国，农村人口只占10%。在一个农村人口占比大的国家，难以实现经济的高质量增长。过去，由于缺乏非农就业机会，中国农民在农业生产中往往投入"过密化"劳动，土地的超强度利用导致土地板结、草原退化，洪涝灾害日趋频繁；现在，随着非农就业机会的增多，多数青壮年农民外出打工，又导致农田抛荒和粗放经营现象。

我国农村实行"增人不增地，减人不减地"的土地政策，新出生人口及迁移农民已完全没有土地。随着土地确权和抵押工作的全面展开，土地集中将会大大加快。只有进城农民自愿放弃小块土地，促进农业土地适度规模经营，才能改变进城农民兼业化的生存状态并增加在乡农民收入。"三权分置"制度扫清了土地经营权流转障碍，为农业适度规模经营提供了理论支撑。我国城镇尚不能提供满足所有农民的就业机会，农业还须承担一定的就业量。户均几公顷的小型家庭农场，能够维持农民市民化与城镇吸纳能力之间的均衡，将会成为一定时期内我国农业经营的主导模式。因此，完善农地权能体系，构建农地承包权退出机制、市场化交易与收益分配机制，建设田间农路和排灌渠道，推进农地连片集中，以利于水利事业和机械化经营也就成为必然。

8.2.4 统筹治理规划型"空城"

（1）"空城"的类型及治理意义

1）"空城"的类型

在城市发展进程中，由于自然灾害、战争、城市规划等原因造成的房屋空置率过高、产业空洞，甚至被废弃的城市或城市区域，被称为"空城"。"空城"可分为三种类型：①灾难型"空城"。因遭受人为或自然因素破坏，如受到地震、飓风、火山爆发、核泄漏、战争等外部因素影响，形成空置率极高的城市。由于剧烈外力的毁灭性打击，城市后期恢复工作难度极大。例如，2015年，遭遇有气象记录以来最严重龙卷风袭击的美国中部小城乔普林市；1986年，遭遇切尔诺贝利核电厂爆炸事故的苏联乌克兰共和国小城普里皮亚季。另外，还有同样遭受核事故的日本福岛，遭受地震的意大利圣安格罗村，被海水上升逐渐淹没的巴西阿塔方纳镇，长期遭受战争的伊拉克纳西里耶及叙利亚霍姆斯等。②衰落型"空城"。城市因资源枯竭，或遭遇地价上升、环境污染等困境，相关产业衰落或迁出后，又没有新的产业加以补充，导致人口流失严重，形成空置率极高的城市。如 2013 年，宣布财政破产的美国汽车城底特律，人口由最高时期的 200 万人，下降到现在的 63.9 万人。另外，还有美国的布法罗、俄罗斯的伊凡诺夫、英国的利物浦和曼彻斯特、德国的莱比锡等城市，都呈衰落之势。因油设市的中国甘肃玉门，石油资源日趋枯竭，出现就业困难、街道冷清、大量房屋闲置等问题。据《全国资源型城市可持续发展规划（2013—2020 年）》数据，我国共有67 个资源枯竭型城市急需产业转型升级。③规划型"空城"。为缓解老城区用地紧张、人口拥挤、环境恶化等问题，城市建设新城、新区①，但由于规划内容与实际需求差距过大，新建城区没有吸引足够多的人口和企业入驻，导致空置率过高而沦为"空城"。规划型"空城"由于涉及地域广泛、影响面大而成为学界和媒体曝光的重点。例如，内蒙古鄂尔多斯市康巴什新区、辽宁营口开发区、天津宝坻京津新城、云南昆明呈贡新城、河南鹤壁淇滨新区等。

2）规划型"空城"的危害

灾难型"空城"源于战争和自然灾害、衰落型"空城"源于资源枯竭，有其偶然性和不可抗力，这些不是本书的重点。当代中国的"造城运动"是从计划经济向市场经济转型、从农村经济向城市经济过渡时期的产物。城市空间的演进涉及中央与地方财权和事权的划分，地方政府的运行机制，资本、权力与技术的结合关系等。在我国出口受阻、内需不振，钢铁、水泥等传统产业不能较快转型的背景下，地方政府通过"造城运动"来"稳增长、保就业"，开发区、大学城、住房改革、卫星城、新农村建设成为不同时期应对不同危机的城镇化空间实践模式。② 2009 年 4 万亿救市计划所造成的城市蔓延问题尚未解决，新一轮的土地海量供应又已开始。2022 年据国土资源部统计，全国 685 个城市几乎都在规划或正在建设新城、新区。不可否认，地方政府打造新城、新区，有经济发展需要、住房刚性需求、城市人口增长等客观现实；但城镇化发展有其规律性和长期

---

① 聂翔宇，刘新静. 城市化进程中"鬼城"的类型分析及其治理研究 [J]. 南通大学学报（社会科学版），2013，29（04）：111-117.

② 段禄峰. 我国城乡二元经济结构测度研究 [J]. 生态经济，2016，32（03）：33-39.

性，很多地方政府不顾地域实际，提出建设"世界城市""国际化大都市"等口号，假借城镇化之名圈地、囤地甚至削山、填海，将有限财力用于建造空置率极高的新城、新区，来换取 GDP 增长和官员政绩。这些基础设施、住宅、厂房利用效率极低的"空城"，将导致越来越多的沉淀资本。

经过改革开放 40 多年的发展，中国劳动力和土地资源日渐稀缺，"空城"之殇成为城镇化进程中的"秋风悲歌"。面对"空城"规划的先天不足与缺陷，"空城"改造的后期运作，如基础设施的重新配置、人才引进、降低地价和环境要求招商引资等都会付出巨额的经济代价。2022 年，我国城镇化率已达65.22%，城镇化成为推动经济发展的强大动力。但具有广泛性的规划型"空城"，因其生产要素集聚不足，不但没有成为带动经济发展的增长极，反而成为地方政府的沉重负担。在新型城镇化背景下，可通过改变政绩考核体系、科学规划引导、改革收入分配机制、强化职业培训、软质文化传承植入等措施，预防"空城"出现、填充已有"空城"，促进城市空间的优化配置。然而，只要尊重城市发展规律，科学规划、合理引导，规划型"空城"完全可以避免或重获生机。新型城镇化以信息化为引领，以新型工业化、农业现代化为动力，强调城乡统筹、四化同步、产城融合、生态文明、文化传承、农民工市民化等，更加突出以人为本的理念，发展重心从空间扩张转为更加重视城镇化质量。现今"造城"运动仍在全国各地如火如荼般展开，以建设新型城镇化为契机，探讨规划型"空城"形成原因及破解对策，具有重要的理论与实践价值。

（2）规划型"空城"的成因分析

1）多数城市尚处于集聚阶段

新城、新区是城市空间扩张的主体形态，能够缓解老城压力、优化产业结构、增强要素集聚能力。然而中国目前除北京、上海、广州、深圳等一线城市外，多数城市尚处于人口、产业集聚阶段，"极化效应"大于"涓滴效应"，老城区人口向新城区转移需求并不旺盛。另外，随着平均预期寿命的提高和适龄妇女生育率的下降，我国正迈入预计持续多年的高速老龄化社会。现今，"民工荒"不但存在于东部沿海地区，作为劳动力输出地的中、西部地区也开始出现劳动力短缺局面。全国范围内由于存在新城、新区过多及自身规划问题，无法吸引足够多的人口和企业集聚，缺乏规模效应和集聚效应，导致"空城"现象泛滥。

新、老城区本是一个有机整体，承担着不同职责。但在有限资源和发展机会下，新城、老城之间人口、产业与市场竞争成为发展主流。而"空城"中生产、生活、生态等功能的不平衡性，不但造成本区内的生产低效、生活困难、生态危机，而且也威胁着城市整体的良性循环，规划预期中的新城、老城联动互补关系鲜有出现。

2）城市规划空间的非理性

①建设超前型"空城"。建设超前型"空城"是指规划基础设施或房地产远超市场需求，导致入驻企业和人口不足，城市基础设施和房屋闲置的城市区域。豪华的建筑、空置的住宅、行人稀少的街道成为其标志性特点。例如，规划155平方千米的内蒙古鄂尔多斯康巴什新城，城内行政中心、新闻中心、艺术中心、运动场、博物馆、图书馆、电影院、别墅群、中产阶级复式公寓、6~8车道道路一应俱全；但规划安置100万人口的新城，常住人口却不足10万人，整个城市园林和建筑苑围豪华却荒无人踪。康巴什新城按照城镇化发展的常规速度测算，要达到预期人口目标，可能尚需百年之久。

亚洲最大的别墅区群，投资120多亿元的天津宝坻京津新城，城内高尔夫球场、温泉城、五星级酒店、商业街、数千栋欧式别墅气派林立，但并没有迎来预想中的繁华盛景，反而人气冷清、商业凋敝、房屋空置，上演了空前绝后的"空城计"，设计50万人居住、生活、娱乐的新城，如今空置率高达90%。① 另外，还有规划面积达461平方千米的云南昆明呈贡新城等，它们的主要特征之一就是缺乏相关产业支撑，导致人口集聚不足。

②建设滞后型"空城"。建设滞后型"空城"是指城市功能单一或基础设施不完善而导致入住人口不足或企业稀少，形成入住率过低的"空城"。新城、新区建设由于计划不周或规划过于宏大而缺乏后续资金支持，使相关生产、生活、生态功能缺失，如没有幼儿园、学校、娱乐场所、大型超市等生活空间，没有入园企业所需的配套企业生产空间，没有足够的绿地、花园等生态空间，或离主城区较远且没有方便的交通设施等。②

规划380千米的河北唐山曹妃甸开发区，由于经济环境持续恶化，后续资金投入不足，企业所需的生产性服务业及基础设施配套严重不足，导致招商引资进展缓慢、前期投入项目抛荒、园区大面积空间空置。曹妃甸计划构建的四大支柱

---

① 胡能灿. 城市化要谨防"空城计"——对当前"新造城运动"中"空城现象"的冷思考［J］. 国土资源，2010（09）：52-55.

② 陈建军，杨飞. 区域经济转型中"空城"现象原因及对策研究［J］. 经济纵横，2013（11）：66-70.

产业——大港口、大钢铁、大化工、大电力正在落空。对于较大的城市社区，较为完善的空间规划模式一般应为 10% 的文化休闲空间、20% 的服务设施空间、70% 的商业空间；工业园区一般为 40% 的产业空间、30% 的市政配套工程空间、30% 的商业和居住空间。多样性的空间充满生机和希望，使沉寂和单调远离。① 但一些新城区由于规划失误及不同方面的利益诉求，各种空间并没有达到理想的配置标准，在此居住的人员工作困难、生活单调，部分成员会迁往更为舒适的地方，从而加剧了本城区的凋零、衰败。另外，还有规划面积 268 平方千米的辽宁营口开发区、规划面积 130 平方千米的河南鹤壁淇滨新区，区内几乎是清一色的地产项目和相关配套设施，实体产业匮乏，城市空间扩张在需求不足的风险下盲目推进。

③房地产型"空城"。房地产型"空城"是指政府开发大批房地产，预期植入大量人口，但由于配套设施落后，当地人口规模小、外地人口流入不足，或开发商、炒房客过分追求利益，通过炒作手段推高房价，普通民众无力购买，形成入住率过低的"空城"。特别指出房地产型"空城"与建设超前型"空城"、建设滞后型"空城"是一种相互交叉关系，如上述的康巴什新城、京津新城也属于房地产型"空城"。现阶段，房地产型"空城"具有广泛性和持续性，单列出来研究更有意义。1998 年，我国住房私有化改革，房地产成为带动经济增长的引擎。"摸着石头过河"的改革模式，缺乏顶层监督机制，地方权力与新兴资本的结合，推动了对土地资源的占用。2008 年全球金融危机爆发，我国产品出口受到严重冲击，经济发展的房地产驱动模式更加显现，房地产型"空城"大有愈演愈烈之势。

鄂尔多斯康巴什新城房产多被陕北煤老板、山西富商及本地公务员所购买，多数房主并不居住，而是作为投资手段，康巴什新城成为资本狂热投资的牺牲品。山东青岛重点民生工程——白沙湾保障房社区，共有限价商品房 6253 套、公共租赁房 3797 套。由于位置偏僻，犹如一座孤城，加上交通等配套设施滞后、工程建设质量问题，公开销售的限价商品房在 2012～2014 年共收到购买申请不足 200 份，全国保障房建设的典型正成为一座"空城"。另外，广东惠州大亚湾新城、江苏常州武进新城、山东龙口东海旅游度假区、湖北十堰东部新城、贵州

---

① ［加］简·雅各布斯. 美国大城市的死与生［M］. 金衡山，译. 南京：译林出版社，2016：89-90.

贵阳新城、辽宁沈阳荷兰村等都属于房地产型"空城"。

房地产型"空城"不只是中国的特有现象。2003 年，爱尔兰因 20 世纪末 21 世纪初经济发展的黄金岁月，人均 GDP 已位居世界第二。2004 年，人口只有 400 万的爱尔兰新建 8 万栋房屋，多数人只需 5%首付就可贷款购房。宽松的货币政策助长资本泡沫，造成楼市虚假繁荣，投资者贪婪地享受房地产泡沫盛宴，政府也乐于征收高额房产税收。1996~2006 年，爱尔兰房价平均上涨 3.7 倍，都柏林附近朗福德郡聚集大量买不起房产的人口，许多房地产型小城镇因无人买房而变成"空城"。2010 年底，爱尔兰房屋空置率为 17%，远超 5%~10%的正常空置范围。由于资本大多流向房地产，多数实体经济萎靡不振。自 2008 年起，爱尔兰经济连续 3 年出现负增长，导致失业率飙升，部分中产阶级因为工资、福利下降纷纷出走他国。①

（3）系统治理规划型"空城"

1）改变政绩考核体系，因地制宜发展经济

随着城市空间不断扩张，土地资源越来越少，而过往对基础设施建设投入不足，无法实现财政收入与公共投资之间的平衡。国家应加强顶层设计，建立地方政府财政破产机制和官员终身追责制度，增强官员危机意识；降低经济增长指标权重，凸显民生、生态等可持续发展指标，去除经济发展和城镇化建设的政府"路径依赖"，实现由"经济增长型"政府向"公共服务型"政府转变。

我国正处于城市集聚发展阶段，大城市优先发展战略依然有效。"城市病"与城市规模并无必然联系，大城市的规模效应减少了个人平均支出及对资源的需求，用水、用电紧张，上学难、看病难、出行难，环境污染等"城市病"往往在小城市更为严重，且人均治理成本更高。出于精英阶层对"城市病"的恐惧，出于文人诗意般的小城镇情怀，目前城镇化政策导向与市场导向相背离，国家以避免"城市病"为由，鼓励农民流向中小城市和小城镇。但农民向大城市，尤其向特大城市流动依然是主流形式。大城市有较为充分的就业、有完善的基础设施和公共服务、有相对公平的竞争环境；中小城市和小城镇没有规模效应和集聚效应，多数产业空洞、税收缺失、公共资源匮乏、人际关系复杂，不是他们实现"城市梦"的终极目标。如今，我国中、小城市已制造了大量"空城"，并且多数"空城"的填充遥遥无期。因此更多地发展大城市，通过合理规划、科学管

① 赵国贺. 爱尔兰，一个被房地产拖垮的国家 [J]. 新湘评论，2011 (12)：60-61.

治，集聚资源、人口，应成为城镇化发展模式的理性选择。

自然条件的显著差异性，成为我国区域经济分化明显的重要因素。1935 年，著名地理学家胡焕庸提出了瑷珲（现在的黑河）—腾冲线，即胡焕庸线，在中国地域版图上自黑龙江瑷珲至云南腾冲画一条直线（约为 45°），线东南以平原、丘陵、丹霞地貌为特征，以 36% 的土地供养了全国 96% 的人口；线西北是草原、沙漠和雪域高原世界，以 64% 的土地供养 4% 的人口，二者平均人口密度比为 42.6∶1，揭示了中国人口、城镇分布规律。胡焕庸线西北地区自然地理条件相对恶劣，产业基础薄弱、人口密度较低且持续外流，不适宜大规模的城市建设和开发活动。在西北地区投入大量资本搞全面开花的"造城运动"，极易出现"空城"现象，无疑是对人力、财力和土地资源的极大浪费。胡焕庸线东南地区自然环境较好，产业与人口集中，是重点开发的理想区域，即使出现"空城"，也会在较短时间内通过规划调整和经济发展而充实起来。因此，在城镇化进程中，我国西北地区新城、新区数量当然会继续增加，但增加的重点将是东南地区。国家层面可通过建立土地与人口大数据综合管理系统，尊重人口向东南地区转移的自然规律，使城镇建设用地指标与人口市民化挂钩，实现人的城镇化与土地城镇化同步推进，适应以异地转移就业为主的国情，统筹全国人口分布、经济布局、国地利用和城镇化格局。[①]

2）科学规划引导，预防"空城"出现

新城区建设以老城区功能过于集中、人口密度过高为前提。21 世纪以来，全国几乎每个城市都有新城、新区建设，多数地方已能满足城镇化发展要求。在我国制造业全面过剩、人口即将进入老龄化社会的情况下，对新的新城、新区，尤其是工业园区的审批，要科学论证、慎重严谨。一方面要反思新城区建设问题，检验开发设计上的先天不足与缺陷，谋划顶层设计和未来发展方向；另一方面要通过"减量增长"政策，给新城、新区一定缓冲时间，毕竟新的空间需要较长时间的人、物填充。随着后期市政配套、空间优化、文化建设等措施推进，新城、新区的承载能力和极化效应将不断提升，会吸引越来越多的人口和企业入驻。但"空城"的填充并非一蹴而就，它取决于当地的经济发展、人口规模和区位条件，以及宏观的经济发展环境等。

---

① 段禄峰，魏明. 新型城镇化背景下土地财政模式合理性研究［J］. 城市发展研究，2017（02）：17-21.

现阶段，在"经营城市"的冲动下，政府通过垄断低价征收、高价卖出土地，获取大量收益，用于新城、新区建设。新型城镇化强调"空间优化"，可通过级差地租原理调整空间配置，遏制利用公权侵占公民权益的行为。在城市规划中科学界定城市边界，利用遥感技术、GIS 技术进行土地监测，防止城区无序蔓延。推进"精明增长""紧凑式发展""内填式开发"，遏制"造城"运动。新城、新区规划应突出特色、因地制宜，遏制"夜景工程""亮丽工程""献礼工程""豪华广场"等形象工程，为"空城"减少奠定市场基础。

3）强化职业培训，促进产城融合发展

产城融合是城市空间功能优化和产业协同发展与良性互动的动态过程①，是打破城乡二元经济结构、促进未来经济增长和产业转型升级的基础。城市是产业发展的空间载体，产业是城市繁荣昌盛的物质属性。城市流入人口应与产业发展、新增就业岗位保持一致，无法实现充分就业的城镇化是"虚假的城镇化"。国土资源部 2021 年调研数据显示，我国多数大城市新城区规划占地面积和人口规模远超老城区，东部地区人口所占比重上升 2.15 个百分点，中部地区人口所占比重下降 0.79 个百分点，西部地区人口所占比重上升 0.22 个百分点，东北地区人口所占比重下降 1.20 个百分点。过去十年，四大一线城市以及成都、西安、郑州、杭州、重庆、长沙、武汉、佛山等人口增量排名前十的城市大多存在住宅用地供应不足的情况，深圳、广州等城市人地矛盾尤为突出。深圳 10 年人口增长近 714 万人，而同期住宅用地供应仅为 488 万平方米，如果仅考虑增量人口，人均供地面积也仅为 0.68 平方米，人地矛盾状况可见一斑；与之同为人口流入大户的广州，10 年人口增量 598 万人，住宅用地供应 3322 万平方米，按增量人口计算人均供地面积仅为 5.56 平方米；成都 10 年人口增量 582 万，同期住宅用地供应面积 4698 万平方米，按增量人口人均供地面积也仅为 8.07 平方米。另外，还有一些地方政府借城镇化大潮，通过宅基地复垦、村镇合并等方式获取用地指标，大搞新城、新区建设和房地产开发；但由于产业基础薄弱、配套设施不足，没有形成新、老城区良性互动和功能互补格局，导致越来越多的"有城无业、有城无市、有城无人"的"鬼城""空城"。"造城运动"占用大量耕地，带来人与城市的对立、投资与消费的失衡，过早地贴现了未来的财政收入。

产业结构与劳动力素质的契合是充分就业的前提。新城、新区要根据发展基

---

① 刘欣英．产城融合的影响因素及作用机制［J］．经济问题，2016（08）：26-29.

础、资源禀赋、环境容量、区位条件,结合国家战略、地方规划,强化职业培训、吸引高端人才,统筹发展劳动、资本和技术密集型产业,兼顾产业发展附加值和就业弹性,建立完善的产业链条,形成较强竞争力的产业集群①,千方百计解决百姓生计问题;倡导"创新、协调、绿色、开放、共享"理念,建立新型城镇化、新型工业化、农业现代化耦合机制,注重引进项目与本地产业关联性,发展特色"板块经济",使新、老城区之间,不同新城区之间错位发展,破解同质竞争问题,促进经济良性循环和民众充分就业;提供良好的商贸、医疗、教育等生活配套设施,吸引、留住高端科技人才,增强产品竞争力,形成产业与城市的长期协同发展机制②;通过提高税收、强化监管等方式约束投机行为和盲目投资,培养企业家精神和担当,遏制造城运动和楼市泡沫,最终实现城市与产业共生、布局与功能统一、生产与服务互动、居住与就业便利、经济与环境协调的产城融合目的。

---

① 陈运平,黄小勇.泛县域经济产城整合共生:演化逻辑、理论解构与产业路径 [J].宏观经济研究,2016(04):135-142.

② 谢呈阳,胡汉辉,周海波.新型城镇化背景下"产城融合"的内在机理与作用路径 [J].财经研究,2016(01):72-82.

参考文献

［1］艾小青，田雅敏．数字经济的减贫效应研究［J］．湖南大学学报（社会科学版），2022，36（01）：50-56.

［2］安树伟．大都市区管治研究［M］．北京：中国经济出版社，2007.

［3］白暴力，程艳敏，白瑞雪．发展生态经济助力实现共同富裕研究——基于中国式现代化视角［J］．上海经济研究，2022（12）：5-16+124.

［4］陈晓东，杨晓霞．数字经济可以实现产业链的最优强度吗？——基于1987—2017年中国投入产出表面板数据［J］．南京社会科学，2021（02）：17-26.

［5］陈雨生，孙召发，韩杨，等．农村土地制度改革促进城乡融合发展路径与机制［J］．经济地理，2023，43（05）：36-45.

［6］陈明，王凯．我国城镇化速度和趋势分析——基于面板数据的跨国比较研究［J］．城市规划，2013，37（05）：16-21+60.

［7］陈伯庚，陈承明．新型城镇化与城乡一体化疑难问题探析［J］．社会科学，2013（09）：34-43.

［8］陈伯君．西部大开发与区域经济公平增长［M］．北京：中国社会科学出版社，2007.

［9］陈春．健康城镇化发展研究［J］．国土与自然资源研究，2008（04）：7-9.

［10］陈迪宇，王政，张金萍．更好发挥城镇化对高质量发展的支撑作用［J］．宏观经济管理，2020（09）：12-14.

［11］陈飞，任清志，苏章杰．城市规模与迁移劳动力工作贫困［J］．财经问题研究，2022（12）：24-35.

［12］陈建军，杨飞．区域经济转型中"空城"现象原因及对策研究［J］．经济纵横，2013（11）：66-70.

［13］陈建华，刘福健，顾鹏．基于"三权分置"的"城市反哺农村"发展模式［J］．深圳大学学报（人文社会科学版），2017，34（05）：86-92.

［14］陈俊梁，史欢欢，林影，等．城镇化对经济增长影响的路径分析——基于长三角城市群的研究［J］．经济问题，2022（04）：49-57.

［15］陈金至，宋鹭．从土地财政到土地金融——论以地融资模式的转变［J］．财政研究，2021（01）：86-101.

［16］陈丽君，郁建兴，徐铱娜．共同富裕指数模型的构建［J］．治理研究，2021（04）：5-16.

［17］陈晖涛，郑传芳．农村城镇化与城乡一体化的相关性分析［J］．中共福建省委党校学报，2013（07）：86-90.

［18］陈良斌．城市化不平衡发展的双重逻辑——基于新马克思主义空间理论视角［J］．山东社会科学，2018（11）：12-16.

［19］陈然．新马克思主义空间理论与中国城镇化反思［J］．理论与现代化，2016（06）：118-125.

［20］陈晓红，李城固．我国城市化与城乡一体化研究［J］．城市发展研究，2004（02）：41-44+64.

［21］陈锡文．以新型城镇化与新农村建设双轮推进城乡一体化［J］．求索，2017（11）：4-10.

［22］陈学云，史贤华．我国城镇化进程中的城乡一体化路径研究——基于新农村建设平台［J］．经济学家，2011（03）：59-66.

［23］陈甬军，陈爱民．中国城市化：实证分析与对策研究［M］．厦门：厦门大学出版社，2002.

［24］陈运平，黄小勇．泛县域经济产城整合共生：演化逻辑、理论解构与产业路径［J］．宏观经济研究，2016（04）：135-142.

［25］陈中伟．农民职业分化、经营规模与农地生产效率——基于县域数据的验证［J］．河北经贸大学学报，2020，41（04）：72-79.

［26］程开明，王桂梅．城镇化、产业结构升级与经济高质量发展——基于空间杜宾模型的中介效应检验［J］．系统工程理论与实践，2023，43（03）：648-666.

［27］程开明．当前我国城市化速度的论争与审视［J］．城市发展研究，2009，16（10）：1-6.

［28］程梦瑶．迈向高质量发展：基于"七普"数据考察我国人口城镇化新阶段［J］．人口与发展，2022，28（02）：93-103+57.

［29］崔文星．土地开发增值收益分配制度的法理基础［J］．政治与法律，2021（04）：122-134.

［30］崔文星．权力抑或权利：中国土地开发权性质辨析［J］．广东社会科学，2020（04）：243-253.

［31］曹现强，朱明艺．城市化进程中的城乡空间正义思考［J］．理论探讨，2014（01）：139-144.

［32］曹萍．新型工业化、新型城市化与城乡统筹发展［J］．当代经济研究，2004（06）：58-60.

［33］蔡悦灵，林汉川．中国城市群城市化对城乡居民收入差距影响的实证检验［J］．统计与决策，2018，34（23）：138-142.

［34］蔡慧敏．城乡一体化进程中农村社区发展的困境与出路——基于全国农村改革试验区河南省新乡市的调研［J］．农业经济，2015（11）：43-44.

［35］崔功豪．中国城镇发展研究［M］．北京：中国建筑工业出版社，1992：72-78.

［36］成德宁．城市化与经济发展——理论、模式与政策［M］．北京：科学出版社，2004.

［37］晁恒，李贵才，林雄斌．新型城镇化背景下土地财政模式的有效性与合理性探讨［J］．城市发展研究，2014，21（07）：7-15.

［38］段禄峰．我国城乡二元经济结构测度研究［J］．生态经济，2016，32（03）：33-39.

［39］段禄峰．城镇化发展的理论与实践研究——以陕西为例［M］．北京：中国社会科学出版社，2017.

［40］段禄峰．城镇化发展速度测度及政策选择［J］．统计与决策，2016，32（13）：58-61.

［41］段禄峰．城乡空间结构演进理论研究述评［J］．广东农业科学，2011，38（24）：177-181+184.

［42］段禄峰．我国城乡空间一体化协调发展探讨［J］．商业时代，2011

（04）：135-136.

[43] 段禄峰. 我国产业结构偏离度研究 [J]. 统计与决策, 2016（06）：122-125.

[44] 段禄峰. 西安大都市区城乡空间一体化发展策略研究 [D]. 西安：西安建筑科技大学, 2013.

[45] 段禄峰, 张鸿. 城乡一体化视域下的西安市城乡二元经济结构解析 [J]. 生态经济, 2011, 27（08）：73-76.

[46] 段禄峰, 张鸿. 生态文明视角下的经济可持续发展问题研究 [J]. 改革与战略, 2012, 28（06）：8-10+17.

[47] 段禄峰, 张鸿, 张利, 等. 陕西"四化"同步发展模式及推进路径研究 [R]. 西安：西安邮电大学, 2015.

[48] 段禄峰, 张沛. 我国城镇化发展模式探讨 [J]. 商业时代, 2009（06）：6-7.

[49] 段禄峰, 张沛, 卞坤, 等. 基于主体功能导引下的我国城镇化发展多维解析 [J]. 改革与战略, 2009, 25（02）：48-50+112.

[50] 段禄峰, 张沛. 我国城镇化与工业化协调发展问题研究 [J]. 城市发展研究, 2009, 16（07）：12-17.

[51] 段禄峰, 魏明. 人口城镇化与土地城镇化同步发展研究 [J]. 当代经济管理, 2019, 41（11）：45-51.

[52] 段禄峰, 魏明. 新型城镇化背景下土地财政模式合理性研究 [J]. 城市发展研究, 2017（02）：17-21.

[53] 段禄峰, 田宇轩, 魏明, 等. 我国城镇化发展快慢问题研究 [J]. 理论探索, 2016, 33（05）：102-108.

[54] 段禄峰, 岳路. 新型城镇化发展空间测度分析 [J]. 城市, 2021（11）：17-25.

[55] 段瑞君. 聚集经济、市场拥挤效应与城市规模 [J]. 财经科学, 2014（08）：120-128.

[56] 杜焱强, 王亚星, 陈利根. 中国宅基地制度变迁：历史演变、多重逻辑与变迁特征 [J]. 经济社会体制比较, 2020（05）：90-99.

[57] 杜黎明. 主体功能区区划与建设——区域协调发展的新视野 [M]. 重庆：重庆大学出版社, 2007.

［58］杜肯堂，戴士根．区域经济管理学［M］．北京：高等教育出版社，2004．

［59］丁文珺，张铮．新形势下湖北省城镇化高质量发展综合测度及演进策略［J］．湖北社会科学，2021（01）：66-79．

［60］丁成日，朱佳星，陈灿．城镇化和城镇化模式对经济增长的影响分析［J］．城市发展研究，2022，29（12）：12-20．

［61］董光龙，王珏，程伟亚，等．山东省城镇化对农村居民点利用的直接效应与空间溢出效应研究［J］．地理研究，2023，42（06）：1629-1646．

［62］董利民．城市经济学［M］．北京：清华大学出版社，2011．

［63］邓玲．国土开发与城镇建设［M］．成都：四川大学出版社，2007．

［64］邓玲，杜黎明．主体功能区建设的区域协调功能研究［J］．经济学家，2006（04）：60-64．

［65］冯邦彦，马星．中国城市化发展水平及省际差异［J］．经济经纬，2005（01）：62-65．

［66］冯润东，王甫园，王开泳，等．成德绵地区政区位势与行政区经济耦合的时空演化与优化路径［J］．地理研究，2022，41（02）：441-455．

［67］费景汉，［美］拉尼斯．增长和发展：演进观点［M］．洪银兴，译．北京：商务印书馆，2004．

［68］费孝通．小城镇大问题［J］．瞭望周刊，1984（05）：24-26．

［69］傅琼．试论我国西部城镇化进程中地方政府的作用［J］．农村经济，2004（04）：83-85．

［70］傅崇兰，周明俊．中国特色城市发展理论与实践［M］．北京：中国社会科学出版社，2003．

［71］方创琳．中国新型城镇化高质量发展的规律性与重点方向［J］．地理研究，2019，38（01）：13-22．

［72］顾朝林．城市管治——概念·理论·方法·实证［M］．南京：东南大学出版社，2003．

［73］顾朝林．中国城镇体系［M］．北京：商务印书馆，1992．

［74］顾朝林，陈田，丁金宏，等．中国大城市边缘区特性研究［J］．地理学报，1993（04）：317-328．

［75］郭东杰．新中国70年：户籍制度变迁、人口流动与城乡一体化［J］．

浙江社会科学，2019（10）：75-84+158-159.

[76] 郭文伟，周媛．土地财政会促进经济高质量发展吗？——基于城镇化和产业结构升级的中介效应视角 [J]．南方金融，2020（10）：28-39.

[77] 郭武轲．河南省新型城镇化与农民收入增长关系研究 [J]．中国农业资源与区划，2021，42（01）：239-247.

[78] 高健，吴佩林．城市人口规模对城市经济增长的影响 [J]．城市问题，2016，35（6）：4-13.

[79] 龚锋，陶鹏．财政转移支付与地方税收竞争——来自中国县级层面的证据 [J]．经济评论，2022（03）：39-55.

[80] 黄坤明．城乡一体化路径演进研究 [M]．北京：科学出版社，2009.

[81] 黄耿志，张虹鸥，薛德升，等．中国城镇非正规经济与城镇化发展的倒 U 型关系 [J]．经济地理，2019，39（11）：76-83.

[82] 黄庆华，时培豪，胡江峰．产业集聚与经济高质量发展：长江经济带107 个地级市例证 [J]．改革，2020（01）：87-99.

[83] 黄祖辉，李懿芸，毛晓红．我国耕地"非农化""非粮化"的现状与对策 [J]．江淮论坛，2022（04）：13-21.

[84] 黄丽．国外大都市区治理模式 [M]．南京：东南大学出版社，2003.

[85] 何念如．中国当代城市化理论研究 [M]．上海：上海人民出版社，2007.

[86] 何兴邦．城镇化对中国经济增长质量的影响——基于省级面板数据的分析 [J]．城市问题，2019（01）：4-13.

[87] 何青松，王博．多尺度视角下中国城市群外部形态紧凑扩张与内部功能发育空间错配 [J]．中国土地科学，2022，36（08）：85-97.

[88] 何伟．区域城镇空间结构与优化研究 [M]．北京：人民出版社，2007.

[89] 何春，崔万田．城镇化的减贫机制与效应——基于发展中经济体视角的经验研究 [J]．财经科学，2017（04）：52-64.

[90] 胡际权．中国新型城镇化发展研究 [D]．重庆：西南农业大学，2005.

[91] 胡能灿．城市化要谨防"空城计"——对当前"新造城运动"中"空城现象"的冷思考 [J]．国土资源，2010（09）：52-55.

［92］胡安俊．2035 年中国的城镇化率与城市群主体空间形态［J］．技术经济，2023，42（05）：174-188.

［93］胡海波，毛纯兵，黄速建．新中国成立以来中国工业化制度演进逻辑与基本规律［J］．当代财经，2023（06）：16-28.

［94］洪世键．大都市区治理［M］．南京：东南大学出版社，2009.

［95］洪银兴，陈雯．城市化和城乡一体化［J］．经济理论与经济管理，2003（04）：5-11.

［96］华生．破解土地财政，变征地为分地——东亚地区城市化用地制度的启示［J］．国家行政学院学报，2015（03）：13-17.

［97］华生．城市化转型与土地陷阱［M］．北京：东方出版社，2017.

［98］韩冬．城镇化高质量发展水平测度——基于京津冀城市群的实证［J］．统计与决策，2022，38（04）：93-97.

［99］韩振华．农地“三权”分置改革背景下国家土地调节权研究［D］．北京：中共中央党校，2019.

［100］郝世绵，胡月英，钟德仁．城乡一体化战略驱动的逆城市化流动及政策支持——基于 1978～2015 农村政策分析［J］．当代经济研究，2017（06）：70-77.

［101］郝晓薇，兰婷．土地发展权视角下的农民征地价值补偿研究［J］．理论探讨，2018（06）：115-121.

［102］扈万泰，王力国，舒沐晖．城乡规划编制中的“三生空间”划定思考［J］．城市规划，2016，40（05）：21-26+53.

［103］蒋志勇．城市化、城镇化和城乡一体化的演进与发展关系研究——基于新兴古典经济学分工和城市化理论的分析［J］．城市发展研究，2015，22（01）：1-3+8.

［104］蒋正云，宋金平，赵晓迪．新型城镇化高质量发展生态效应的空间溢出及门槛特征［J］．经济问题探索，2023（05）：97-112.

［105］蒋涛，沈正平．聚集经济与最优城市规模探讨［J］．人文地理，2007（06）：68-71+104.

［106］蒋治，孙久文，胡俊彦．中国共产党工业化实践的历史沿革、理论探索与经验总结［J］．兰州大学学报（社会科学版），2022，50（06）：13-27.

［107］蒋冠，霍强．中国城镇化与经济增长关系的理论与实证研究［J］．

工业技术经济，2014，33（03）：33-41.

[108] 焦秀琦．世界城市化发展的 S 型曲线［J］．城市规划，1987（02）：34-38.

[109] 焦晓云，王金．共享发展理念下我国推进人的城镇化的理论逻辑［J］．当代经济管理，2018（08）：10-13.

[110] 靳小怡，刘诗奇，杜海峰，等．新型城镇化研究的关键问题：农业转移人口的家庭功能与可持续发展［J］．西安交通大学学报（社会科学版），2023，43（04）：23-35.

[111] 靳相木，陈阳．土地增值收益分配研究路线及其比较［J］．经济问题探索，2017（10）：1-5.

[112] 姜安印，杨志良．新型城镇化建设与城市经济高质量增长——基于双重差分法的实证分析［J］．经济问题探索，2020（03）：84-99.

[113] 简新华，黄锟．中国城镇化水平和速度的实证分析与前景预测［J］．经济研究，2010，45（03）：28-39.

[114] 金三林，张海阳，孙昊，等．大力推动县域城镇化进程助力大中小城市和小城镇协调发展［J］．农业经济问题，2022（10）：53-59.

[115] 孔凡文，许世卫．中国城镇化发展速度与质量问题研究［M］．沈阳：东北大学出版社，2006.

[116] 孔令刚，蒋晓岚．基于新型城镇化视角的城市空间"精明增长"［J］．中州学刊，2013（07）：27-31.

[117] 李宏志，王圣学．基于"点—轴"理论的西安大都市圈空间结构演变研究［J］．现代城市研究，2006（10）：16-21.

[118] 李济广．论房地产土地增值收益分配应坚持的原则［J］．中州学刊，2018（03）：32-37.

[119] 李利宏，董江爱．新型城镇化和共同富裕：资源型地区的治理逻辑［J］．马克思主义研究，2016（07）：96-102.

[120] 李胜会，戎芳毅．知识产权治理如何提升产业链韧性？——基于国家知识产权示范城市政策的实证检验［J］．暨南学报（哲学社会科学版），2022（05）：92-107.

[121] 李小云，叶红．城乡空间融合视野下的城市区域绿地景观形象塑造——以广州花都区为例［J］．西北林学院学报，2012，27（02）：217-220.

［122］李晓方. 发达国家劳动力转移与土地流转模式对我国的启示［J］. 农业经济，2022（06）：107-109.

［123］李志强. 特色小城镇空间重构与路径探索——以城乡"磁铁式"融合发展为视域［J］. 南通大学学报（社会科学版），2019，35（01）：50-57.

［124］李琪. 高质量发展阶段城镇化建设的重点及策略［J］. 社会科学战线，2020（11）：251-256.

［125］李祺. 新型城镇化背景下土地财政的两难困境与代偿机制研究［J］. 财政研究，2015，36（05）：71-75.

［126］李怀，万佳. "赋权—限权"视角下农村土地增值收益分配：演进脉络与基本经验［J］. 当代经济研究，2023（07）：120-128.

［127］李怀，朱邦宁. "分配正义"视角下的土地增值收益分配制度创新［J］. 理论探索，2016（06）：78-82+90.

［128］李宾，马九杰. 城镇化能够推动城乡统筹发展吗？——基于1991～2010年数据的分析［J］. 中国农村观察，2013（02）：65-74.

［129］李栋，何英磊. 城镇化与城乡一体化［J］. 技术经济与管理研究，2014（06）：123-128.

［130］李静，李逸飞. 城市规模、经济发展水平与居民收入差距［J］. 江淮论坛，2020（04）：42-53+68.

［131］李军，吕庆海. 中部地区城乡一体化路径探析：就地城镇化［J］. 贵州社会科学，2018（08）：121-127.

［132］李铁，徐勤贤. 城镇化视角下的人口发展［J］. 人口研究，2017，41（01）：27-33.

［133］李周. 中国走向共同富裕的战略研究［J］. 中国农村经济，2021（10）：2-23.

［134］刘洪彬. 基于集群理论的统筹城乡发展研究［M］. 北京：经济科学出版社，2008：156.

［135］刘炳辉，熊万胜. 县城：新时代中国城镇化转型升级的关键空间布局［J］. 中州学刊，2021（01）：1-6.

［136］刘传喜，唐代剑. 浙江乡村流动空间格局及其形成影响因素——基于淘宝村和旅游村的分析［J］. 浙江农业学报，2016，28（08）：1438-1446.

［137］刘国斌，韩世博. 新型城镇化与城乡一体化协调发展实证研究［J］.

黑龙江社会科学，2016（03）：57-63.

　　[138] 刘冬华，诸大建．面向土地低消耗的城市精明增长研究 ［J］．同济大学学报（社会科学版），2009，20（04）：38-43.

　　[139] 刘元胜，胡岳岷．农民权益：农村土地增值收益分配的根本问题 ［J］．财经科学，2017（07）：40-49.

　　[140] 刘心怡，梁祎玲．城乡一体化视角下新型城镇化的政策效果——基于倾向值匹配倍差法的检验 ［J］．企业经济，2018（01）：185-192.

　　[141] 刘欣英．产城融合的影响因素及作用机制 ［J］．经济问题，2016（08）：26-29.

　　[142] 刘超．城市规模对非正规就业收入的影响研究 ［J］．财经问题研究，2022（08）：41-52.

　　[143] 刘琼，杜晓航，盛业旭．基于阶段对比的中国人口城镇化与土地城镇化协调关系 ［J］．中国人口·资源与环境，2018（01）：26-34.

　　[144] 刘涛，刘嘉杰，曹广忠．中国城市人口户籍迁移的估算及时空特征——新型城镇化的落户政策导向 ［J］．地理科学，2021，41（04）：553-561.

　　[145] 刘瑞．中国产业转型升级：国际比较与前景展望 ［J］．人民论坛·学术前沿，2023（07）：47-59.

　　[146] 刘伟．以绿色产业推动城镇化高质量发展的路径研究 ［J］．经济纵横，2022（04）：116-121.

　　[147] 陆大道．区域发展及其空间结构 ［M］．北京：科学出版社，1998.

　　[148] 陆大道．地理学关于城镇化领域的研究内容框架 ［J］．地理科学，2013，33（08）：897-901.

　　[149] 陆大道．国土开发与经济布局的"T"字型构架与长江经济带可持续发展 ［J］．宏观经济管理，2018（11）：43-47+55.

　　[150] 陆大道，陈明星．关于"国家新型城镇化规划（2014—2020）"编制大背景的几点认识 ［J］．地理学报，2015，70（02）：179-185.

　　[151] 陆大道．对我国"十四五"规划若干领域发展的初步认识 ［J］．中国科学院院刊，2019，34（10）：1143-1146.

　　[152] 陆旸．城市规模分布和经济发展：存在一种特定模式吗？［J］．人口研究，2021，45（04）：114-128

　　[153] 罗志刚．对城市化速度及相关研究的讨论 ［J］．城市规划学刊，

2007 （06）：60-66.

［154］罗胤晨．工业集聚视角下的城镇化路径选择——以长江三角洲地区为例［J］．社会科学，2015（02）：67-77.

［155］罗元青，刘珺，胡民．基于二元经济转换的整体视角探寻农业转移人口市民化动力［J］．农村经济，2019（08）：1-9.

［156］鲁全．社会保障扎实推动共同富裕中的重要关系研究［J］．中国高校社会科学，2023（02）：102-111+159.

［157］鲁欣，周成，夏骦鹕．旅游业发展对资源型地区经济增长的空间效应［J］．经济问题，2023（03）：122-129.

［158］梁流涛，李俊岭，陈常优，等．农地非农化中土地增值收益及合理分配比例测算：理论方法与实证——基于土地发展权和要素贡献理论的视角［J］．干旱区资源与环境，2018，32（03）：44-49.

［159］柳卸林，张文逸，葛爽，等．数字化是否有利于缩小城市间发展差距？——基于283个城市的实证研究［J］．科学学与科学技术管理，2021，42（06）：102-113.

［160］雷诚，范凌云．破解城乡"二元"土地困境的重要议题——关注大都市区"土地配置"问题［J］．城市规划，2011，35（03）：14-16.

［161］龙春涛，宋香荣．城镇化、劳动力供给对经济增长的影响［J］．统计与决策，2022，38（22）：113-118.

［162］毛其智．未来城市规划研究［J］．城市问题，2023（01）：9-11.

［163］毛渊龙，姜国刚．城市规模与城市经济绿色增长关系的实证检验［J］．统计与决策，2023，39（06）：155-160.

［164］孟向京，姜凯迪．城镇化和乡城转移对未来中国城乡人口年龄结构的影响［J］．人口研究，2018，42（02）：39-53.

［165］孟鹏，卢艳霞，刘丽．成本—收益视角下的城镇规模适度性分析——以京津冀城市群、山东城市群和中原城市群为例［J］．中国土地科学，2016，30（05）：88-96.

［166］马嫣然，吕寒，蔡建峰．数字经济、技术创新与区域经济增长［J］．统计与决策，2023，39（06）：98-103.

［167］蒙昱竹，赵庆，肖小虹．城市规模对城市化区域发展协调性的影响［J］．财经科学，2021（08）：106-118.

［168］牛凤瑞．我国城市化十五大热点之问与理性解析［J］．上海城市管理，2013，22（02）：4-9.

［169］牛凤瑞．在城乡融合发展中实现乡村振兴［J］．上海城市管理，2019，28（04）：2-3.

［170］牛文元．可持续发展导论［M］．北京：科学出版社，1994.

［171］聂翔宇，刘新静．城市化进程中"鬼城"的类型分析及其治理研究［J］．南通大学学报（社会科学版），2013，29（04）：111-117.

［172］倪建伟，胡彩娟．基于扩大内需背景的城市化发展战略研究——城乡一体化的视角［J］．农业经济问题，2010，31（11）：11-15.

［173］欧进锋，许抄军，陈东．广东省新型城镇化高质量发展水平演变及其影响因素［J］．经济地理，2023，43（03）：78-87.

［174］彭建超，吴群，钱畅．农村土地"增值"对农民市民化实现的贡献研究［J］．人口学刊，2017，39（06）：51-61.

［175］彭江波，王媛．新型城镇化融资中的财政与金融协调模式研究——基于土地增值收益管理的视角［J］．理论学刊，2013，30（11）：52-56.

［176］庞磊，阳晓伟．中国产业链关键环节自主可控何以实现？——对高新技术企业集聚效应与技术创新的考察［J］．南方经济，2023（05）：107-126.

［177］邱楚芝，欧锦文．企业集聚、学习效应与城市创新——同行切磋，还是跨界融合？［J］．暨南学报（哲学社会科学版），2022，44（05）：119-132.

［178］邱德荣，陈建军．城市内部因素对中国城市人口规模扩张的影响［J］．重庆大学学报（社会科学版），2016，22（01）：40-49.

［179］丘水林．政府购买生态服务：欧盟国家的经验与启示［J］．环境保护，2018，46（24）：32-36.

［180］仇保兴．中国城镇化——机遇与挑战［M］．北京：中国建筑工业出版社，2004.

［181］任碧云，郭猛．我国新型城镇化高质量发展的策略研究［J］．经济纵横，2021（05）：110-116.

［182］孙施文．解析中国城市规划：规划范式与中国城市规划发展［J］．国际城市规划，2019，34（04）：1-7.

［183］孙施文．从城乡规划到国土空间规划［J］．城市规划学刊，2020（04）：11-17.

[184] 孙丽萍，杨筠. 中国西部人口城镇化与土地城镇化协调性的时空分析 [J]. 地域研究与开发，2017（03）：55-58+65.

[185] 孙建伟. 如何解决城乡建设用地置换中的"元问题"——基于新型权利视角的分析 [J]. 探索与争鸣，2021（03）：160-167+180.

[186] 孙昌盛，赵艳林，刘宝臣. 东南部欠发达地区县域城乡空间统筹发展的规划思考 [J]. 浙江大学学报（理学版），2011，38（01）：96-100.

[187] 孙全胜. 城市化的二元结构和城乡一体化的实现路径 [J]. 经济问题探索，2018（04）：54-65.

[188] 孙祥栋，郑艳婷，张亮亮. 基于集聚经济规律的城市规模问题研究 [J]. 中国人口·资源与环境，2015，26（3）：74-81.

[189] 孙志燕，侯永志. 对我国区域不平衡发展的多视角观察和政策应对 [J]. 管理世界，2019，35（08）：1-8.

[190] 孙紫彦. 再探产业结构升级和城镇化水平对经济增长的影响 [J]. 中国物价，2023（01）：45-48.

[191] 苏红键. 城镇化质量评价与高质量城镇化的推进方略 [J]. 改革，2021（01）：134-145.

[192] 苏红键. 中国县域城镇化的基础、趋势与推进思路 [J]. 经济学家，2021（05）：10-119.

[193] 苏红键. 中国特色的县域城镇化：以城乡两栖促城乡融合 [J]. 甘肃社会科学，2023（04）：200-208.

[194] 苏发金. 城乡统筹：城镇化与农业经济增长关系的实证分析 [J]. 经济经纬，2011（04）：111-115.

[195] 苏明，韩凤芹，付阳. "十二五"时期西部大开发财税政策效果评估及"十三五"时期政策建议 [J]. 经济研究参考，2015（13）：3-17+37.

[196] 苏华，冯亮. 丝绸之路经济带"点—轴带动"发展模式构想 [J]. 学术探索，2016（09）：86-92.

[197] 宋国恺，李歌诗. 发展重点小城镇与城市化道路选择——对"空间不平衡发展"理论的批判反思 [J]. 兰州大学学报（社会科学版），2015，43（05）：22-30.

[198] 宋元梁，肖卫东. 中国城镇化发展与农民收入增长关系的动态计量经济分析 [J]. 数量经济技术经济研究，2005（09）：31-40.

［199］石建勋，卢丹宁，徐玲．第四次全球产业链重构与中国产业链升级研究［J］．财经问题研究，2022（04）：36-46.

［200］史丹．绿色发展与全球工业化的新阶段：中国的进展与比较［J］．中国工业经济，2018（10）：5-18.

［201］沈费伟，叶温馨．数字乡村发展的实现路径考察——基于精明增长理论的探索［J］．人文杂志，2022（04）：69-80.

［202］盛开．以城乡融合发展推动乡村振兴战略［J］．调研世界，2018（06）：62-65.

［203］邵宇，王鹏，陈刚．重塑中国：新型城镇化、深度城市化和新四化［J］．金融发展评论，2013（01）：1-37.

［204］单媛，李红梅．加快打造长三角新型更具韧性的产业链［J］．宏观经济管理，2021（12）：57-62+70.

［205］世界银行．2002年的中国［M］．北京：中国财政经济出版社，1997.

［206］谭凤连，彭宇文．城镇化、经济增长、农民收入相关性分析［J］．湖南农业大学学报（社会科学版），2018，19（05）：94-100.

［207］谭永生，关博．"十三五"时期建立更加公平可持续的社会保障制度［J］．宏观经济管理，2014（08）：17-20.

［208］谭昶，吴海涛，黄大湖．产业结构、空间溢出与农村减贫［J］．华中农业大学学报（社会科学版），2019（02）：8-17+163.

［209］田莉，姚之浩，郭旭，等．基于产权重构的土地再开发——新型城镇化背景下的地方实践与启示［J］．城市规划，2015，39（01）：22-29.

［210］田明．中国就业结构转变与城市化［M］．北京：科学出版社，2008.

［211］童大焕．中国城市的死与生——走出费孝通陷阱［M］．北京：东方出版社，2014.

［212］涂正革，叶航，谌仁俊．中国城镇化的动力机制及其发展模式［J］．华中师范大学学报（人文社会科学版），2016，55（05）：44-54.

［213］王永军，张东辉．城乡统筹发展视角的新型城镇化对经济增长的影响［J］．甘肃社会科学，2020（03）：177-184.

［214］王德起．城镇国土空间优化配置机制及路径［J］．南开学报（哲学

社会科学版），2021（01）：24-32.

［215］王佃利，于棋．空间生产与新型城镇化差异空间的塑造［J］．福建论坛（人文社会科学版），2017（09）：148-154.

［216］王海南．农村集体经济改革的创新经验与启发——评《新时代农村经济体制的再改革》［J］．中国农业资源与区划，2021，42（10）：18+30.

［217］王克强，王沛，姚东．新型城镇化背景下土地财政代偿机制研究［J］．财政研究，2014，35（04）：29-33.

［218］王绍琛，周飞舟．困局与突破：城乡融合发展中小城镇问题再探究［J］．学习与实践，2022（05）：107-116.

［219］王圣学，李宏志，王蔚然．西安城市空间与卫星城规划布局研究［J］．城市，2009（01）：25-33.

［220］王小鲁，夏小林．优化城市规模推动经济增长［J］．经济研究，1999，45（9）：22-29.

［221］王兴芬，杨海平．中国土地城镇化与人口城镇化协调发展研究述评［J］．企业经济，2017，36（01）：166-173.

［222］王家庭，姜铭烽．土地财政对城市新移民定居意愿的影响［J］．中国人口·资源与环境，2023，33（05）：149-159.

［223］王亚飞．对我国城乡一体化实现模式的探讨［J］．经济纵横，2007（04）：42-44.

［224］王芳，田明华，秦国伟．新型城镇化与产业结构升级耦合、协调和优化［J］．华东经济管理，2020，34（03）：59-68.

［225］王滨．金融科技对城镇化高质量发展的影响及其机制分析［J］．经济经纬，2022，39（02）：12-23.

［226］王立，刘明华，王义民．城乡空间互动—整合演进中的新型农村社区规划体系设计［J］．人文地理，2011，26（04）：73-78.

［227］王耀，何泽军，安琪．县域城镇化高质量发展的制约与突破［J］．中州学刊，2018（08）：31-36.

［228］王妍．农地"三权分置"助推乡村振兴：理论逻辑、现实困境与实现路径［J］．农业经济，2023（07）：105-107.

［229］魏后凯，王颂吉．中国"过度去工业化"现象剖析与理论反思［J］．中国工业经济，2019（01）：5-22.

［230］魏守华，陈珑隆，杨阳．城市规模增长与城镇体系协调发展［J］．江苏行政学院学报，2019（06）：43-51.

［231］魏丽华．城市群理论与实践演进史梳理——兼论京津冀城市群发展研究述评［J］．湖北社会科学，2016（07）：79-86.

［232］魏义方，卢倩倩．土地财政依赖、城市公共服务供给与人口城镇化——基于35个大中城市的面板数据分析［J］．经济纵横，2021（07）：118-128.

［233］吴良镛．京津冀地区城乡空间发展规划研究二期报告［M］．北京：清华大学出版社，2006.

［234］吴敬琏．中国增长模式抉择［M］．上海：上海远东出版社，2006.

［235］吴建楠，姚士谋，朱天明，等．中国城市化发展速度界定的初步探索［J］．长江流域资源与环境，2010，19（05）：487-492.

［236］文丰安．基于共同富裕的新型城镇化之路：重要性、障碍及实现路径［J］．山东大学学报（哲学社会科学版），2022（06）：1-10.

［237］文竹，金涛．关于中国经济增长模式的一个解释框架——基于"土地财政"的演进分析［J］．金融研究，2022（04）：1-17.

［238］许彩玲，李建建．城乡融合发展的科学内涵与实现路径——基于马克思主义城乡关系理论的思考［J］．经济学家，2019（01）：96-103.

［239］许经勇．城乡一体化视野下的小城镇发展战略研究［J］．东南学术，2018（02）：105-111.

［240］许学强，朱剑如．现代城市地理学［M］．北京：中国建筑工业出版社，1998.

［241］许宪春，贾海，李皎，等．房地产经济对中国国民经济增长的作用研究［J］．中国社会科学，2015（01）：84-101+204.

［242］徐维祥，周建平，周梦瑶，等．数字经济空间联系演化与赋能城镇化高质量发展［J］．经济问题探索，2021（10）：141-151.

［243］徐晓军，张楠楠．从"单线推进"到"空间协同"：改革开放以来中国城镇化的实践历程与发展进路［J］．河南社会科学，2019，27（12）：108-114.

［244］徐琴．城乡一体化与城市化政策转向［J］．现代经济探讨，2010（10）：10-14.

［245］熊季霞.长江三角洲城市化发展战略研究［J］.广西经济管理干部学院学报，2005，17（01）：30-33.

［246］熊毅，粟勤.地方政府债务、金融发展水平与新型城镇化高质量发展［J］.统计与决策，2022，38（23）：112-116.

［247］谢呈阳，胡汉辉，周海波.新型城镇化背景下"产城融合"的内在机理与作用路径［J］.财经研究，2016（01）：72-82.

［248］谢地，李梓旗.城镇化与乡村振兴并行背景下的城乡人口流动：理论、矛盾与出路［J］.经济体制改革，2020（03）：39-45.

［249］夏建红，崔占峰.镇域城镇化发展与城乡一体化的演变逻辑［J］.东岳论丛，2019，40（10）：33-43.

［250］肖卫东，杜志雄.农村一二三产业融合：内涵要解、发展现状与未来思路［J］.西北农林科技大学学报（社会科学版），2019，19（06）：120-129.

［251］杨小凯，张永生.新兴古典经济学与超边际分析［M］.北京：社会科学文献出版社，2003.

［252］杨传开.县域就地城镇化基础与路径研究［J］.华东师范大学学报（哲学社会科学版），2019，51（04）：114-122+187-188.

［253］杨朝飞.全国生态示范区建设规划编制培训教材［M］.北京：中国环境科学出版社，2000.

［254］杨充霖.资源空间配置与中国新型城镇化的基础理论构架［J］.经济学动态，2014（09）：98-105.

［255］杨华磊，沈盈希，谢琳.城镇化、生育水平下降与经济增长［J］.经济评论，2020（03）：87-100.

［256］杨飞虎，张玉雯，龚子浩.双循环格局下城镇化高质量发展实现路径［J］.江西社会科学，2021，41（06）：89-95.

［257］杨家栋，秦兴方，单宜虎.农村城镇化与生态安全［M］.北京：社会科学文献出版社，2005.

［258］杨青山，江孝君，刘鉴.区域城镇化空间格局优化路径与实践——以吉林省为实证［J］.经济地理，2020，40（05）：10-18.

［259］杨肃昌，杨移.新时代相对贫困与资源分配不平等相关性研究［J］.上海经济研究，2022（03）：31-47.

［260］杨遂全.论集体经营性建设用地平等入市的条件与路径［J］.郑州

大学学报（哲学社会科学版），2019，52（04）：35-39.

［261］杨仪青．城乡融合视域下我国实现乡村振兴的路径选择［J］．现代经济探讨，2018（06）：101-106.

［262］杨振宁．城乡统筹发展与城镇化关系的实证研究——基于安徽的数据［J］．农业经济问题，2008（05）：49-54.

［263］杨增凡．推动城镇化高质量发展的策略研究［J］．中州学刊，2018（08）：44-46.

［264］杨子生，李去辉，邹忠．中国西部大开发——云南省土地资源开发利用规划研究［M］．昆明：云南科技出版社，2003：18-21.

［265］杨筠．生态建设与区域经济发展研究［M］．成都：西南财经大学出版社，2007：116.

［266］杨璐．我国西部城乡二元经济结构转换的政策方略——评中国经济出版社出版《我国西部地区城乡二元经济结构转换的路径研究》［J］．价格理论与实践，2020（08）：181.

［267］杨喜，卢新海．空间效应视角下中国城市土地城镇化的驱动因素［J］．中国人口·资源与环境，2021，31（01）：156-164.

［268］杨振，张小雷，李建刚，等．中国地级单元城镇化与经济发展关系的时空格局——基于2000年和2010年人口普查数据的探析［J］．地理研究，2020，39（01）：25-40.

［269］姚士谋，陈维肖，陈振光，等．新常态下中国新型城镇化的若干问题［J］．地域研究与开发，2016，35（01）：1-4.

［270］姚士谋，陆大道，陈振光，等．顺应我国国情条件的城镇化问题的严峻思考［J］．经济地理，2012，32（05）：1-6.

［271］姚士谋，崔功豪，许学强，等．按科学发展观审视我国城镇建设的大局［J］．经济地理，2009，29（01）：8-12+18.

［272］姚尚建，王倩．空间转型与治理迭代——兼论中国式城市化的理念、政策和行动［J］．江苏行政学院学报，2023（02）：107-114.

［273］叶爱山，邓洋阳，龚利．产业结构转换与城镇化高质量发展——基于动态空间面板模型的实证研究［J］．苏州科技大学学报（社会科学版），2022，39（01）：13-20+107.

［274］叶维钧．中国城市化道路初探［M］．北京：中国展望出版

社，1988.

［275］阎军．试论我国城市化的道路与模式选择［J］．江苏科技大学学报（社会科学版），2005，5（01）：26-30.

［276］阎星，田昆，高洁．破除二元体制，开拓中国新型城市化道路——以成都城乡统筹的改革创新为例［J］．经济体制改革，2011（01）：112-115.

［277］原华荣，常跟应，徐晓秋．中国生态/环境"局部改善，总体恶化"困境的症结和走出［J］．西北人口，2016，37（01）：26-31+37.

［278］袁冬青，王富喜．山东省城镇化质量与速度时空耦合关系研究［J］．资源与产业，2019，21（05）：37-43.

［279］殷广卫，薄文广．基于县级城市的城乡一体化是我国城市化道路的一种政策选择［J］．中国软科学，2011（08）：111-121.

［280］延军平．中国西北生态环境建设与制度创新［M］．北京：中国社会科学出版社，2004.

［281］玉国华．农村信贷投入、劳动力转移与城乡收入差距：理论与实证［J］．农业技术经济，2021（11）：78-92.

［282］张沛．区域规划概论［M］．北京：化学工业出版社，2006.

［283］张沛，董欣，侯远志．中国城镇化的理论与实践——西部地区发展研究与探索［M］．南京：东南大学出版社，2009.

［284］张京祥．对我国城市化研究的再考察［J］．地理科学，1998（06）：555-560.

［285］张京祥，崔功豪．资源短缺背景下长江三角洲城市发展研究［J］．长江流域资源与环境，2001（01）：1-7.

［286］张川川，贾珅，杨汝岱．"鬼城"下的蜗居：收入不平等与房地产泡沫［J］．世界经济，2016（02）：120-141.

［287］张慧慧，胡秋阳，张云．新型城镇化建设与工业化协调发展研究——基于城市化与镇化的二元视角［J］．经济体制改革，2021（04）：66-73.

［288］张红宇．中国特色城镇化道路的路径探索——由土地制度创新引发的宏观效应［J］．求索，2022（03）：124-133.

［289］张梦瑶．中国特色新型城镇化高质量发展的实践路径探析——基于新发展理念视角［J］．当代经济管理，2021，43（09）：75-80.

［290］张克俊，杜婵．从城乡统筹、城乡一体化到城乡融合发展：继承与升

华［J］．农村经济，2019（11）：19-26.

［291］张鹏岩，杨丹，李二玲，等．人口城镇化与土地城镇化的耦合协调关系——以中原经济区为例［J］．经济地理，2017（08）：145-154.

［292］张旺锋，耿莎莎，闫星羽，等．城乡统筹背景下土地流转与城市化的互动［J］．城市发展研究，2012，19（03）：48-52.

［293］张苾黎，赵果庆，吴雪萍．中国城镇化的经济增长与收敛双重效应——基于2000与2010年中国1968个县份空间数据检验［J］．中国软科学，2019（01）：98-116.

［294］张晓彤，张立新．中国城镇化进程概述和未来城镇化水平预测［J］．云南农业大学学报（社会科学版），2021，15（01）：20-25.

［295］张永生．城镇化模式：从工业文明转向生态文明［J］．城市与环境研究，2022（01）：79-87.

［296］张应禄，陈志钢．城乡二元经济结构：测定、变动趋势及政策选择［J］．农业经济问题，2011，32（11）：84-93.

［297］张玉鑫．从"接轨"上海的空间现象解读上海大都市区空间发展战略［J］．规划师，2011，27（04）：57-62.

［298］张志勇．"双减"格局下公共教育体系的重构与治理［J］．中国教育学刊，2021（09）：20-26+49.

［299］张子宸，李宾．城镇化、金融发展与城乡统筹关系研究［J］．经济问题探索，2014（06）：60-66.

［300］张娟，李江风．美国"精明增长"对我国城市空间扩展的启示［J］．城市管理与科技，2006，8（05）：203-206.

［301］张明，胡壮程．产业结构变迁、人口红利与中国经济增长——基于改进转换份额法的实证分析［J］．河南师范大学学报（哲学社会科学版），2022，49（06）：80-87.

［302］张跃．政府干预、经济集聚与城乡收入差距［J］．广东财经大学学报，2020，35（01）：4-15+56.

［303］张艳，胡志强，苗长虹．不同集聚类型与中部地区新企业动态的关系［J］．经济地理，2020，40（05）：155-164.

［304］张妍，黄志龙．中国城市化水平和速度的再考察［J］．城市发展研究，2010，17（11）：1-6.

［305］赵燕菁，刘昭吟，庄波亭．税收制度与城市分工［J］．城市规划学刊，2009，44（06）：4-11.

［306］赵燕菁．土地财政：历史、逻辑与抉择［J］．城市发展研究，2014，21（01）：1-13.

［307］赵国贺．爱尔兰，一个被房地产拖垮的国家［J］．新湘评论，2011（12）：60-61.

［308］赵国锋，段禄峰．生态环境与西部地区城镇化发展问题研究［J］．生态经济，2012（02）：166-169.

［309］赵军洁，张晓旭．中国户籍制度改革：历程回顾、改革估价和趋势判断［J］．宏观经济研究，2021（09）：125-132+160.

［310］赵聚军．反哺模式的选择与现代化进程的"缓冲带"——当代中国农民阶层分化的相关政策效应分析［J］．求实，2008（09）：87-90.

［311］赵文军，葛纯宝．我国经济增长方式变化特征及其成因——基于248个地级以上城市的实证分析［J］．财贸研究，2019，30（11）：14-25.

［312］赵燕．要素配置促进共同富裕？——基于土地城镇化与城乡收入差距视角［J］．云南财经大学学报，2022，38（11）：22-41.

［313］周一星．城镇化速度不是越快越好［J］．科学决策，2005（08）：30-33.

［314］周一星．城市化与国民生产总值关系的规律性探讨［J］．人口与经济，1982（01）：28-33.

［315］周一星．土地失控谁之过？［J］．城市规划，2006（11）：65-72.

［316］周一星．城市地理学［M］．北京：商务印书馆，1995.

［317］周干峙．城市化和可持续发展［J］．城市规划，1998（03）：8-9.

［318］周娟，舒丽瑰．阶层分化、村庄竞争与"拟态进阶"——农民进城定居的村庄视角［J］．南京农业大学学报（社会科学版），2020，20（05）：29-37.

［319］周诚．关于我国农地转非自然增值分配理论的新思考［J］．农业经济问题，2006（12）：4-7+79.

［320］周婷．广东连南瑶族自治县经济增长的内在动力研究——基于内生经济增长理论［J］．特区经济，2020（05）：100-103.

［321］朱相宇，乔小勇．北京第三产业就业潜力与调整升级——基于产业结

构偏离度的国际比较与分析［J］．经济体制改革，2014（02）：64-68.

［322］朱高立，邹伟，王雪琪．经济结构调整对人口城镇化与土地城镇化协调性的影响差异［J］．中国人口·资源与环境，2018（05）：93-104.

［323］朱孔来，李静静，乐菲菲．中国城镇化进程与经济增长关系的实证研究［J］．统计研究，2011，28（09）：80-87.

［324］朱奕衡，杨山，尹上岗，等．长三角地区人口城镇化的空间极化过程及其演变格局研究［J］．地理科学进展，2022，41（12）：2218-2230.

［325］朱战辉．农民分化视角下小农经济转型与乡村秩序再造［J］．华南农业大学学报（社会科学版），2021，20（05）：50-58.

［326］郑继承．新型城镇化推进与区域经济发展的关系研究——基于云南省际数据的实证分析［J］．经济问题探索，2015（09）：65-71.

［327］郑有贵．农村工业、乡镇企业在夹缝中发展的实现机制——着眼于促进农村产业融合发展启示的研究［J］．毛泽东邓小平理论研究，2022（01）：29-36+107.

［328］郑宗寒．试论小城镇［J］．中国社会科学，1983（04）：119-136.

［329］郑路．不平衡增长理论的文献综述［J］．知识经济，2012（11）：10.

［330］郑鑫．城镇化对中国经济增长的贡献及其实现途径［J］．中国农村经济，2014（06）：4-15.

［331］中国宏观经济研究院国土开发与地区经济研究所课题组，高国力，刘保奎，等．我国城镇化空间形态的演变特征与趋势研判［J］．改革，2020（09）：128-138.

［332］中国科学院国情分析研究小组．城市与乡村——中国城乡矛盾与协调发展研究［M］．北京：科学出版社，1994.

［333］中国社会科学院工业经济研究所课题组，史丹．工业稳增长：国际经验、现实挑战与政策导向［J］．中国工业经济，2022（02）：5-26.

［334］中国行政管理学会课题组，张定安，鲍静．深化"放管服"改革建设人民满意的服务型政府［J］．中国行政管理，2019（03）：6-12.

［335］邹农俭．费孝通同志在江苏省小城镇研究汇报会上的讲话［J］．江苏社会科学，1986（11）：17-20.

［336］邹旭，石晓平，马贤磊．中国共产党建党百年来的土地增值收益分

配：政策演进、理论辨析与改革逻辑［J］．中国土地科学，2021，35（08）：15-22.

［337］诸大建，刘冬华．管理城市成长：精明增长理论及对中国的启示［J］．同济大学学报，2006，17（04）22-28.

［338］钟秀明．推进城市化的动力机制研究［J］．山西财经大学学报，2004（04）：60-62.

［339］祝贺，林颖，闫博．城市更新背景下的空间开发权探讨［J］．城市发展研究，2022，29（03）：1-7.

［340］［美］刘易斯·芒福德．城市发展史：起源、演变与前景［M］．宋俊岭，宋一然，译．上海：上海三联书店，2018.

［341］［美］刘易斯．二元经济论［M］．施炜，译．北京：北京经济学院出版社，1989.

［342］［美］乔·奥·赫茨勒．乌托邦思想史［M］．张兆麟，译．北京：商务印书馆，1990.

［343］［美］伊利尔·沙里宁．城市：它的发展、衰败和未来［M］．顾启源，译．北京：中国建筑工业出版社，1986.

［344］［英］阿瑟·刘易斯．劳动无限供给条件下的经济发展［M］．北京：商务印书馆，1983.

［345］［英］埃比尼泽·霍华德．明日的田园城市［M］．金经元，译．北京：商务印书馆，2000.

［346］［英］大卫·李嘉图．政治经济学及赋税原理［M］．周洁，译．北京：华夏出版社，2013.

［347］［英］K.J. 巴顿．城市经济学——理论和政策［M］．上海社会科学院经济研究所城市经济研究室，译．北京：商务印书馆，1984.

［348］［英］马歇尔．经济学原理［M］．陈良壁，译．北京：商务印书馆，2005.

［349］［英］威廉·配第．政治算术［M］．陈冬野，译．北京：中国社会科学出版社，2010.

［350］［德］马克思．资本论［M］．北京：人民出版社，1975.

［351］［加］简·雅各布斯．美国大城市的死与生［M］．金衡山，译．南京：译林出版社，2016.

［352］［瑞典］缪尔达尔. 经济理论与不发达地区［M］. 钟金恩，译.
北京：商务印书馆，1957.

［353］［日］岸根卓郎. 迈向 21 世纪的国土规划：城市融合系统设计
［M］. 高文琛，译. 北京：科学出版社，1990.

［354］Hirschman A O. Theory of Economic Growth［M］. Paris：Gallimard，
1955：133.

［355］Au Chun-Chung, Henderson J V. Are Chinese Cities Too Small?［J］.
Review of Economic Studies, 2006, 73（03）：278-279.

［356］Blau, Berman. The Economics of Women, Men, and Work［M］. New
Jersey：Prentice Hall, 2001：126-127.

［357］Duckworth A L, Yeager D S. Measurement Matters：Assessing Personal
Qualities Other Than Cognitive Ability for Educational Purposes［J］. Educational Re-
searcher, 2015, 44（04）：237-251.

［358］Jorgenson D W. The Development of a Dual Economy［J］. Economic
Journal, 1961, 71（12）：309-334.

［359］Edition F. A Treatise on the Family［M］. Harvard：Harvard University
Press, 1981：261.

［360］Efimova V V. Digital Strategies for Improving Global Supply Chain Resili-
ence and Agility［A］//Ashmarina S I. Proceedings of the International Scientific
Conference：Smart nations—Global Trends in the Digital Economy［C］. Berlin：
Springer, Cham, 2022（08）：98-113.

［361］Edwin Mills, Bruce Hamilton. Urban Economics［M］. New York：Har-
per & Row Publisher, 1983：122-127.

［362］Perrox F. Les Espaces Espaces économiques régionaux［M］. Paris：Ar-
mand Colin, 1955：341.

［363］Myrdal G. Economic Theory and Under-developed Regions［M］. New
York：Harper & Row Publisher, 1957：9.

［364］Goldfarb A, Tucker C. Digital Economics［J］. Journal of Economic Lit-
erature, 2019, 57（01）：3-43.

［365］Gregory Clark. A Farewell to Alms：A Brief Economic History of the World
［M］. Princeton：Princeton University Press, 2007：127.

［366］ Henderson V. How Urban Concentration Affects Economic Growth ［M］. Oxford: Oxford University Press, 1999: 106-108.

［367］ Henderson J V. Urban Development: Theory, Fact and Illusion ［M］. Oxford: Oxford University Press, 1988: 99-101.

［368］ Henderson J V. The Sizes and Types of Cities ［J］. American Economic Review, 1974, 64 （04）: 256-257.

［369］ Henderson J V. How Urban Concentration Affects Economic Growth ［M］. Washington: World Bank Publications, 2000: 59.

［370］ Boudevile J B. GéographieÉconomique: Espace, Situation, Région ［M］. Paris: Armand, Colin, 1957: 61.

［371］ Friedman J. Capitalism and Freedom ［M］. Chicago: University of Chicago Press, 1962: 3-4.

［372］ Kern M. Future of Agriculture, Global Dialogue EXPO 2000, the Role of the Village in the 21st Century: Crops ［M］. Germany: Hanover Press, 2000: 56-58.

［373］ Knight J, Gunatilaka R. Aspirations, Adaptation and Subjective Well-being of Rural-Urban Migrants in China ［J］. Economics, 2012: 91-110.

［374］ Lefebvre H. The Production of Space ［M］. Oxford: Blackwell, 1991: 168.

［375］ Michael Porter. The Competitive Advantage of Nations ［M］. New York: Free Press, 1990: 126-128.

［376］ Michael R, Romana R, Müller C, et al. Digitalization and its Influence on Business Model Innovation ［J］. Journal of Manufacturing Technology Management, 2018, 75 （02）: 532-593.

［377］ Ng, Vannetelbosch. Game Theory and Economic Applications ［M］. New Jersey: Princeton University Press, 2007: 7-9.

［378］ Njihia J M, Merali Y. The broader context for ICT4D projects: A morphogenetic analysis ［J］. MIS Quarterly, 2013 （03）: 881-905.

［379］ Nigussie A T, Abdusselam A. Modeling Urbanization of Istanbul under Different Scenarios Using Sleuth Urban Growth Model ［J］. Journal of Urban Planning and Development, 2017, 143 （02）: 1943-1964.

[380] Naroll R S, Bertalanffy L. The Principle of Allometry in Biology and Social Sciences [J]. General Systems Yearbook, 1956 (01): 76-89.

[381] Renaud B. National Urbanization Policy in Developing Countries [M]. Oxford: Oxford University Press, 1981: 17-18.

[382] Richardson, Harry W. The Costs of Urbanization: A Four-Country Comparison [J]. Economic Development and Cultural Change, 1987, 35 (03): 44-47.

[383] Rosen. Adjustment Costs, Intermediate Inputs, and Output Fluctuations [J]. Journal of Political Economy, 1973, 22 (03): 23-26.

[384] Rosenthal, Stuart, William C. Evidence on the Nature and Sources of Agglomeration Economies [A] //Henderson J V, Jean-Francois Thisse. In Handbook of Regional and Urban Economics [C]. Amsterdam: Elsevier, 2004: 86-88.

[385] Segal D. Are There Returns to Scale in City Size? [J]. Review of Economics and Statistics, 1976, 58 (9): 339-350.

[386] Simon Kuznets. Economic Growth of Nations: Total Output and Production Structure [M]. Harvard: Harvard University Press, 1971: 18.

[387] Skiter N N, Ketko N V, Rogachev A F, et al. Institutional poverty as one of the main threats to the digital economy [J]. International Journal of Sociology and Social Policy, 2020 (05): 15-23.

[388] Thomas, Vinod. Spatial Differences in the Cost of Living [J]. Journal of Urban Economics, 1980, 8 (02): 145-158.

[389] Mcgee T G. Asian Metropolitan Government, Urban Planning and Urban Poor: Implications from the Past and Present [J]. Regional Development Dialogue, 1988, 9 (04): 1-20.

[390] Todaro. Unemployment and Development: A Two-sector Analysis [J]. American Economic, Review, 1970, 60 (01): 126-142.

[391] Williamson J G. Regional Inequality and the Process of National Development: A Description of the Patterns [J]. Economic Development and Cultural Change, 1965, 13 (4): 1-84.

[392] Williamson J. Coping with City Growth during the British Industrial Revolution [M]. Cambridge: Cambridge University Press, 1990: 66-71.

后　记

城镇化造成土地承包权、经营权事实上的分离，土地经营模式正发生着根本性变革。削减贫穷、促进经济增长，实现人与自然和谐的最有效方式就是鼓励乡村人口向城市迁徙；而乡村人口迁往城市的过程，总是在农业与经济、自由与政治、理想与现实的撕扯下往返。我国正面临乡村振兴、二元经济显著等问题，构建城镇化高质量发展机制，实现协同、整合、价值创造及增值方式的转变，公平与效率的统一，符合制度变迁和产权激励的内在要求，有助于丰富城乡发展理论。

本书共8章。西安邮电大学经济与管理学院段禄峰教授拟订全书框架结构，并负责撰写第2~5章；西安美术学院艺术教育学院王洁芳副教授负责撰写第1、6章；西安邮电大学经济与管理学院魏明教授负责撰写第7~8章。在撰写过程中，研究生郭蕊、安开心、王雅如、李程程、高子怡、马亦宁、程前、单于倩、苏丹参与数据处理、资料检索、校对、修改等环节（每人参与超过3万字）。

本书的写作凝聚了很多人的心血，在此非常感谢西安邮电大学科技处、经济与管理学院的大力支持！在撰写本书的过程中，笔者参考了大量文献，这些成果为研究提供了重要思路，在此向相关学者们表示诚挚的敬意！尽管笔者在写作中倾注大量心血，但其中还存在一些疏漏和不当之处，有些内容仍需进一步深入分析和完善，恳请各位读者批评、指正。

感谢西安邮电大学学术专著出版基金、国家社会科学基金项目"'三权分置'背景下农民分化与城镇化耦合发展机制研究"（18XJL005）、陕西省创新能力支撑计划软科学项目"共同富裕背景下陕西农民土地承包权稳步退出路径研究"（2024ZC-YBXM-016）、西安市科技计划软科学项目"西安农业经济韧性对农业生产效率的影响效应研究"（24RKYJ0020）资助。